战略思想丛书④

孙子三论：
从古兵法到新战略(新版)

钮先钟　著

文汇出版社

PREFACE 总 序

大时代,需要大战略

工业革命200年,人类创造了过去所有时代所创造的一切财富总和;今天,人类已经进入工业革命4.0时代,已经进入到互联网时代、物联网时代、天权时代……未来,不可思议,不可限量。

这是一个开放的时代,贸易全球化和世界经济一体化,互联网技术与资本市场快速发展,新技术发展和相互依存的经济,使得整个世界紧密相连,地球越来越像一个"村"。

地球是圆的,世界是平的。

时代变了——大时代,需要全球战略大格局。

中国,从来没有像今天这样,与世界紧密地联系在一起。

中国,更是面临着五千年未有之变局。

大时代,您,准备好了吗?

三千年未来有之变局。

自1840年以来,中国"自我为中心之国"发生动摇,晚清重臣李鸿章喊出了"三千年未有之大变局",洋务运动,师夷长技;然后,晚清政权相对和平转移到前中华民国,晚清皇族得以自保,这是在华夏三千年王朝更替史上极为罕见的,可谓奇迹!

军阀混战,到蒋介石先生北伐成功以后的中华民国,十四年抗战,再到1949年以后中华人民共和国成立。

"城头变幻大王旗"①,目不暇给。

一百年未有之变局。

1978年开始"改革开放"战略,"拨乱反正","以经济建设为中心",加入WTO,中国开始由封闭走向开放,由自然经济的农工劳作走向工业化,由自给自足自成一体大中国走向全球化并融入到全球经济之中,中国开始真正迈向现代化。

2008年以来,全球性"经济危机",中国从"物资短缺"到"产能过剩",中国人从饿肚子向"吃饱了撑的"、营养过剩、三高增加,新常态、顶层设计……中国面临五千年来未有之变局。

眼花缭乱,雾里看花,怎样借得一双慧眼呢。

"眼看他起朱楼,眼看他宴宾客,眼看他楼塌了。"②

"机关算尽太聪明,反算了卿卿性命。……忽喇喇似大厦倾,昏惨惨似灯将尽。"③

得势时,气吞万里如虎,何其雄哉!

失势时,业败身死,又何其悲哉!

多少大败局,败在时势不顺,败在战略无知,令人不胜唏嘘,不胜惋惜。

---

① 鲁迅·《七律·无题》。
② 清·孔尚任·《桃花扇》。
③ 清·曹雪芹·《红楼梦》第五回"十二曲——聪明累"。

早在 2500 年前,中国战略大师孙子就说过:必以全争于天下①。

如果那些曾经的大官大商显贵达人能够早点知道或理解这句话,或将少去很多人类人间悲剧。

"秦人无暇自哀而后人哀之,后人哀之而不鉴之,亦使后人复哀后人也。"②

大到国家民族生死存亡,小到个人家庭企业兴衰发展,其命运都与大时代紧密相关,一不小心就容易被大时代的洪流所裹挟,祸福相生,成王败寇,机会挑战并存,欲成大业者,欲自保(而求全胜)者,必谨察之。

李嘉诚先生少小逃离家园,香港创业成长发达,改革开放大举投资中国内地,成为一代华人首富,2012 年后进行资产大腾挪,下出一步步让外人眼花缭乱的棋……创业六十余年,虽历经多次经济危机,但没有一年亏损。

"等到危机来的时候,他就已经做好了准备",是谓战略高手!

他每天 90%的时间,都在考虑未来的事情。他是一个危机感很强的人,他总是时刻在内心创造公司的逆境(如何首先立于不败之地),不停地给自己提问,然后想出解决问题的方式。

李嘉诚先生曾经对其对手一代贼王张子强说:"你拿了这么多钱,下辈子也够花了,趁现在远走高飞,洗心革面,做个好人;如果

---

① 春秋·孙武·《孙子兵法·谋攻篇》。
② 唐·杜牧·《阿房宫赋》。

再弄错的时候,就没有人可以再帮到你了。"

张子强没有听取,更遑论战略思考、战略布局,一代贼王,赌完玩完,下场可悲,可惜可叹。

既深谙中国发展趋势,又居香港得全球资源整合之利,更洞察人性命运,李嘉诚先生可谓战略眼光独到、战略境界高远,战略布局了得。

顺应时代潮流游刃有余地发展搏得"立德、立功、立言"站在历史的枝头微笑,还是退而求其次至少还能立于不败之地得以"福、禄、寿"保全有余,还是错估时代潮流为逆势所裹挟不进则退、功败垂成、身陷囹圄甚至被早早地扫进历史的垃圾堆?

无论大官大商显贵达人,还是市井百姓屌丝小民,必谨察之。

世界怎么样,我们怎么办?
怎么办,怎么办,事到如今好为难?
在大时代的洪流里,更要有清醒的认识。
快速反应,观察世界,定位自己。
顺天应时,因势利导,走一步看三步。
因地制宜,因时制宜,因势制宜,与时俱进。
领先半步是先进,领先一步是先烈。
如何把握其中的平衡,这是一种科学,也是一门艺术。
只有变是不变的,但——万变不离其宗。

仰望星空,脚踏实地。
大时代,需要大战略。

总　序

需要有战略思维。

需要提升战略修养。

中国是大国,有五千年历史,战略经验教训智慧丰富。

开放社会,放眼全球,师夷长技,融会贯通,战略智慧资源充沛。

有鉴于此,我们推出"战略思想丛书"系列,希望给读者诸君提供一些独到的、有益的参考和启发,"知其然","知其所以然"。

我们相信:在这些优秀人物的大智慧、大思想的启发和指引下,将会有助于您的战略修养的提升,有助于您的智慧与人生成长。

大时代,需要大战略。

大时代,运用大战略。

必以全争于天下!

是为总序。

王立中
2019年6月于战略家书苑

PREFACE 前 言

过去十年间,我在治学时都是以战略思想的研究为重心。在此十年内,一共写了三本书:《现代战略思潮》、《中国战略思想史》、《西方战略思想史》。这三本书有一共同目标,即试图概括论述中西战略思想的演进及其因果关系。由于各书都采取通论的形式,范围相当宽广,因此,对于特定的主题自难作较深入的分析。

当我在写《中国战略思想史》时,突然感觉到,以孙子这样伟大的思想家,我也只能给他一章的篇幅,而且这还算是一种特殊的优待,实在无法反映其思想的全貌。所以,我就许下一个心愿,准备在两本战略思想史写完之后,再以孙子为研究主题,写一本比较深入的专著。时间过得真快,到1995年,中西战略思想史都已出版,而孙子的论著也已在进行。

《孙子》虽是一本六千字左右的小书,但却是全世界最伟大的兵学经典。古今中外研究孙子的学者多得难以计算,但仍有许多问题值得探讨。我花了一年的时间写成这本《孙子三论》,也许有人会批评我未免速成,不过,我又可以借用克劳塞维茨所曾说过的话来作为解释:"这一本书还是可以代表许多年来深入思考的成果。"

  在写作过程中对我帮助最大的是我的学生丘立岗博士。他搜集了许多有关孙子的文献，其中最有价值者则为《孙子集成》(齐鲁书社1993年出版，共24册)。这些难得的资料构成我重要的研究基础。其次则为赖进义先生，也是我的学生。他不仅经常为我提供资料，而且还参加了这本书的校正工作。此外，老友李子弋教授[①]，对于先秦学术思想的来源、齐学的影响等问题，都曾提供了卓越的意见。对于曾经帮助我的人，都一并在此致谢。

  最后，我诚恳地希望海内外研究孙子的学者和本书的读者，对于我这本书能提出认真的批评。真理愈辩愈明，我虽已提出若干新见，但并不敢自以为是，所以非常愿意听到不同的声音，尚祈不吝赐教。

钮先钟 序于台北
1986年7月7日

[①] 李子弋，1925年生于陕西西安，1945年离开了故土。中国台湾著名学者、台湾极忠文教基金会董事长、中华宗教研究社理事长、原台湾淡江大学国际战略研究所所长、教授。——编者注

CONTENTS 目 录

总　序 …………………………………………… 1

导　言 …………………………………………… 1

第一篇　原论 ……………………………………… 21
 前言 …………………………………………… 23
 第一章　计篇 ………………………………… 27
 第二章　作战篇 ……………………………… 38
 第三章　谋攻篇 ……………………………… 45
 第四章　形篇 ………………………………… 55
 第五章　势篇 ………………………………… 63
 第六章　虚实篇 ……………………………… 71
 第七章　军争篇 ……………………………… 81
 第八章　九变篇 ……………………………… 90
 第九章　行军篇 ……………………………… 99
 第十章　地形篇 ……………………………… 104
 第十一章　九地篇 …………………………… 109

1

第十二章　火攻篇 115
第十三章　用间篇 120

第二篇　校论 127
前言 129
第十四章　孙子与先秦诸子 133
第十五章　孙子与先秦兵书 162
第十六章　孙子与克劳塞维茨 178
第十七章　孙子与若米尼 191
第十八章　孙子与李德·哈特 200
第十九章　孙子与博弗尔 210

第三篇　新论 219
前言 221
第二十章　孙子的哲学基础 223
第二十一章　孙子四求 233
第二十二章　孙子论将 245
第二十三章　孙子与未来战争 254
第二十四章　孙子与现代企管 265
第二十五章　孙子的缺失 273

结　论 281

附录一　孙子十三篇原文（校释本） 285
附录二　参考书目 299

导　言

一

古今中外以《孙子》为主题的著作真是汗牛充栋,已经有这么多人写,我为什么还要写呢？在我决定写这一本书之前,这也正是我曾经一再反问自己的问题。我为什么还要写？经过长期思考之后,我的答案是：**除非能有创见或至少是新见,否则就不必写**。依照我个人的观察,尽管研究《孙子》的著作是如此众多,但仍然还是有若干方面缺乏比较深入的探讨,又或有某些疑问始终未能获得解决。因此,我才终于决定把我的意见写出来,以供学者参考,并且更希望引起进一步的讨论,以求为《孙子》研究和战略研究带来新的贡献。

我写此书至少有下述四点动机,也可以说是四点理由：

1. 《孙子》原书中有若干疑问和漏洞到今天仍有争论,或尚未获得明确合理的解释。

2. 目前对《孙子》的研究已经有过分浮夸的趋势,尤其对于《孙子》的引用常有超越原意,甚至有违背原意之处,这是一种必须纠正的过热现象。

3. 很少有人拿《孙子》与其他中外学者（或学派）在思想上的异同进行比较研究。虽然在西方国家中已有人从事此种工作，但西方学者对于《孙子》的了解似乎还是不够精深，而国内学者则对于西方战略思想又普遍缺乏深入研究。

4. 从事《孙子》的研究不应仅以过去为范围，而必须向现在和未来延伸。《孙子》对于当前和未来的世界有何种价值？能提供何种教训？我们对于《孙子》能有何种新认识？这些问题都值得深入思考。

很明显，我写此书，其目的即为对于上述四点表达我个人的观点和意见，所以全书在架构上分为三个部分，即：1. 原论，2. 校论，3. 新论。现在再分别解释如下：

1. 原论。为什么称之为原论？这具有两种不同的含义：其一是所讨论的对象为《孙子》的原文（书）；其二是在某些方面企图把《孙子》还原到其原有的位置上。简言之，对于《孙子》只应作冷静的研究，而不应作过分夸大的推销。再综合言之，原论的内容是以前述一、二两点动机为范围。

2. 校论。为什么称之为校论？孙子说"校之以计"，"校"字在中国古文中的原意就是"比较"的"较"，所以校论的内容即为比较研究。所想要比较的又可分为两部分：其一是《孙子》与先秦诸子和其他兵书之间的比较，其二是《孙子》与近代西方战略思想家之间的比较。校论是基于前述第三点动机，尤其重视中西之间的比较，因为此种比较研究可以加深对双方的了解，并促进中西思想的交流。

3. 新论。为什么称之为新论？简言之，这一部分是试图从新的观点来研究《孙子》。《孙子》是两千五百年前的古书，今天还值得研究吗？除考古的价值之外，还有其他的意义吗？我们应采取何种新的观点？可以获得何种新教训？如何才能温故而知新？这也正是我写此书的最主要动机。

由于上述三者是基于不同的动机，有其不同的内容，所以必须分成三个独立的部分来加以研讨。不过，尽管必须分而论之，但三者之间还是有相通和互赖的关系，尤其是都有一个共同的主题，那就是《孙子》这一本古书以及书中所含有的战略思想。因此，我这一本书定名为《孙子三论》。这样的定名也正表示其内容是由分而合，并代表一种求全的思考途径(holistic approach)。

我这本书除以《孙子三论》为书名外，又还有一个副标题："从古兵法到新战略"。对于这个副标题也有略作解释之必要。**这本书所研究的固然是古兵法，但我写此书又非仅以研究古兵法为唯一目的，我所真正希望的是此种研究能够有助于新战略的思考。何谓新战略？新战略的意义不仅只是指当前的战略(contemporary strategy)，而且更包括未来的战略(future strategy)。换言之，我之所以要对古兵法作新的研究，真正目的是试图透过此种研究来寻求能够适应新战略环境(strategic environment)的新战略思想。因此，研究古兵法只是一种手段，而探求新战略才是最终目的。若借用李德·哈特的观念，则可以说我这本书所采取的是间接路线(indirect approach)，即试图从古兵法走到新战略。**

二

对于任何战略家的著作和思想进行深入研究时，其首要的准备步骤即为必须了解其身世和时代，对于《孙子》的研究自然也不例外。但是古今研究《孙子》的人在这一方面却曾遭遇不少的困难,甚至到今天,还是有若干疑案未能有定论。此种事实当然也会构成研究的障碍,并且影响结论的品质。不过问题虽然存在,但并不太严重,因为我们所要研究的是《孙子》这本书($Sun\ Tzu$, the book),而并非孙子这个人($Sun\ Tzu$, the man)。诚然,二者之间是有其必然关系,但假使仅以著作内容为研究对象,即采取所谓内容分析(content analysis)的方法,则对于著作者(author)本身所需要了解的仅为概括的背景,而并不需要过分琐碎复杂的资料。因此,本书对于孙子个人和时代背景只拟作比较简略的陈述,而无意作详细的分析,尤其不想介入若干永无休止的争论。

古代伪托之风盛行,所以几乎每一本书的真正作者和成书时间都很难确定,而且也必然会引起很多争论。《孙子》一书的作者究竟是谁?根据西汉司马迁所著《史记》的记载,其作者是孙武。《史记》中有一篇"孙子吴起列传",那要算是对孙子的最早历史记录。根据司马迁的记载,至少可以认定下述三点:(1)孙子名武,齐人;(2)《孙子兵法》为十三篇;(3)孙子曾为吴将并立有战功。

在宋代以前无人怀疑《史记》记载的真实性,直到南宋时始有叶适和陈振孙先后对于孙武有无其人的问题正式表示怀疑。叶适在其《习学记言》中指出:"自周之盛至春秋,凡将兵者必预闻国事,未有特将于外者,六国时此制始改。吴虽蛮夷,而孙武为大将,乃不为命卿,而左氏无传焉,可乎?"在叶适之后,陈振孙在其《书录解题》中更明确指出:"孙武事吴王阖闾,而事不见于春秋传,未知其果为何代人也。"

自从叶陈二人发难之后,对于此一问题引起了很多议论。概括言之,可以分为四大类:

1. 认为孙武并无其人,《孙子》这本书是战国时代的伪书,其真正作者不详。代表此种意见者有清代的全祖望(《孙武子论》)、姚际恒(《古今伪书考》)、姚鼐(《惜抱轩文集》)等人。

2. 认为《孙子》的作者即为孙膑,因此,虽非伪书但应为战国时代的产品。梁启超(《中国历史研究法》)和钱穆(《先秦诸子系年考辨》)都是作如此假定。

3. 认为《孙子》的作者可能即为伍员,而孙武则无其人。这是清代牟庭(《校正孙子》)的特殊看法。

4. 认为孙武确有其人,《孙子》也真是他的著作,并且还指出他是齐国田完的后代。此说虽发源于唐宋,但由于清代自称孙子后人的孙星衍大力提倡才开始流行。

综观上述四种意见虽都言之成理,但严格说来,都缺乏足够的证据,而且也都很容易被反驳。就目前的情况而论,第一和第三两种意见几乎已经无人认同,第二种意见由于汉简在山东临沂银雀山古墓中被发现,于是不攻自破,现在已经无人认为孙武和孙膑为同一人。于是所留下来的就只有第四种意见。

20世纪末"孙子学"的研究已经形成一种热潮。于是对于孙子的身世和事迹也就有了很多的新考证。不仅有人编成"孙子世系表"和"与孙子有关的大事记"[1],而且更有人对于孙子故里的位置进行新的探索[2]。不过,严格说来,除了确认孙武为《孙子》一书的作者以外,其他有关孙武生平事迹的研究还是有很多疑问和争论存在。简言之,我们对于孙武这个人所知道的还是很有限,而且

---

[1] 杨少俊主编:《孙子兵法的电脑研究》(北京:解放军出版社,1992),12、16页。
[2] 霍印章、李政教:《孙子故里'惠民说'新证》,《孙子新论集粹》(北京:长征出版社,1996),430页。

有些记载只是无稽的传说,甚至也没有太大的意义。

　　试举一例来说明。孙武怒斩美姬的记载虽出于司马迁之笔,但照理来判断实为荒谬而不可信的传说。即令吴王有意要面试孙武的将才,他也不可能采取此种方式,因为操场上的制式训练最多也只能考试连长(上尉),吴王似乎不会无知到那样的程度,居然用考小学生的方法来考博士。事实上,司马迁的确与西方第一位历史学家希罗多德(Herodotus,公元前484—前430)很相似,治学态度并不太严谨,其书中常有夸张不实之语。希罗多德曾说:"我的责任只是报道人们所说过的事情,但我不一定要相信它。"司马迁写《史记》时似乎也是这样。①

　　有关孙子生平的记载都非常简略,而且也不太可信,甚至到今天,我们还是不能确定他的生年死日。至于孙子的祖先是谁,故乡在何处,那更是节外生枝的问题,对于战略思想的研究,似乎可以不必加以考虑。孙子的成就是在立言方面,所以他有生之日是否曾经立功,对于后世也并无太多重要性。不过,在另一方面,孙子著书的时代却是一个比较重要的问题。因为要想了解某一书中所含有的思想,则必须先对于其时代背景具有相当正确的认识。

三

　　概括地说,有关孙子身世的争论实际上也就是有关时代的争论。凡认为孙武确有其人者也就等于相信其书是成于春秋时代。凡对孙武的存在表示怀疑者,则也一定认为该书是成于战国时代。

---

① 钮先钟:《西方战略思想史》(台北:麦田出版有限公司,1995),33页。

事实上，此种时代差距并不像想象中那样巨大，因为所谓春秋和战国本是连续的时代，其间也并无严格的分界。

姑不论真正作者是谁，但《孙子》成书的时代还是可以确定。战国时代的古书，例如《荀子》和《韩非子》都曾明确地提到"孙吴"。荀子说："善用兵者，感忽悠暗，莫知其所以出，孙吴用之，无敌于天下。"韩非子的话更为明确："今境内皆言兵，藏孙吴之书者家有之。"①由此看来，至少可以获得两点结论：（1）在战国后期，孙吴之名与孙吴之书已经是家喻户晓；(2) 非常明确地显示孙在吴前。事实上，《史记》也是如此认定。

吴起是战国初期的人，曾事魏文侯守西河。他的生年已不可考，但其死年据史家考证应为公元前381年。既然世称孙吴，则可以断言孙子的时代必然早于吴起。因此，孙子的书应该是春秋末期的产品，最晚也只是接近战国初期，而不可能是战国后期的伪书。同时也可认定荀卿和韩非所说的"孙"绝非孙膑。因为孙膑的时代在吴起之后。如果所指为孙膑，则照逻辑，应称"吴孙"而非"孙吴"。

依据《左传》（昭公二十七年）的记载推断，吴王阖闾元年应为公元前514年，孙武立功和立言必然都是在此之后，所以大致说来，孙子与孔子（公元前551—公元前479）似乎应处于同一时代。②至于孙子的生卒时间以及其一生的经历，虽已有人作了很多的研究，但仍只能算是推测而并非定论。不过，假使我们是以其书而不是以其人为研究主题，则这一类的史料也就并非太重要，只要能确

---

① 分别见《荀子·议兵篇》及《韩非子·五蠹篇》。
② 吴九龙主编：《孙子校释》，前言，2页。

认成书的时代是春秋后期也就够了。

反而言之,若从其书的内容上来加以观察,则对于其人又能获致何种认知?至少可以分为下述四点:

1. 有充分理由可以相信《孙子》这本书是出自作者一人之手笔,既非由他人所记录,也不是集体创作;既非语录,又非论文集。它是一本真正的书(book),代表一套完整的思想体系。其各篇顺序编排有其逻辑上的理由,十三篇大致前后连成一体,有头有尾,纲目分明。这样的书几乎完全符合现代化的标准,而居然是两千余年前的古书,真可以说是奇迹。

2. 从书的内容中可以发现作者的思想受到其时代背景的影响。其所处的时代大致可以说是从春秋到战国的转型期。原有的二元(晋楚)体系逐渐瓦解成为多元体系。北面三家分晋,终于建立三个新国;南面由于吴越的兴起,引起不断的战争。孙武不仅亲自参加战争,而且也自然会以这个时代的环境和经验来作为其著作的基础。

3. 同样地,从其著作中又可以发现孙武绝非纸上谈兵之士。书中到处都足以显示其作者是一位具有丰富战争经验的军人,而他的书更是一本切合实际的将道教科书。就这一点而言,他与若米尼(Antoine Henri Jomini)很相似,当代战史大师霍华德(Michael Howard)曾称誉若米尼的《战争艺术》是19世纪最伟大的军事教科书[①]。**假使真是如此,则孙子似乎更伟大,他的书应该是这个世界上有史以来最伟大的军事教科书。**

---

① Michael Howard,"Jomini and the Classical Tradition in Military Thought",*Studies in War and Peace*(New York:The Viking Press,1971,p.31.

4. 由于时代的久远,从现存的文献上无法确知孙子在思想上是否受到其他古圣先贤的影响,不过在他的书中曾引述《兵法》和《军政》各一段,那显然都是较早期的兵书。此外,书中有"古之善战者"之语,在"用间"篇更明确引征史例。这足以暗示孙子是学有所本,而且他也和现代战略学家的想法一样,相信**历史实为战略研究的基础**。

由于《孙子》是这样一本完整的书,所以在过去也就曾经引起两种对立的看法。孙星衍认为:"诸子之文皆由没世之后,门人小子撰述成书,惟此是其手定,且在列、庄、孟、荀之前,真古书也。"[①]梁启超则认为:"吾侪据其书之文体与内容,确不能信其为春秋时书。"[②]不过,仅因为某书的文体和内容与同时代其他著作有相当差异,即断言该书绝非那个时代的作品,则又未免武断。超越时代的著作和思想在历史上可以找到很多的例证。如果认为时代有一定的模式,任何人都不能超越,则无异于否定人类文明有进步的可能。

四

概括言之,今天所保存的《孙子兵法》十三篇应为原始著作。虽其中不免有后人窜改错录之处,但绝非伪书,也非残稿。那是一本完整的书,有其完整的逻辑结构,代表完整的思想体系。尽管后世有人提出不同的意见,但都不足为信。尤其是自从汉简出土之

---

① 钮先钟:《中国战略思想史》(台北:黎明文化事业公司,1992),79页(引自孙星衍,《孙子略解》之序)。
② 同上书(引自梁启超,《历史研究法》)。

后,更可证明原文确为十三篇。至于《汉书·艺文志》所云"孙子兵法八十二篇,图九卷",只表示孙子在十三篇之外可能还有其他的著作,而并不意味着十三篇不是一本完整的书。事实上,在银雀山出土的汉简中除十三篇以外,还有若干有关《孙子》的逸文,那也许即为《汉书·艺文志》所云八十二篇的一部分。[①]

孙子是一位治学态度相当严谨的学者,此种态度在古代尤其难能可贵。从现代学术标准来看,他的书也应获得高度的评价。他对于重要名词常有精确的界定,其基本观念也始终一致,而殊少矛盾。虽然书中也有若干脱落或难以解释之处,但大致都可能是后人窜改之所致,而并非作者本人的过错。像这样一本古书,其中有脱落遗漏之处在所难免;而经过后人无数次的整理注释,也自然很易于使原文受到若干改动,实为事理之常,并不足为怪。不过,还是很侥幸,留传至今的《孙子》十三篇仍然还是一本相当完整的书,而且从书中可以看到孙子战略思想的全貌,并找出其中的精华。

《孙子兵法》是两千年前的古书,从古到今自然会有多种不同的版本。据陆达节的《孙子考》,《孙子兵法》有八十余种版本,现存者约三十余种,这是在1936年的估计。1990年前后,我国学者许保林指出:据现存书目粗略计算,历代注解批校《孙子》者有二百一十家,各种版本近四百种。[②] 版本虽多,但现存者大致又可分为两大系统:一为武经系统,另一为十一家注系统,二者均起源于宋代。虽然两种版本在文字上有若干差异,但并不会因此而对于内

---

① 杨少俊主编:《孙子兵法的电脑研究》,20页。
② 许保林:《中国兵书通览》(北京:解放军出版社,1990),99页。

容的解释产生严重的歧见。过去研究孙子的人多以武经本为依据,而近来则以十一家注本较为流行。

1972年汉简在山东临沂县银雀山出土,曾经引起极大的震撼。经过精密的整理,所谓"汉简本"终于在1985年正式出版。①这是孙子的最新版本,也是现有的最古版本。据考证,这一批汉简入土陪葬的年代约在西汉建元元年(公元前140)到元狩五年(公元前118)之间,而抄写的年代当在秦代到文、景之间。所以要比早期著录《孙子兵法》的古书(包括《史记》、《叙录》、《汉书》等)都要早数十年到二百余年不等。② 汉简本不仅残缺不全,而且文字词句与传本也有若干差异。其中有些差异的确很重要,并且可以帮助我们解决过去一直被认为难以解决的疑问。不过,大致说来,整个内容也还是大同小异,这又可以证明各种版本都是出自同一来源。

最近又有所谓"樱田本"的出现。这是根据日本人樱田迪(1793—1876)所收藏的《古文孙子正文》,在日本嘉永五年(1852年,即我国清代咸丰三年)刊行的版本。据考证,所谓"古文"与传本在内容上有二百八十余处异文,并且更有人认为那是我国唐朝贞观时期(627—649)的抄文,所以其价值似乎有过于出自宋代的传本。不过,又已有人对于这个古本表示怀疑,换言之,很难确定其真正年代。③

面对着如此众多的版本,研究者又应如何选择?魏汝霖在

---

① 银雀山汉墓竹简整理小组1985年出版的《银雀山汉墓竹简(一)》。
② 杨少俊主编:《孙子兵法的电脑研究》,20页(该书还附有《孙子兵法》版本源流图解,可供参考。20—25页)
③ 穆志超:"樱田本孙子兵法补考",《孙子新论集粹》,38—41页。

1970年所编著的《孙子兵法大全》中曾说明其对原文作"总集校"时所采取的原则为:"共选定古今版本二十五种作为校勘之依据,虽以十家注与武经两大系统为主,但仍采辑众说,不专一家,衡其长短,择善而从。"①在大陆出版的《孙子兵法大全》系列丛书第一种《孙子校释》中,其主编者吴九龙在书中"凡例"内说明:校勘是以十一家注本为底本,并主要参之以武经七书本和汉简本。他又接着指出:

> 传本与汉简本相雠,文字、篇次、段落顺序诸方面的不同之处三百余条。凡传本与汉简本的异文,属于古语通假者,一般从传本。凡引起文义歧异的地方,则再以子书、类书等进行参校,以定孰是。汉简本乃今所见最早的抄本,在校记中,汉简本义长者,多从之,力图近于孙子兵法原本。

此外,他又说明对明清以来学者的意见,凡能自成一说者,也悉为甄录。②

实际上魏汝霖的总集校已相当完备,但因出书较早,未能将汉简本列入,实属憾事。吴九龙的《孙子校释》至少就目前而言,应该要算是最新也是最好的版本。所以,我这本书在引用孙子原文时,大体都是以其为依据。不过,当传本与简本有重大差异,而传本又有其特殊意义时,则将作对比的讨论。严格说来,无论何种版本,其间的差异并不太大,至少不至于因此而对于孙子的思想产生严

---

① 魏汝霖:《孙子兵法大全》(台北:"国防研究院"出版部,1970初版),190页。
② 吴九龙主编:《孙子校释》,凡例,112页。

重的误解。

对于《孙子》的注解比版本还要复杂。历代注解《孙子》的人真是多到不可胜数,留传至今的除宋代即已存在的十一家注之外,明清两代也还有很多自成一家的注释。不过,若对于这些注释作一概括观察,即可以发现其中又以注解文字和引用历史为例的两种形式占绝大多数,至于对孙子思想作综合探讨的人则可谓少之又少。因此,过去的许多注释都有舍本逐末、见树而不见林之弊,对于今天想对孙子思想从事创新研究的工作所能给予的帮助似乎并不太大。

前人的意见又可以概分为三大类:(1)已成定论或众议佥同①者;(2)尚有疑问或有人表示异议者;(3)已发现或已被公认为谬误者。关于(1)(2)两类的意见似乎已无再加检讨之必要。因此,在这本书中只有第二类的意见才有时会成为评论的对象。因为这本书的目的是从事创新的研究而非检讨过去,所以,我决定把**对于《孙子》原文的分析限制在下述三个方面:(1) 过去人所未言者;(2) 见解与众不同者;(3) 由于时代不同而应有不同解释者**。反而言之,将尽量避免人云亦云和引述已有的成见。

五

从方法学的观点来看,战略研究(strategic studies)可以分为四种不同的境界(dimension)或途径(approach),即为历史、科学、艺术和哲学。概括言之,战略学家在其治学过程中对于这四种途

---

① 一致赞同。——编者注

径通常都会采用,并且也形成四个连续的阶段,而愈是后来的阶段也就愈难达到。但又必须历经此四阶段,然后始能成为真正伟大的战略思想家。①

几乎可以确认战略研究必须从历史研究入门,换言之,一切战略思想的形成都必须以前人的经验为基础。《孙子》十三篇所代表的只是孙子的最后研究成果,至于孙子是怎样从事研究和如何获致其结论,则并无任何记录。不过,从其书中可以发现他曾引述史例,并表示尊重古人经验的态度。所以,以常理度之,孙子对于历史应有相当深入的研究。

所谓科学途径即为科学方法的使用。欧洲学者加夫利科夫斯基(Krzysztot Gawlikowski)曾就这一点对《孙子》作下述精辟评论,值得引述:

> 孙武的最大成就之一就是他对于现实所采取的科学研究途径。他的书在中国、甚至在全世界,都是最早提倡对于社会现象采取科学分析方法的。其书中包括若干量化评估的观念,以及对自然法则的引用。当然,孙武所用的分析方法并不能令现代学者感到完全满意,但在整个中国古代思想领域中,他却是一位孤独的先驱者。②

---

① 钮先钟:"论战略研究的四种境界",《战略研究与战略思想》(台北:军事译粹社,1988),1—24页。

② krzysztot Gawlikowski, "Sun Wu as the Founder of Chinese Praxiology, Philosophy of Struggle, and Science", presented in the Second International Symposium of Sun Tzu's Art of War, (Beijing, China, Oct. 1990).(其中译文已载于《孙子新论集粹》,306页。)

简言之,科学方法就是客观的、逻辑的和有系统的现象分析法。在《孙子》一书中,对于此种科学方法的使用,以及其精神的表现,可以找到很多的例证。诚如加夫利科夫斯基所云,在中国古代学人中能够如此重视科学方法的确实是十分罕见。

仅凭历史与科学两种途径,还是不能够达到战略领域中的较高境界。主要原因是战略本为艺术,艺术有艺术的特质。战略家本身必须具有艺术家的心态和气质,否则很难成为第一流的战略家。换言之,必须进入第三阶段,即为艺术境界,而那也是一种远较微妙的境界。艺术的目的为创造,而其关键在于智慧(wisdom)。智慧固然必须以经验(历史)和知识(科学)为基础,但仅凭此二者又不一定能产生智慧。所以艺术是一种奇妙的东西,有时甚至不可学而致,而必须有赖于天才。

从孙子的书中可以发现他的确是天才,其智慧是高不可及,所以他的著作一向被人视为艺术。西方人将其译为《战争艺术》(*The Art of War*),足以显示此种认知。读《孙子》的人常会有知其然而不知其所以然的感觉,这也正是暗示其艺术境界的高超。譬如说,他在书中一再强调"无形"的观念,例如"形兵之极,至于无形","微乎微乎,至于无形","形人而我无形"。凡此一切都表现出一种奇妙的境界,令人有悠然神往之感。[①]

此外还有一项不太为人所注意的事实,也最足以显示孙子的艺术天才,那就是其文辞的优美,欣赏起来十分钦佩。日本学者高濑武次郎曾指出:

---

① 所有的引述均出自《孙子·虚实篇》。

> 孙子之文,精到而简约,曲折而峻洁,不愧春秋杰作……而其文亦虚虚实实,简尽渊通,不能增减一字……故《孙子》一书不但为兵家之秘宝,亦为文学上不可多得之大雄篇也。[①]

大陆研究《孙子》的学者刘伶也有同样的看法,他在1990年的第二届孙子兵法国际研讨会中曾发表论文指出:

> 作为我国古代百科全书式的人物,孙武是中国文化史上伟大的军事家、哲学家,同时也是当之无愧的语言文学艺术大师……他的不朽著作《孙子兵法》是突出的代表。《孙子兵法》不仅是一部卓越的军事哲理著作,而且也是一部开议论散文之先河的文学精品……对于后世散文发展产生深远的影响。古代兵法卷帙浩繁,为何《孙子》十三篇却能长期流传,其盛不衰,这与孙武驾驭语言的卓越才能和超群技巧直接相关,可谓文词人皆诵习。[②]

从孙子的书中可以发现以上所云都是事实。在先秦时代的著作中几乎很少有其他的书在这一方面可与《孙子》媲美。由于文辞之美,遂易于诵习,于是不仅使其书获得广泛的流传,而且更使其内容始终能保持得相当完整。

战略思想能达到艺术境界已经非常难能可贵,不过,此种成就固然可谓尽美矣,但仍未尽善也。要想成为不世出的伟大战略思

---

① 引自冯友兰:《中国哲学史》(商务印书馆大学丛书版),27页(注)。
② 刘伶:"孙子兵法的语言文学艺术",《孙子新论集粹》,548页。

想家,则还必须进入另一层更高的境界,即哲学的境界。在战略领域中,那不仅是最高的境界,而且也是最后的境界。事实上,任何思想家当其思想炉火纯青时,也就自然会有超凡入圣的趋势,战略思想家自不例外。诚如当代已故战略大师、法国的博弗尔(André Beaufre)将军所云:"**我深信战略也像所有一切人事一样,其中的支配和导引力量必须是理想,而那也就把我们带入哲学的境界。**"① 博弗尔的这句话出现在其主要著作《战略绪论》的结尾处,可以代表其个人的领悟。我们研究孙子时,迟早也会获得同样的领悟。

孙子的书虽然简短,但其中却含有极深奥的哲学思想,这也是其深受后世景仰的最重要理由。冯友兰先生对于《孙子》曾作下述的简评:"它是古代一部优秀的兵书,也是一部出色的哲学著作。"② 加夫利科夫斯基认为,孙子思想中含有一种"斗争哲学"(philosophy of straggle),那是一种独一无二的理论,在西方找不到与其平行的思想。他同时又指出,这是一种高度抽象性的观念,其所能应用的范围并非仅限于战争,而可以推广及于任何其他的情况。③

艺术还是人的境界,哲学则是天人合一的境界。艺术家能探无形之秘,但他还是有我的。哲学家则余欲无言(因为天何言哉),所以他是无我的。方东美先生曾指出:"每一种哲学之后都暗藏着

---

① André Beaufre, *An Introduction to Strategy* (London: Faber and Faber, 1965), p.318.
② 冯友兰:《中国哲学史新篇》(北京:人民出版社,1982)第一册,192页。
③ Krzysztot Gawlikowski, "Sun Wu as the Founder of Chinese Praxiology, Philosophy of Struggle, and Science".

一种更重要的哲学。""此种潜藏而更重要的哲学"即为"不言之教"①。孙子书中不仅充满智慧,而更蕴藏着一种无法形容的灵感,此即所谓"不言之教",那也是其战略思想中最奥秘的部分,需留待后世有志之士去发掘和领悟。

基于以上的分析,即可了解孙子在思想领域中的成就已经登峰造极,令人有高山仰止之感。其研究已经贯通历史、科学、艺术、哲学四个阶层,其著作是由经验、知识、智慧、灵感所整合而成的结晶。所以,国人尊之为"兵圣",而以色列战略学者**克里费德**(Martin van Creveld)之言则可代表国外的总评:"**在所有一切的战争研究著作中,《孙子》是最好的**(the best),**而克劳塞维茨的《战争论》则只能屈居第二**(second best)。"②

六

若把十三篇的内容作一总检讨,又可以发现孙子的思想呈现出四种不同的重要导向(取向)。此四种导向分别为:

(1) 总体导向(total orientation)

(2) 主动导向(active orientation)

(3) 未来导向(future orientation)

(4) 务实导向(pragmatic orientation)

孙子在其著作中只用一个字来表达其战略思想所含有的总体导向。这个字就是"全"字。所谓"必以全争于天下",也就是必须

---

① 方东美:《华严宗哲学》(台北:黎明文化事业公司,1986,三版)下册,259页。
② Martin van Creveld, *The Transformation of War* (New York: the Free Press, 1991), p.231, 241.

采取总体战略(total strategy),而其最高理想即为"全国为上"。战略家必须认清其问题的总体性,并能以总体的眼光来看问题。在古代战略思想家中具有此种取向者,孙子实为第一人。

主动导向也可称为行动导向。不过在此处所特别强调的是行动必须是主动的而非被动的,所以孙子说,"致人而不致于人"。战略的本质即为行动的指导。加夫利科夫斯基曾指出,"依据一切现代知识,西方研究行动学(praxiology)的学者所获得的结论是与两千余年前孙子所获得者大致相同。他的书可以算是行动学的基础"。[①]

未来导向又可称为前瞻导向。孙子在其著作中经常强调一个"先"字,而"先知"也就是"先胜"的基础。孙子认为战略的研究应以计划为其起点,而计划当然具有未来导向。所以,孙子与博弗尔非常相似,他们的战略都是一种"为明日设计的战略"(strategy for tomorrow)[②]。

孙子思想的极高部分固然已经进入哲学境界,但他并不玄想,其一切观念又都以现实为基础。所以,他的哲学是一种实用的哲学(practical philosophy)。他重视经验,重视数量,在其书中到处都表现出其务实的态度。他的书绝非抽象化的空谈,而是一本具有实际可行性的教科书。简言之,孙子的思想具有高度的务实导向。

由此遂引起一项疑问。据历史记载,孙子是"以兵法见于吴王",当时他的年龄不可能太大,应该还是在壮年期,所以,他不可

[①] Krzysztot Gawlikowski, "Sun Wu as the Founder of Chinese Proxiology, Philosophy of struggle, and Science".

[②] André Beaufre, *Strategy for Tomorrow* (New York: Crane, Russak and Co., 1974).

能有太多的实际经验。但现在所留传的《孙子》却显然是一本非常成熟的书,并且也显示作者是一位已有丰富战争经验的高级将领。因此,壮年期的孙武能否写得出这样一本书,实在令人感到怀疑。但过去却似乎没有人注意到这一点。也许惟一的解释是孙武当初献给吴王的十三篇只是一个初步的草稿或大纲;而我们现在所看见的十三篇是他功成身退之后,根据其半生戎马的实际经验,再经过博考深思,然后综合写成的最后结论。若照这样解释则两者之间也就不再有矛盾之存在。事实上,司马迁对于孙武见吴王的记载相当不可信,尤其是吴王先称孙武为"子",而后又称之为"将军"实属前后矛盾。此时吴王尚未"卒以为将","将军"之称呼更是不妥。因此,司马迁的这一段记载不值得重视,但具有讽刺意味的是,司马迁除了记载这一段近似小说的故事以外,对于孙子的功业,又只是一笔带过而已。

综合言之,《孙子兵法》十三篇是全世界有史以来第一部真正的战略思想著作,其在战略研究领域中所居的地位是任何其他著作所不能及的。这固然已成定论,但有关孙子其人、其事,甚至其书又还是有许多问题迄今仍无定论。因此,我这本书只能算是个人的意见,其中有些部分不一定能获得大家的认同,甚至还可能会引起激烈的争议。关于这一点,我认为那不仅是必然的,而且也是应该的。真理愈辩愈明,像《孙子》这样一部伟大的著作,其内容和意义的确值得深入的分析和反复的辩论。作为一位研究者,必须有勇气把自以为是的意见表达出来,即令因此而受到批评、反驳,甚至责难,也应无所畏惧。所以,在此除了提供一得之愚以供海内外学者参考之外,更希望能产生抛砖引玉的效果,并引起对孙子思想作更深入研究的兴趣和风气。

第一篇
原　论

前言　　　　　　　　第七章　军争篇
第一章　计篇　　　　第八章　九变篇
第二章　作战篇　　　第九章　行军篇
第三章　谋攻篇　　　第十章　地形篇
第四章　形篇　　　　第十一章　九地篇
第五章　势篇　　　　第十二章　火攻篇
第六章　虚实篇　　　第十三章　用间篇

前　言

原论的目的为对于《孙子》十三篇的原文作一次新的解释和分析。首先必须指出的是《孙子》原文经过如此悠久时间的流传,其各种版本在内容字句上难免有差异的存在,而且又经过这样多家的注解,所以原文的意义也必然会出现不同的解释。尤其是孙子所用文字是两千余年前的古文,经过时代的变迁,从后人的眼里看来,也就可能有不同的意义。此外,孙子是春秋后期的人,其思想和经验当会以那个时代为背景,而且也一定会受到当时战略环境的影响和限制。所以,我们必须了解那个时代的战争形态和社会结构,否则很容易导致错误的认知。

在我国古文中,每一个字往往都有多种意义,而写文章的人对它也是作一种具有弹性的使用,很少对其意义作严格的界定。这也正是我国古文的传统风格,含有高度艺术化的滋味,令读者有只可意会、不可言传的美妙感受。但很遗憾,到了现代,大家用白话文之后,这种文艺美感也就逐渐消失了。因为中国古文具有高度的弹性,所以翻译成为外文时也就会特别困难,往往都是照字硬翻,而丧失了其原有的意味。以《孙子》为例,可以发现书中若干关键字(key words)都具有多种意义,而用在不同的地方必须作不同的诠释,甚至于还必须保持弹性的解释,而不可作硬性的界定。像"兵"字、"道"字、"势"字都是如此。但译成外文时,译者都常采取一字一义的译法,而且在全书中都一直维持到底。于是不仅会对文意作出错误的解释,而且更使原文的美感丧失无余。①

基于上述的事实,我们在研究《孙子》原文时,必须首先明了其时代背景,以及其文字的原意。否则也就会像某些外国学者翻译《孙子》时一样,只能看到其外表,而不能了解其深意。

《孙子》是一本完整的书,书中有其完整的思想体系。每篇虽各有主题,但前后连贯,在思想上仍然构成整体。所以我们在研究《孙子》时必须采取一种求全的途径,宏观的视野,而绝对不可以断章取义,见树而不见林。但是有很多学者却常犯此种错误,而尤以外国学者为甚。汉德尔(Michael I. Handel)为美国当代著名战略学家,任教于美国海军战争学院,其所著《战争大师:孙子、克劳塞维茨、若米尼》(Masters of War: Sun Tzu, Clausewitz and Jomini)一书为对于中外三大师的比较研究,曾传诵一时,并被视为美国研究《孙子》的权威著作之一。但他居然认为《孙子》任何一篇都可独立地阅读(call be read independently),并且还说孙子对于其观念的发展并未作系统的解释。这实在很令人感到惊讶。事实上,《孙子》全书为一不可分割的整体,至于未作系统的解释,那是受到古代写作环境的限制,而并不意味着其思想的发展没有系统。此种对《孙子》作断章取义的解释或引述,实为智者所不取而必须力求避免。②

---

① 刘振志:"孙子的关键字及其思想内涵",《孙子新论集粹》,118—128 页。可供参考。
② Michael I. Handel, *Masters of War: Sun Tzu Clausewitz and Jomini* (New York: Frank Cass, 1992), p.24.

前　言

《孙子》是代表完整思想体系的著作已为不争之论。就逻辑顺序而言,全书十三篇又可分为四大部分。

1. 第一篇到第三篇为第一部分。其所讨论的内容大体都是属于现代所谓的大战略(grand strategy)或国家战略(national strategy)的层次,不过还是把军事战略(military strategy)包括在内,甚至于有时也是以此为主题。事实上,这一段也可以称之为战略通论,并代表孙子战略思想的最高阶段。

2. 第四篇到第六篇为第二部分。其内容可以代表孙子对于所谓战争艺术(the art of war)的全部思想体系。在我国古代称为"用兵",而现代西方则称为"作战"(operation)。我国官方军事术语称之为"野战战略",但这只是我国特有的名词而并未获得他国的认同。这一段可以算是将道(generalship)的精华,也的确具有高度的艺术风味。

3. 第七篇到第十二篇为第三部分。所包括的篇数最多(共六篇),内容也比较杂乱,而且时常跨越不同的层次。以文字而言,也常有漏洞和难以理解的词句,以及很可能是后人窜改或错接的部分。不过,很侥幸,这六篇所讨论的多为层次较低的问题(包括战术、后勤、技术、地理等方面),因此对于战略研究的重要性也较低。不过各篇中又还是有若干足以发人深思的名言,值得特别注意。

4. 第十三篇("用间")独立构成第四部分。用现代术语来表示,其所讨论的主题即为情报。把情报提升到战略层次,实为孙子思想体系中的最大特点。而其全书在结构上是以计划为起点,以情报为终点,而后者又构成前者的基础。于是全书前后连贯,有头有尾,诚如孙子所比喻的,有如恒山(常山)之蛇,形成完整的思想体系。

《孙子》全书虽字数不多,但言简意赅,书中所含有的思想真是博大精深,要想作扼要的阐释可以说是非常不容易。但对于原文的阐释又为一切深入研究的基础,所以在原论中的以下部分即为对于十三篇每篇原文的解释和分析。但又并非每一句和每一字都要解释,因为无此必要。我假定本书的读者应该是曾经读过《孙子》的人,或对《孙子》至少已有初步认识的人。不过,为初学者着想,还是把《孙子》全书原文纳入附录之内以便可以参照(原文以吴九龙主编的《孙子校释》本为依据)[①]。至于在正文中则只作必要的引述,而不全篇照录。尚祈读者注意。

当我们分析《孙子》原文时,固然可以采取新的观点,甚至于新的途径,同时为了解释的方便也可以使用现代化的名词和理论,不过有一点必须特别注意,那就是不可以忽视孙子的时代背景。孙子有其特殊的时代,不管他是如何具有天才和创新能力,但其思想还是自然有其现实的限制。这是无可避免的事实,古今中外的任何伟大思想家都是一样而绝无例外。目前有某些学者对于孙子思想所作的解释和应用,就常有逾越此种限制的毛病。例如,魏汝霖认为"火攻"可与"核战争"相比拟,实乃拟之不伦。[②] 我们必须指出某些流行意见之谬误,因为根据时代背景来研究判断,孙子不可能有那样的想法。所以,**原论的目的也就是要把孙子还原到其在历史中的原有位置上去。**

[①] 吴九龙主编:《孙子校释》是以十一家注本为基础,并参之以武经本和汉简本,要算是最近和最好的版本。

[②] 魏汝霖:《孙子兵法大全》的"火攻"篇名之下均有"核战争"的注记。

第一章
计　篇

　　首先从篇名说起,由于版本之不同,篇名也不一致。武经本为"始计",其他版本则为"计"篇。似乎很明显,"始"字是宋代编辑《武经七书》时加上去的。因为孙子以"计"为其研究的起点,在"计"字之前加一个"始"字具有强调此一事实的意义。所以,我个人认为这个"始"字实在加得很好,应该予以保存。概括言之,我们对于《孙子》原文的研究并非以考据为目的,而是以深入了解其思想为目的。所以,个别字句的差异有时实可不必斤斤计较。

　　孙子为何要以"计"为其书的第一篇?孙子自己所提供的答案是"兵者国之大事"。"兵"字是《孙子》书中使用次数颇多的一个字,一共为六十九次,除"火攻"篇之外,其他每一篇都有"兵"字。同时"兵"字也有很复杂的含义,在不同的地方应作不同的诠释,不可一概而论。在此,其基本意义应为"战争",但也可以包括国防、安全、战略等含义在内。

　　为什么战争(兵)是国家大事?孙子在书中已自作答案,那是因为战争是"死生之地,存亡之道"。孙子对于其重要观念或名词,都常会在文中加以解释或界定。在十三篇中可以找到很多这样的例证,学者钮国平称之为"文中自注"①。因为战争是决定人民死生的场地(地),决定国家存亡的途径(道),所以自然要算是国家大事,于是也就必须加以认真的考虑(察)。这样才会使孙子把"计"列为其书的首篇。

"计"字的基本意义是计算(calculation),但也可以具有计划(planning)、分析(analysis)、评估(assessment)等复义。事实上,这不过是咬文嚼字,因为计划、分析、评估都必须以计算为基础,而且这些观念之间具有高度互赖关系,所以,也不可能划分出明确的界线。②

在认真考虑战争问题时必须作精密的计算、计划、分析和评估。然则其对象又是什么?孙子的想法和现代学者几乎完全一致。他认为必须以国力评估(power assessment)为起点,所以他说"故经之以五(事),校之以计,而索其情"。"经之以五"就是首先对权力因素(power element)作必要的分类,然后再来对每一种权力因素进行评估。孙子认为决定国家权力强弱的基本因素共为五种,接着他又对每一种因素的内涵作了简要的说明:

1. 道:令民与上同意,可与之死,可与之生,而不畏危(诡)。
2. 天:阴阳、寒暑、时制。
3. 地:高下、远近、险易、广狭、死生。
4. 将:智、信、仁、勇、严。
5. 法:曲制、官道、主用。

国力评估即依照这样的分类进行,而上述的说明也就是在每

---

① 钮国平、王福成:《孙子释义》(甘肃人民出版社,1991),10页。
② 黄柱华:"孙子计篇之计与诡二字探义",《孙子新论集粹》,76—79页。

一分类中对敌我双方所应比较(校)的项目。

在方法上,孙子的观念也和现代学者大致相同,只是名词不一样而已。"校之以计"即为量度(measurement),"而索其情"即为判断(judgement)。前者用来处理可以量化的因素,后者用来处理不能量化的因素。两者综合起来即孙子所谓"庙算",用现代术语来说,即为"纯净评估"[①](net assessment)。现在再对比如下:

庙算 = 校之以计 + 而索其情

评估 = 量度 + 判断

"五事"是孙子所认定必须评估的权力因素,他这样的安排当然是以时代背景为依据,其中包括物质(硬件)和人事(软件)两方面,而又以后者为主。不过孙子又坚持先量度而后判断的原则,这可以显示其重视科学方法的精神。孙子所最重视的是"道"与"将",其次则为"法",至于"天地"则合并评估,用现代术语来表达即所谓"战略环境"(strategic environment),那是外在的和客观的,而非任何国家所能控制或运作。

首先要评估的权力因素就是"道"。这个"道"字曾经引起很多的争议,甚至于有人认为孙子在思想上曾受道家的影响。事实上,"道"字在此处的意义,孙子已作明确的界定。"道"就是"令民与上同意",也正是孔子论政时所说的"民信之矣"[②]。政府(上)能令其人民对其政策或行动表示同意就是有道,否则就是无道。用现代术语来说,"道"就是战略的国内基础(domestic foundation),亦即

[①] "纯净评估"是美国国防部所用的名词,所谓"纯净"(net)的意义即为把敌我双方的权力作一比较而获得的优劣结果,所以与"庙算"的意义恰好相当。

[②] 子贡问政,子曰:"足食,足兵,民信之矣。"子贡曰:"必不得已而去,于斯三者何先?"曰:"去兵。"子贡曰:"必不得已而去,于斯二者何先?"曰:"去食,自古皆有死,民无信不立!"(《论语·颜渊第十二》)

为其政治基础。孙子对于这一点非常重视,所以他在评估国力时所提出的第一个问题就是"主孰有道?"至于如何始能令民与上同意,孙子并未作进一步分析。也许由于那是"主"的责任,他不便干预。

因为能令民与上同意,所以才能"可与之死,可与之生,而不畏危"。换言之,全国上下才会一条心,生死存亡与共,而不害怕危险。"可与之死"固然难,而"可与之生"也许还更难。前者例如我国在卢沟桥事变之后决心抗战到底,后者例如日本在1945年决定投降。"而不畏危"在汉简本中作"而不诡","诡"字作"疑"字解释,换言之,即人民对政府的决策毫无疑虑。两说似可并存,而且其义相通;不疑自无所畏,而不畏则也暗示其不疑。

第二个重要因素即为"将",所以孙子接着就要问:"将孰有能?"严格地说,孙子认为"将"乃战争中的决定因素,所以战略也就是将道。"将"是战争的指导中心,从战前到战后都受其支配。古代的战争形态比较简单,由一个人来总揽全局实属可能。因此,对于将才的选拔不可不慎,孙子遂列举五个字来作为评估的标准,即"智、信、仁、勇、严"。此种排列具有深意。他把"智"列为第一位,而"勇"则屈居第四位。这表明孙子充分了解战略的本质即为斗智。在其书中只提到"智将"而从未提到"勇将"。他的思想与孔子非常接近,不仅"智"、"仁"、"勇"的排列完全一样,而且对于战争也始终采取非常慎重的态度。

接着孙子就考虑战略环境:"天地孰得?"在孙子的时代,战略环境相当单纯,但孙子还是表现出其科学精神,对环境因素仍然加以有秩序的列举。在此有两点值得注意:(1)孙子在"天"的项目中所列举的都是自然现象,即"阴阳"(昼夜、晴雨)、"寒暑"(温度)、"时制"(季节变化)等。他所谓的天是自然的天而非神意的天,他是一个破除迷信的人。(2)从其所列举的项目上来看,即可以暗示其对于地理非常重视,而且也有相当科学化的深入研究。

"法"被列于五事中的最后位置,这绝非暗示它的重要性较低,而是有其逻辑上的理由。"法"的内涵为"曲制、官道、主用"。用现代名词来表示:"曲制"为军事组织、部队编制,"官道"为人事制度,"主用"为军费、物资的供应管理。简言之,"法"即为有关国防的一切法令规章和管理系统,其建立和制作都应由"将"来负责,并且受到战略环境的影响,所以在评估顺序上自应列为最后。

列举五事之后,孙子又作一小结说:"凡此五者,将莫不闻,知之者胜,不知者不胜。"由此可以显示"将"在评估工作中所居的重要地位。此处有两个字应略作解释,即"闻"和"知"。"闻"就是"预闻",也就是参加。"知"字则值得特别注意。这是"知"字在书中的第一次出现。这个字是全书中的一个极重要的关键字,一共出现七十九次之多。[①] 孙子非常重视"知"字,所谓"知"者,又并非仅为"知道"(know)而已,更含有深入"了解"(understand)的意义。所以,为将者对于国力评估必须有充分和彻底的了解,然后其研究判断才会正确,并因此而能获得胜算。反而言之,若对评估内容缺乏了解,则自无胜算之可能。

孙子在重述"校之以计,而索其情"之后就一口气提出七个问题(包括前述三者在内),于是在后世的某些注释中遂有所谓"五事七计"之说,因此也就引起一种误解,以为"五事"和"七计"是两种

[①] 杨少俊主编:《孙子兵法的电脑研究》,332页。

不同的评估。明代何守法对于此种误解曾作辩正如下:

> 愚谓七计,不过计五事。今云七者因增"强"、"练"、"明"三句也。然三句岂出于"法"之外哉? 孙子欲人之慎用,故特祥言之,实非五事之后又有七计也信。①

为明确表示这七个问题与五事的关系,可以图解如下:

(1) 道——主孰有道?
(2) 天 ⎫
(3) 地 ⎭ 天地孰得?
(4) 将——将孰有能?
(5) 法 ⎧ 法令孰行?
　　　　⎨ 兵众孰强?
　　　　⎪ 士卒孰练?
　　　　⎩ 赏罚孰明?

孙子认为根据这样的分类评估,即可知胜负。于是再作结语说:"将听吾计,用之必胜,留之;将不听吾计,用之必败,去之。"这一段话又曾引起不同的解释,主要可分为两种:(1)"将"字作"如"(假使)字解,读若"江"。而这又是根据孙子以兵法见于吴王之说,认为孙子是明确地告诉吴王:听吾计否决定我的去留。(2)此"将"字乃指偏裨之将,其意即为在选用部属时必须是能听吾计者,否则应去之。但我却有第三种不同的解释,照文字结构来看,本篇中的"将"只应有一种解释,即为主(大)将,然后文意始能前后连贯。此外,现存的书可能是孙子传世之作,而献给吴王的"十三篇"也许只是其最初的草稿。孙子完成其书时,

---

① 何守法:《音注孙子》编入《孙子集成》(山东:齐鲁书社,1993)第九册,327页。

一定也像西方的若米尼一样,会深信他这本书"对于国王和政治家都是极适当的教科书"①。所以他应该是在向后世的政治领袖发言,告诉他们必须如何选择其将才。概括言之,听吾计者即为合格的标准。

到此为止,孙子一共提出了两项基本观念:(1)"校之以计,而索其情";(2)"将听吾计,用之必胜"。假使这两项基本条件都能符合,即为"计利以(已)听",简言之,就是评估有利,而此种评估又已被接受,于是可以战矣。以上所说的一切都是在国内的战前作为,但是在进入战争之前又还另有一项在国外的准备步骤。于是孙子说:"乃为之势,以佐其外。"即应在国外制造有利的形势,以作为辅助。如何制造此种形势并无固定的方法,而必须"因利制权",换言之,好像用秤称东西一样,要依照所称的重量来调整秤锤(权)的位置。②

接着孙子又说:"兵者诡道也。"这句话引起了无穷的争论。除"诡"字的意义有各种不同的解释之外,而"诡道"究竟又是什么,更已成迄无定论的疑问。过去,大家大致都是把"诡"字解作"欺诈",这也使孙子因此而受到"权谋有余,仁义不足"的批评。时至现代,论者的意见又已有相当的改变,于是"诡"字逐渐消除了恶意,而开始被解释为"变异"或"非常"。③ 实际上,要想了解孙子用字的原意,就必须先注意字是用在何处。孙子是在说明应该"因利制权"以来造势之后,就紧接着指出"兵者诡道也",可以显示他所谓的"诡道"即为"因利制权"的方法。换言之,必须采取各种不同的

---

① 钮先钟:《西方战略思想史》,217页。
② 何守法:《音注孙子》,《孙子集成》第九册,331页。
③ 黄柱华:"孙子计篇之计与诡二字探义",《孙子新论集粹》,80—84页。

手段始能达到造势的目的,而并无一定常规可循。因此"诡道"并非专用名词,也不是一种固定观念,其真正的意义只是表示要想造势则必须灵活运用各种方法,而并非有一种特定的"诡道"存在。

以下连接着一段很长的文章:从"故能而示之不能"到"此兵家之胜,不可先传也"。于是结束了有关"乃为之势,以佐其外"的全部讨论。过去注孙子者常将这一段称为"诡道十四势"[①]或"诡道十二势"[②],换言之,也就是认为"诡道"的内容即为此十四条或十二条。但从《孙子》原文上看来,他似乎是说既无常规可循,故可以采取下列各种手段,因此他只是举例而已,并非认为仅只是限于此十四势或十二势。最后,所谓"兵家之胜"也是指造势而言,因为在战前造势即可以增加获致胜利的机会。而这些手段都是因利制权,随机应变,所以也自不能事前泄密(不可先传)。

此外,还有两点必须再强调说明。"诡道"并非特定名词,只是表示一种随机应变、毫无常规的形式。凡是属于这种形式的方法或行动都可以算是诡道。欺诈的确也是诡道,但诡道却非仅限于欺诈。其次,孙子对于"诡"字似并未特别强调或重视,在十三篇中就只有在"计"篇中用过,此一事实实颇微妙,但并未获广泛的注意。专就此一事实来看,似乎又可认定所谓诡道的适用范围是应仅限于战前的造势,而并非可以通用于其他的情况。至少《孙子》的原文是给予我们这样的暗示。

在插入这一大段有关战前造势的讨论之后,孙子才又回到本

[①] 何守法:《音注孙子》,《孙子集成》第九册,331页。
[②] 赵本学:《孙子书校解引类》,《孙子集成》第五册,81页。(所谓"十二势"即未将"攻其无备,出其不意"两项列入。)

第一章 计 篇

题,并作成其全篇的结论:

> 夫未战而庙算胜者,得算多也;未战而庙算不胜者,得算少也。多算胜,少算不胜,而况于无算乎!吾以此观之,胜负见矣。

中国古人有敬天法祖的优良传统,用现代名词来表示,即为一种战略文化(strategic culture)。所以,有关国家大事的决策必须在太庙中行之,此即为"庙算"一词的来源。孙子所谓的"庙算"也就是战前的纯净评估,其内容即为就五种权力因素分别评定双方的得分。分数多的(得算多)就会胜,分数少的(得算少)就会不胜。这也就是"校之以计"(数字的比较)。

但孙子已知道仅凭单纯的数字比较还是不够,而必须对数字的内涵有更深入的了解,此即"而索其情"。我们可以用当前的情况来作为例证。譬如说,媒体报道某国有飞机多少架,这并不足以表示该国空军的真实战斗力,必须对于其素质作进一步分析始能获得适当的结论。所以孙子最后才说:"多算胜,少算不胜,而况于无算乎?"所谓"多算"就是精密计算,"少算"就是粗略计算。孙子认为必须计算得非常精密,然后得分(得算)的高低比较才有意义。于是始有真正胜算的可能。假使只是粗略的计算,则可能会受数字的欺骗,于是表面上的胜也许就会变成实质上的不胜。至于根本算都不算(无算),则也就斯为下矣,不值得一谈。

前人作如此解释者有何守法与蒋百里[①]。但一般的注释则常

[①] 何守法认为"多少犹详略也"。见《孙子集成》第九册,343 页。蒋百里认为"多算少算之多少两字,言计算精密者胜,不精密者不胜。"见《孙子新释》。由魏汝霖《孙子兵法大全》加以引述,73 页。

将"得算多"与"多算"混为一谈。事实上,此种看法的错误显而易见,假使二者意义相同,则孙子又何必再重复一遍,而且"无算"又应如何解释?双方在评分上固然可以有多少之差,但绝无得零分(无算)之理由。因此,很显然孙子的观念是分为两阶段,现在再图示如下:

庙算 { 校之以计→得算多者胜
      而索其情→多(精)算者胜

第一篇的讨论到此应告结束,不过还有一个问题应该提出,即所谓"诡道"者应否列入"庙算"范围之内。从《孙子》原文上看来,可以断言其不应列入。孙子已经明确地指出"计利以听"之后才"乃为之势"。所谓"计利"即庙算的结果已经有利,这当然表示庙算已经完成。造势的企图是在计利之后,所以当然不应列入"庙算"的范围之内。

* * *

"计"篇为十三篇之首,居于领导全书的地位,也构成全部思想体系的代表,所以非常值得重视。孙子在这一篇中充分表现出其治学的基本精神和方法。诚如学者孙柏林所指出:"孙子在当时的历史条件下,运用朴素的系统观和运筹思想,讲求效益的综合分析和预测评价,都符合现代系统论和运筹学的基本原则。至今仍闪耀着智慧的光芒,给现代人类智慧的启迪。"[①]

综观全篇,孙子一开始即指出"兵者国之大事",明确显示其对战争研究所保持的极端慎重态度。而在结尾处又强调"多算胜"的

[①] 孙柏林:"孙子的系统和运筹思想",《孙子新论集粹》,251—260 页。(运筹学即作业研究(operation research))

观念,更显示其对"精密分析"(critical analysis)的重视。此种力求慎重,力求精密的治学精神实为孙子给予后世的最重要的思想遗产。"计"篇不仅是全书之首,而且也代表孙子的中心思想,其地位极端重要,以下诸篇均可视之为此篇之延伸,读者应特别注意。

第二章
作战篇

第二篇的篇名为"作战",但并不能完全按照现代军语来解释。过去对于此一篇名也早已有人提出疑问。明代何守法说:"篇名虽曰作战,而所载乃完车马、利器械、运粮草、约费用者,何也?"何守法对此疑问的解答为:"亦以行师必先备乎此,而后可作而用之耳。"照这样解释,"作战"的意义即为"备战"。何守法又说:"或曰,作制也,造也,谓庙算已定,即计程论费,制(製)造战事也。"①

用现代语来解释,即认为在政府已经决定发动战争之后,第二个步骤就是要考虑如何制造战争(how to make a war)。所以,"作"字应照"作为"解释,若译成英语,"作战"即为"war making"。换言之,必须采取某些措施,然后才能完成战争的准备。

孙子可能是全世界上第一位注意到战争与经济之间有密切关系存在的思想家。"作战"篇的主要内容都是用来讨论此种关系。在孙子的时代中,经济因素对于国家安全不像今天这样重要,但是孙子却已经注意到这个问题,并且将其分析列为全书的第二篇。

---

① 何守法:《音注孙子》,《孙子集成》第九册,346页。

换言之,孙子在其大战略计划中,作了国力评估之后,即优先考虑经济因素。由此,可以显示其思想的敏锐确是不可及也。

在第二篇之首,孙子即引述了一连串的数据以说明战争对于国家财力和资源所造成的巨大消耗。其结语则为"日费千金,然后十万之师举矣"。这些数据在今天当然早已不具有实际意义,但仍可显示孙子的分析有科学的根据。因为战争的消耗是如此巨大,所以他才会指出:"其用战也,胜久则钝兵挫锐,攻城则力屈,久暴师则国用不足。"这一段话的最前部分可能有脱落而不太好解释。"胜久"之意只能解释为虽胜但费时很久,于是结果仍不免钝兵挫锐。不过,武经本作"其用战也贵胜,久则钝兵挫锐",似乎比较通顺,尽管那可能是后人所修改过的。其意为战争的目的固然是以胜为贵,但又不应因求胜而旷日持久,否则将导致钝兵挫锐的后果。以下两句的解释为:攻城将会使兵力蒙受重大的损失(所以,孙子最反对攻城,可参看第三篇);"久暴师"意为军队暴露在国外的时间过久,其结果则为"国用不足"(财政入不敷出,赤字严重)。

假使战斗力已经大减(钝兵挫锐),人力、物力又已过度消耗(屈力殚货),则其他的国家也就会乘机打落水狗,于是"虽有智者不能善其后矣"。孙子遂提出其在此篇中的三句警语,而那也是千古不易的真理:

(1) 兵闻拙速,未睹巧之久也。
(2) 兵久而国利者,未之有也。
(3) 不尽知用兵之害,则不能尽知用兵之利。

这三句名言非常重要,应略作解释如下:

战争不打是最好,打起来就必须速战速决,即令结果不太理想,甚或有一点得不偿失,但仍然必须速决,而不可以由于追求较多的利益而故意拖延不决。简言之,宁可拙速而不可巧久。

战争结束得愈快,则国家元气损失愈小,对战后的和平发展也愈有利。反而言之,战争旷日持久,则即令能获得胜利,但对于国家前途也必然会造成重大伤害。这种例证在中外历史中真可说是不胜枚举。所以孙子根据历史经验而断然说:"兵久而国利者未之有也!"当代英国学者保罗·肯尼迪(Paul Kennedy)所著《大国的兴衰》(*The Rise and Fall of the Great Powers*)一书为西方研讨战争与经济之间关系的名著。其根据最近五百年来西方历史之研究而获得的结论,可以说是与孙子所见实乃不谋而合,尽管孙子要比他早了两千余年。[1]

第三句名言是第二句名言的延伸。孙子发现有许多国家由于忽视了第二条警告而自取败亡,遂自然会进一步推究其原因,于是就终于获得其第三条名言:"不尽知用兵之害者,则不能尽知用兵之利。"国家之所以发动战争,概括言之,都是为了求利,但有利亦必有害。不过,人又往往由于急功好利之故,只看到利的一面,而忽视害的一面,所以才会自取败亡。因此,孙子遂提出警告,要求战略思考必须先害而后利。如果在利害的权衡上得不偿失,则万不可轻举妄动。

第一篇与第二篇在逻辑上是前后连贯。在第一篇中似乎有强调求利的趋势,所以可能导致知利而不知害的弊病,是以孙子在第

---

[1] Paul Kennedy, *The Rise and Fall of the Great Powers* (New York: Randon Home, 1987).

二篇中才特别强调用兵之害,尤其要警告不可见利而忘害,以至于陷入久战之中。所以他才会说,宁可拙速,而绝不可巧久。换言之,必须确信本身有速战速决的能力,否则不应投入战争。

孙子接着就说明在用兵时如何才可以符合速决的要求。那就是"役不再籍,粮不三载,取用于国,因粮于敌"。现在分别解释如下:

1. 役不再籍:仅在开战时对人员作一次召集,在战时不再动员补充。

2. 粮不三载:对于军队所需粮食只作两次运输,即部队进入敌国时一次,从敌国回来时又一次。

3. 取用于国:军队所需武器装备,由于各国规格不同,所以必须用本国制造的。

4. 因粮于敌:在战争期间应尽量利用敌国的粮食,避免从国内运输。若能因粮于敌,则军食当可自足。

上述四者为最理想的情况,但不易办到,因此,战争对于国家经济一定会造成不利影响。国家因兴师而变得贫穷(国之贫于师者)又可分两种原因:

1. 远师者远输:军队出国远征,则必须作远距离的补给运输,结果也就会民穷财尽(远输则百姓贫)。

2. 近师者贵卖:在接近战场地区中,物价必然高涨,于是军费支出随之而增加,以致政府因财力不足而必须加税(财竭则急于丘役)。

因此,所产生的总结果为:

1. 屈力中原:兵力消耗在战场上。

2. 内虚于家:国内经济破产或萎缩。

3. 百姓之费(财富)十去其七。

4. 公家之费(包括各种物资)十去其六。

假使真是这样,则将无以善其后。然则又应如何应付?孙子的答案为"智将务食于敌"。值得注意者是孙子在全书中使用"智将"这个名词就只有这一次,可以暗示他认为"因粮于敌"是如何重要,如何困难,如何需要智慧。若能如此则对于"智将"的头衔应可当之而无愧。为什么那样重要,数字可以提供最佳的解释:"食敌一钟,当吾二十钟;萁秆一石,当吾二十石。"因为古代运输极不方便,千里馈粮,其中大部分都是被输送人员途中吃掉了,所以若能因粮于敌则一方面可节省我方的消耗,另一方面又可使对方蒙受损失,实在是双重的收获,利莫大焉。

在此又可发现孙子的智慧的确是高人一等。一般传统战略家所考虑的都是在战场上如何寻求胜利的问题,至于后勤和经济的问题则最多只会被视为次要的事情,甚至于根本不予重视,连克劳塞维茨似乎也不例外。孙子则不然,他不仅强调后勤之重要,而更知经济实为国家的命脉。

如何能达到因粮于敌的目的,孙子认为应用重赏奖励部队作这样的努力,所以他说:"故杀敌者怒也,取敌之利者货也。"前一句只是一个陪衬,重点是放在后一句上。其解释如下:要想部队奋勇杀敌,则必须激起其仇视敌人的怒火;要想部队尽量利用敌方的资源,则必须给予重赏。此外,又不仅限于粮食,俘获的车辆和步卒也都可以利用。这里又必须略作解释,在中国古代的战争中,乘车的武士由贵族充任,他们自成阶级,其身份受到对方尊重。但步卒则由平民(农奴)充任,他们没有正规军人身份,被俘之后只要能获善待,则照样会替对方服务。

第二章 作战篇

基于上述的分析,孙子的最后理想即为"胜敌而益强",因为在战后我方经济损失会较小,而敌方经济损失则远较巨大。不过,还有一先决条件,那就是"兵贵胜,不贵久"。只有不久才能胜敌而益强,反而言之,兵久而国利者,依然还是未之有也。所有的版本都作"兵贵胜,不贵久",但各家的注释则又都把"胜"字释为"速"字,而无单独释"胜"者。不过事实上这并不太重要。因为"贵胜"一样讲得通,那也就是说,虽然兵以胜为贵,但绝不可能以久为贵。

"胜敌而益强"又有其更进一步的意义。那表示孙子的眼光已超越了战争而一直看到战争结束之后。那也正有如李德·哈特所云:"大战略的视线必须超越战争而看到战后的和平……战略目的为获得较好的和平。"①

不过,孙子虽重视战争与经济之关系,而且也深知经济为国力的基础,但令人惊异的是他又和其他先秦诸子不一样,在其书中并无"富国强兵"之论。这一点的确令人很难理解。他似乎是故意把他思想局限在"兵"的层次,而并未将其提升到"政"的层次。他虽然已经进入大战略的领域,但还是以战争为核心,他始终是站在"将"的立场上发言,这也正是他与孔子不同的地方。无论如何,任何思想家的思想总还是有其限度和弱点,因此对孙子也自不必因此而有所苛责。

孙子在第二篇的结尾处又回到其所一贯坚持的基本观念,那就是始终认为"将"的才能实为战争问题中的核心。他在全书中几乎是只要一有机会,就会立即趁机说明此一因素的重要。所以,他这样指出:"故知兵之将,民之司命,国家安危之主也。"所谓"知兵

---

① 钮先钟:《西方战略思想史》,477 页。

之将"其意义即为"了解战争"的军事领袖。只有这样的将才,始有资格掌握人民的命运和国家的安危。换言之,将所负的责任非常重大,不仅是在战场上争取胜利,而更要保护全民的福祉和国家的安全。

第三章
谋攻篇

第三篇名为"谋攻",这两个字也有不同的解释。有人认为"谋攻"乃"以谋为攻",但又有人认为它是"以攻为谋"。有些英译本将其译为"Attack by Stratagem"即代表前者①,而格里菲斯(Samuel B. Griffith)译为"Offensive Strategy",则可代表后者②。前者把"谋"字视为名词,后者把"攻"字视为形容词。但若照《孙子》的原文来分析,则似乎都不正确。《孙子》所说的"谋",其意义就是"计",所以何守法说:"谋亦计也,攻,击也。"③这一篇的主题即为讨论应如何计划发动攻击。因此,较精确的英译应该是"Planning Offensive"④。

曹注说:"谋攻者,欲攻敌必先谋也。"⑤用现代语来说,即为要

---

① 《孙子》英文译本见《孙子校释》的附录,267页。
② *Sun Tzu*, *The Art of War*, trans. by Samuel B. Griffith (Oxford, 1964), p.77.
③ 何守法:《音注孙子》,《孙子集成》第九册,373页。
④ *The Seven Military Classics of Ancient China*, trans. by Ralph D. Sawyer (Westview Press, 1993). p.160.
⑤ 曹注见魏汝霖:《孙子兵法大全》,93页。

想向敌国发动攻击则必须先有计划(谋)。然则为什么要发动攻击？这又应该是必须首先提出的问题。要回答此一问题,则又须了解战争的本质。国家为什么想要主动地投入战争,是因为它想用战争为手段以达到某种目的,而要想达到目的则又必须采取攻势。守势只能阻止对方达到其目的,但并不能使我方达到所想要达到的目的。所以,要想达到积极的目的,则必须采取攻击行动。欲攻者又必先谋,换言之,行动之前必先有计划。如何计划发动攻击,即所谓"谋攻"。

然则又应如何谋攻？孙子一开始就提出他的基本观念,这个观念可以用一个关键字来表达,那就是"全"。在拟定攻击计划时,最高的理想即为求"全",而如何始能达到此一理想,其关键则在于"不战"。所以,孙子曰：

> 凡用兵之法,全国为上,破国次之；全军为上,破军次之；全旅为上,破旅次之；全卒为上,破卒次之；全伍为上,破伍次之。是故百战百胜,非善之善者也；不战而屈人之兵,善之善者也。

"全"与"破"是两个相对的观念。"全"的意义就是完整而无任何损毁,"破"的意义即为造成无可避免的损毁。孙子的理想是希望既能击败对方而又能避免造成损毁。此一原则从最高的国家战略层次到最低的战斗层次都同样适用。所谓国者,军者……自曹操起,注家多释为敌方,即不使用武力而能使敌方屈服为上策,击而破之则只能算是次等的成就。不过,贾林却有补充意见,其注曰："全得其国,我国亦全,乃为上。"事实上,此种解释无异画蛇添足,既能使对方自动屈服而又获得保全,则我方本身也会获得保全乃自然之理,似乎无再作说明之必要。①

孙子所谓的"战",其意义即为使用武力。不战而屈人之兵,才是善之善者也(the best)。假使还是必须一战,则即令百战百胜,也还不能算是最好,而只能算是次好(the second best),因为即令每战必胜,仍然还是会使双方受到相当损失,其结果也自为破而不全。

由此观之,孙子不仅主张慎战,反对久战,而更企图不战。所以,他似乎可以算是一位非战主义者。但又必须了解孙子只是非战,而并不非攻。从战略家的观点来看,必须采取攻击行动,始能达到积极目的。不过,此种行动并不一定要使用武力,也不一定要采取战争的形式。因此,不战也一样能屈人之兵。孙子在思想上与法国当代战略大师博弗尔非常接近,后者创造了"间接战略"(Indirect Strategy)这样一个新名词,其意义为尽可能使用非军事手段来追求国家利益。②

间接战略亦即为总体战略(total strategy),换言之,其所追求的是总体利益,而非仅为战争中的胜利。所使用的工具包括各种权力因素都在内,也并非仅限于武装部队。因此,孙子才说:"故上兵伐谋,其次伐交,其次伐兵,其下攻城。"这也表示他认为在拟定攻击计划时,可以考虑使用四种不同的手段,而这些手段也分别构成四个不同的层次。从层次的高低上看来,孙子所最欣赏者是"伐谋"和"伐交",其次才是"伐兵",但对于"攻城"则表示极端的厌恶。孙子的这种想法与其时代背景似有微妙关系。

---

① 曹注及贾注均见《十一家注孙子》,《孙子集成》第一册,407页。
② 博弗尔的间接战略观念的详细解释可参看其著作《战略绪论》(*An Introduction to Strategy*)。

据多数学者认定,孙子大致是春秋后期之人。到此时所谓霸政虽已式微,但齐桓公、晋文公所造成的典型则依然存在,所以此种遗风仍为当时精英分子所怀念和羡慕。尽管时代和环境都已改变,但他们的思想还是多少会受到其前辈的影响。最近有人认为孙子所主张的"伐谋"、"伐交",以及"不战而屈人之兵"似乎有一点过分理想化的趋势。照实际情况来观察,在他那个时代想要实现此种理想,其成功的机会似乎不太大。此种批评固然相当合理,但孙子为什么会那样想,则又并非不可解释。

孙子齐人也,齐桓公、管仲的伟业自然会成为其心目中所想学习的模范。尤其是管仲更是春秋霸政的创始人,孔子对于其成就曾给予高度的肯定,足以被后世视为定论。孔子一方面指出:"管仲相桓公,霸诸侯,一匡天下。"另一方面又称赞:"桓公九合诸侯,不以兵车,管仲之力也。"①夫子之言应属信而有征,可以证明齐桓公的首创霸业并非依赖武力,而是由于伐谋、伐交的运用成功。《史记》中也说:"管仲既任政相齐,其为政也,善因祸而为福,转败而为功。"②这也就是说管仲善于运用谋略,其心灵具有高度弹性,其政策绝不僵化,而且深知持盈保泰、适可而止的道理。

在齐桓公、管仲的霸政中,伐谋、伐交是经常运用而累获成功的战略,至于武力则很少使用,大致只是保留作为后盾而已。事实上,在晋国继齐国称霸之后,虽然使用武力的频率已经增高,但伐谋、伐交还是继续使用,并且仍然构成战略思想的主流。因此,可以发现在春秋时代,伐谋、伐交是一种成功的经验,而并非空洞的

---

① 孔子之言分别见《论语·八佾第三》及《论语·宪问第十四》。
② 《史记·管晏列传》。

理想。孙子的时代虽已接近战国,但他是一位尊重历史的学者,其思想深受此种传统的影响,也可以说是事理之常,不足为怪。

孙子把"伐谋"列为战略中的第一等,"伐"的意义就是打击(strike),换言之,**最好的战略就是打击在敌方的战略计划(谋)上。这也是所谓"釜底抽薪"之计,使敌方的计划失效而根本不能应用,则也就必然能迫使敌方放弃其原有的意图,于是自然能达成不战而屈人之兵的理想**。即令不能直接打击敌方的计划,但若能打击敌方的同盟国或附庸,也足以削弱敌方的实力,并使其原定计划难于执行,故不失为次好的战略。事实上,伐谋与伐交往往不可分而必须联合运用,若能使敌方众叛亲离,则其原定计划自难实施,而其原有意图也须放弃,所以,伐交实乃间接的伐谋。关于"伐交",过去也有不同的解释,例如曹操说:"交,将合也。"即指敌方部队将要合成阵形时而趁机对其发动打击。何氏、张预之注与曹注接近。不过,此种解释过分狭隘,已不为后世所认同。[①]

如果伐谋、伐交都不能达到其理想的目的,于是"伐兵"遂为必要的选择,否则就必须放弃谋攻。所以,使用武力进行会战,也就势在必行,尽管那是第三等的战略。事实上,到孙子的那个时代,伐兵也是一种常用的手段,《孙子》全书中的大部分篇幅都是用来讨论有关伐兵的理论和问题。因此,孙子虽然还是向往霸政时代的传统,但又并非缺乏现实感。

如果不能在战场上击败敌方的野战军而达到速战速决的目的,则最后可能就会采取下策(其下攻城)。孙子为什么那样反对攻城,甚至可以说是深恶痛绝?在其书中已有详尽的解释。他估计要用

---

① 曹操、何氏、张预之注均见《十一家注孙子》,《孙子集成》第一册,411页。

三个月的时间来完成攻城的准备,再用三个月的时间来进行围攻。若能结束(已)就算是很顺利。但也许并不能如此,于是指挥官(将)在一怒之下,命令部队用云梯攀登城墙,结果兵力损失了三分之一,而城仍然不拔。所以,孙子说:"此攻之灾也!"为什么攻城会这样困难,这又与时代背景有关。到春秋后期,守城和攻城的技术都有很大的进步,而由于各国兵力都已增大,想在一次会战中决定胜负也就变得不可能,于是城塞攻防遂开始变成常见的模式。此种形态的战争不仅不能速决,而且更会使双方都蒙受重大的损失。从孙子眼中看来,攻城违背了两项基本原则:(1) 兵闻拙速未睹巧之久也;(2) 全国为上,破国次之。所以,他认为"攻城之法,为不得已"。

在对于战略的四个层次列举说明之后,孙子遂又作结论说:

> 故善用兵者,屈人之兵而非战也,拔人之城而非攻也,毁人之国而非久也。必以全争于天下,故兵不顿而利可全,此谋攻之法也。

这一段话实为"谋攻"的总结。他连续用了两个"全"字,可以明确显示求"全"即为谋攻的焦点。简言之,在拟定攻击计划时,应采取包括伐谋、伐交在内的总体战略,此即"以全争于天下"。从反面来看,又应尽量考虑不直接使用武力,至少不可久战,尤其不可攻城。若能如此,则兵不顿而利可全。换言之,就是能把损失减到最低限度,把收获升到最高限度。

兵不顿而利可全,当然是一个最合理想的目的,但在实际情况中又如何才能达到?孙子认为其关键为将之用兵能发挥高度弹性,也就是所谓"识众寡之用"。于是他用数字明确指出:

第三章　谋攻篇

$$用兵之法\begin{cases}十则围之\\五则攻之\\倍则战之\\敌则能分之\\少则能守之\\不若则能避之\end{cases}$$

简言之,即尽量保持数量优势,然后始能兵不顿而利可全。所以,当享有十倍优势时,可以分用一部分兵力去围困敌方坚守的城塞,而将其余的兵力用来追求其他的目标。当享有五倍优势时,虽不能采取围困的方式,但却可以凭借压倒的兵力迅速攻克敌方城塞。假使只有一倍优势,则不可攻城,但却可以企图在会战中击败敌军。假使双方兵力相等(敌),则应能设法分散敌方兵力,以在决定点上造成局部优势。假使兵力较少于对方,则只应守而不攻。假使居于绝对劣势(不若)则应避敌以求自保。若劣势兵力(小敌)仍坚持采取应战或固守的行动,则必然会被优势兵力(大敌)所击败,此即所谓"小敌之坚,大敌之擒"。

说到这里,孙子又话锋一转,回到他所最重视的因素——"将者国之辅也"。在此处"将"除照狭义解释外还应作广义解释,即指军事组织而言,"国"则应作政府解释。"辅"字的意义为彼此互赖,相依无间。政府与军事组织能彼此互信互赖(周)则国必强,若不能如此(隙)则国必弱。①

---

① 《左传》(僖公五年)有"辅车相依"之语,辅为车之外表,与车本身唇齿相依而不可分。"周"作周密解,"隙"作空隙解,"辅周"即密切互赖,"辅隙"即彼此疏离。

因此,孙子遂指出"君之所以患于军者三",即认为政府(君)有三种行为足以使军事组织(军队)受到伤害(患)。非常奇怪,照《孙子》原文看来,这个"三"字应该是"二"字,但古今注《孙子》者却从未有人注意及之。孙子明确指出两种行为,并且都分别给予一个特殊的名词。现在就图解如下:

不知军之不可以进而谓之进 ⎫
不知军之不可以退而谓之退 ⎭ 是谓縻军
不知三军之事而同三军之政,则军士惑矣 ⎫
不知三军之权而同三军之任,则军士疑矣 ⎭ 是谓乱军引胜

从上列的对比中,可以明显地看出孙子所谓的"君之所以患于军者"的行为只有两种:一为"縻军",另一为"乱军引胜"。而且《孙子》在原文中还说:"三军既惑且疑,则诸侯之难至矣。"更可以显示"既惑且疑"是一件事而不是两件事(用英语文法来解释即为both…and)。而且孙子也只创造了两个名词(縻军与乱军引胜),而并未创造第三个,尤其可以作为确证。所以,"三"字应改为"二"字,实属毫无疑问。除非《孙子》原文中本来还有第三点,但在流传过程中已经逸失。

在此还有几个字应略加解释:(1)"縻"的原义为牛辔,在此作牵制解。"縻军"就是政府从后方牵制前方军队的行动。(2)"事"为事务,"政"为管理,"权"为随机应变,"任"为责任。假使容许不懂军事的人参与军事的管理,不知通权达变的人同负指挥之责,则必使部队既惑且疑而无所适从,其结果即为"乱军引胜"。换言之,由于造成军队内部的混乱,而导致敌方的胜利。

基于上述的分析,孙子遂进一步认为在尚未交战之前,即可根据五点理由而能预知胜负谁属。此五者即所谓"知胜之道",再图

示如下：

$$知胜之道\begin{cases}(1) 知可以战与不可以战者胜\\(2) 识众寡之用者胜\\(3) 上下同欲者胜\\(4) 以虞待不虞者胜\\(5) 将能而君不御者胜\end{cases}$$

此五种知胜之道，其理论基础均已见前三篇。"知可以战与不可以战"是根据"庙算"而获得的结论。"识众寡之用"即"兵众孰强"的比较。"上下同欲"即"令民与上同意"。"以虞待不虞"即"修道而保法"（见"形"篇，所谓"道"与"法"即"计"篇中的五事之二）。"将能而君不御"就是政府对军事不可作不合理的干涉，否则即为"縻军"和"乱军引胜"。

概括言之，"知胜"是"庙算"的结果，而又是"谋攻"的先决条件。若非已能预知胜利在望，则又何必计划发动攻势。反而言之，在无胜算的条件下，贸然发动攻势，实乃轻举妄动，则鲜有不败者。于是孙子遂作成其前三篇的总结论：

知彼知己，百战不殆；

不知彼而知己，一胜一负；

不知彼不知己，每战必殆。

"殆"者危也，"不殆"就是没有失败的危险。"一胜一负"的意义即为只有百分之五十的胜算，而无必胜的把握。"每战必殆"在武经本上作"每战必败"。但依据逻辑则用"必殆"较合理。因为战争具相对性，若我方不知彼不知己，而敌方也同样不知彼不知己，则胜负之数还是未可知也，所以不能断言我方必败，而只能说

53

我方的前途必然很危险。

* * *

从"计"篇开始,到"作战"篇,再到"谋攻"篇结束。十三篇中的前三篇构成一个完整的思想体系。孙子首先指出一切战略思想都必须以计为起点,而所谓计者,其主要目的即为明辨利害。计的功用就是求知,能知然后始能谋。所以,一切关键即在于知。知为智的基础,而战略即为斗智之学,换言之,无知即为败亡的主因。

此三篇为孙子全部思想的基础和核心,其应用的范围从大战略层次一直贯穿到小战术层次,诚可谓"吾道一以贯之"。而且孙子虽仅以兵家自居,并仅以战争为其研究主题,但其思想具有总体性,其应用又绝非仅限于战争和军事问题。所以诚如加夫利科夫斯基所云:"其理论不仅别出心裁,而且也是合理的,并以一种数学性的智慧为基础。因此可以认为他是行动学的先知,而这也许即为其对于中国思想最重要的贡献。"[1]

---

[1] Krzysztot Gawlikowski, "Sun Wu as the Founder of Chinese Paxiology, Philosophy of Struggle and Science".

第四章
形 篇

《孙子》书中的前三篇是其战略通论,也代表其全部思想的基础。以下各篇则都可以说是这三篇的延伸和发展,其基本观念始终是前后一贯,使全书在思想上构成完整的体系。从第四篇到第六篇,为十三篇中的第二大部分。这一段所分析的内容大致是以"伐兵"为范围,用古人的术语来说,也就是"用兵";用西方术语来表达,即为"作战"(operation);而我国军事术语则称之为"野战战略";此外,也可以总称之为"战争艺术"。在此又必须指明,孙子在其书中用"战"字时,大体是作狭义的解释,即专指会战(battle)或作战而言,但用"兵"字时,则反而作较广义的解释,即包括战争、国防、国家安全、战略等复义都在内。

这一段虽分为三篇,但在思想上前后连贯,几乎完全不可分,所以必须对其作总体性的研究,而绝对不可断章取义。固然,其所分析的主题是以军事战略(野战战略)为范围,但其中若干基本观念又还是可以通用到其他的层次,甚至于人类活动的其他领域。

第四篇的篇名,武经本为"军形",而其他版本则均为"形"。此种差异并无太多重要性,而对于"形"字的意义也有各种不同的解释,但此种文字注解问题对于战略研究而言,也并不重要。事实上,孙子的书在这几篇中所用的文辞都非常明白易解,很少有咬文嚼字之必要。所以,我们只要照原文读下去,则对于孙子的思想不至于发生任何误解。

孙子在"形"篇中一开始就提出他在这一篇中的基本观念:"胜可知而不可为。"他对于自己的逻辑讲得非常清楚:

> 昔之善战者,先为不可胜,以待敌之可胜。不可胜在己,可胜在敌。故善战者,能为不可胜,不能使敌必可胜。故曰:胜可知,而不可为。

这一段话暗示一个非常重要而常为人所忽视的观念问题,那就是战争是一种相对行动。战争一定有敌我(己)两面。诚如老毛奇(Helmuth von Moltke)所云,敌方有其独立意志。换言之,战争中任何人所能确定的只有他自己方面的行动,而对方的行动则是他无从确定的。因此又如克劳塞维茨所云,战争是机会的领域。[①]

因此,孙子才会说,"胜可知而不可为",换言之,可以知道在何种条件之下即能获胜,但无法制造(为)一个胜利,因为"可胜在敌"。反而言之,所能为者仅为"不可胜";所以也就必须"先为不可胜,以待敌之可胜"。这个"待"字非常重要,在战略领域中必须待机而动,而绝不可轻举妄动,但一有机会又绝对不可错过。"故善战者立于不败之地,而不失敌之败也。"

---

① 有关克劳塞维茨和老毛奇的思想,可参看钮先钟:《西方战略思想史》第十章及第十一章。

第四章 形 篇

接着孙子就分析攻守与可胜不可胜之间的关系。这一段在文字上有若干疑问，应略作解释，希望读者注意：

> 不可胜者，守也；可胜者，攻也。守则有余，攻则不足。善守者，藏于九地之下；善攻者，动于九天之上，故能自保而全胜也。

因为这一段话中牵涉敌我、攻守、可胜不可胜三套相对关系，所以很容易引起误解，而"守则有余，攻则不足"，是以汉简本为根据，武经本和十一家注本则均作"守则不足，攻则有余"，与汉简本恰好相反，所以更引起新的疑问。对于后学者而言，的确会有无所适从之感。过去注《孙子》者对于这一段也有各种不同的见解，在此不必详细列举。

"不可胜者，守也；可胜者，攻也"，应解释为：只要善守即能使我方达到不为敌方所击败的目的，换言之，即能"先为不可胜"。但要想胜敌，则又必须善攻。因为诚如克劳塞维茨所云，防御虽然是一种较强的战争形式，但不能达到积极目的。换言之，只能为不可胜，而不能胜敌。[①]

这也正是何守法的意见："敌何以不可胜我，以我自守之有道也；我何以可胜敌，以我攻人有其道也。"[②]

"守则有余，攻则不足"，出自汉简本，至于过去的传本则均作"守则不足，攻则有余"。对于后者有很多不同的解释。现在既已

[①] Carl von Clausewitz, *On War*, tran. by Michael Howard and Peter Paret (Princeton, 1976), p.358.
[②] 何守法：《音注孙子》，《孙子集成》第九册，425页。

57

改从汉简本,则似可不必赘言。至于汉简本所云可以视为一种通则,其解释应为在正常的情况之下,防御所需之兵力一定比攻击所需者较少。换言之,以同样数量兵力来计算,则采取守势感到有余时,采取攻势时就会感到不足。这实在很易于了解而无须加以解释。

"善守者,藏于九地之下;善攻者,动于九天之上",只是一种修辞上的形容,所谓"九天"、"九地"并无特殊意义,不过是强调防御必须力求深密,攻击则必须充分发挥机动而已。若既能善守又能善攻,则采取守势应能自保,而转移攻势时又应能获得全胜。

如何能获全胜,其关键即在于别具慧眼,比任何人都能较早发现敌方所呈现出来的可乘之机,此即所谓"见胜"。假使此种机会是大家都能发现,此种胜利是大家都能了解,则也就没有什么了不起,所以,孙子说:

> 见胜不过众人之所知,非善之善者也;战胜而天下曰善,非善之善者也。故举秋毫不为多力,见日月不为明目,闻雷霆不为聪耳。

后面的三句话是作为一种加强的比喻,其意义即为大家都能做到的事情就没有什么稀奇。因此,古之所谓善战者能够发现众人所不能知的机会,其能够获胜的原因也就不是众人所能了解。孙子遂又说明如下:

> 古之所谓善战者,胜于易胜者也。故善战者之胜也,无奇胜,无智名,无勇功。故其战胜不忒;不忒者,其所措必胜,胜

第四章 形 篇

已败者也。故善战者,立于不败之地,而不失敌之败也。

"无奇胜"仅见于汉简本,其意为并非偶然,故无人称奇。"不忒"意为绝无失误,即所措必胜。所以善战者是胜于易胜,因为其敌方是已败。于是孙子遂提出其所独创的千古名言:"胜兵先胜而后求战,败兵先战而后求胜。"孙子首先把"兵"分为两类:一类为"胜兵",另一类为"败兵"。对于这两个名词,他又作了明确的界定:先胜而后求战者为胜兵,先战而后求胜者为败兵。所谓"胜兵"是在战前依照理论来判断它应该胜,换言之,未战时即先已有胜相。但这又只是一种形象,仍须寻求一次决战始能获得真正的胜利(并非不战而胜)。所谓"败兵"是照理论来判断,它应该败,即未战时已有败象,但又并非已经真正失败。战争中充满了意外因素,往往该胜而不胜,该败而不败,所以"败兵"也还是有以战求胜的机会。不过,"败兵"即令侥幸获胜,那又非善之善者也。照理论来看,它依然还是"败兵"。反而言之,"胜兵"虽未能真正战胜,但也并不因此而丧失其"胜兵"的资格。

然则又如何始能构成"先胜"的形象?孙子的答案为"修道而保法,故能为胜败正"。此处有两点需要解释。(1)所谓道与法者,究竟指何而言?一般的看法都认为就是"计"第五事中的道与法。但何守法则作较广义的解释,他说:"道法二字所包者广,乃用兵之本,敌之不可胜我者也。要虚虚说,犹云道理法度之谓。"①何守法又指出:"或曰道是上文攻守先胜之道,法是下文度量数称胜

---

① 何守法:《音注孙子》,《孙子集成》第九册,439页。

之法。"①此外，还有其他不同的解释。总之，古人对此并无定论。我个人认为作较广义的解释似乎比较适当。(2)"能为胜败正"的"正"字是以汉简本为根据，"正"字作"主"字解，意谓能在胜败问题上成为最高权威。至于传本均作"胜败之政"，疑为后人所窜改。②接着孙子就说：

> (兵)法：一曰度，二曰量，三曰数，四曰称，五曰胜。地生度，度生量，量生数，数生称，称生胜。故胜兵若以镒称铢，败兵若以铢称镒。称胜者之战民也，若决积水于千仞之溪者，形也。

这一段话非常重要，不仅构成本篇的总结论，而且也为本篇命名提供解释，同时更足以充分表现孙子的科学精神。

从"法"字说起，武经本和十一家注本均作"兵法"，但汉简本则无"兵"字。过去注《孙子》者多认为这一段是引自古兵法，例如何守法说："此因上(文)胜兵先胜，由于修道保法，故引古兵法以见安营布阵皆有其法。"但照原文观察，似乎是轻视了这一段话的重要性。孙子之语绝非只是引述古书以为佐证，而是精确地说明一套部署兵力的法则，而这一套法则即令到今天也还是可用。同时，这一段话在逻辑上也非常合理，足以显示孙子在治学时的精密分析方法，所以未尝不是其创见，至少不能断言这个"法"字即代表古兵法。

---

① 何守法：《音注孙子》，《孙子集成》第九册，440页。
② 吴九龙主编《孙子校释》，61页(校记二)。

第四章　形　篇

孙子所列举的是在战前决定兵力部署时所必须采取的五项连续思考步骤。其起点为地,因为所有的战争都不是在纸面上而是在地面上打。决定任何军事行动都必须以地理为基础。"度"是对地理(形)作全盘的了解,"量"是根据此种了解以来推测不同地区对兵力的容量,"数"是根据容量来决定兵力部署的数字,"称"是把双方的部署兵力数字作精密的比较。于是根据此种对比的结果即能预知谁是"胜兵",此即所谓"称生胜"。

为何称能生胜,其理由非常简单。因为在正常情况之下,数量优势,尤其是在决定点上的压倒优势即为胜利的保证,古今中外的战略家,未有不同意此项基本观念者。孙子用一种非常强烈的比喻,甚至于有一点戏剧化(dramatic)的说法,以说明此种观念。"镒"和"铢"都是古代重量单位:镒为两的二十倍或二十四倍,两为铢的二十四倍,所以,镒为铢的四百八十倍或五百七十六倍。假使双方兵力的数量相差如此巨大,则胜负之分自属不言而喻。

接着孙子又用另一种比喻来形容压倒优势的威力。"称胜者"即拥有数量优势的"先胜者",这个"称"字出自汉简本具有深意,为其他传本所无。"之战民也"意即为发动攻击,"民"就是部队,"战民"就是驱使部队进入战斗。"若决积水于千仞之溪",是要先把兵力(水)集中(积)在决定点上(千仞之溪),然后发动攻击(决积水)。这种优势之所以能出现即由于兵力部署(形)适当。简言之,交战之前的兵力部署实为决定胜败之基础。

从这里又可以对本篇的命名提供一种合理的解释,何守法说:"……铢镒积水总是喻攻守之形。然一篇虽以(军)形为名,而议论反复有如风生,中间不露一形字,至末方点出,何其妙欤?学者最宜深味。"①何守法的话固然对孙子文笔之美妙作了高度的赞许，但可能很少有人注意到他所说的"攻守之形"，而这才是本篇的真正主题。战争必然包括两种形式，即为攻与守。所谓善战者必须同时既善攻而又善守。善守始能自保，善攻始能全胜。这两种形式平行发展，彼此互赖，交相为用。必须如此，始能立于不败之地而不失敌之败也。唐代的李靖曾指出："攻是守之机，守是攻之策，同归于胜而已矣。"他认为此即所谓"攻守两齐之说"，换言之，即认为二者之间存在着一种平行互赖的关系。②

因此，若照实际内容来衡量，则本篇的篇名若改为"攻守"则似乎应更较恰当。同样地，第五篇的篇名也可改为"奇正"，于是加上原已命名为"虚实"的第六篇，则三者一气呵成，连为一体，更足以凸显此三篇的确构成一个完整的思想体系。

---

① 何守法：《音注孙子》，《孙子集成》第九册，421页。
② 可参看《唐太宗李卫公问对》卷下。

第五章
势　篇

这一篇的篇名为"势",只有武经本作"兵势","兵"字显然是其编者所加。上一篇讲形,这一篇讲势,就逻辑而言,势出于形,形为静态,势为动态,由静而动,此种顺序的排列似乎也非常自然。关于何谓形势的问题,从古到今曾有不少的议论,甚至于使人有玄之又玄的感觉。不过,孙子本人对此却有很明确的说明,只要对于原文作从头到尾的研读,也就会发现并无任何神秘之可言。

在此又应附带说明一点,有人指出孙子在全书中共用"势"字十四次,而在这一篇中就占了十次,所以用"势"字作为篇名非常自然,也非常合理。这种说法似乎并不完全正确,因为某一个字在文中出现次数的多少,与是否即用其为篇名并无必然的关系。假使以此为标准,则"形"字只在第四篇中最后才出现一次而居然以"形"命名,又应如何解释?此外,"势"字虽然在全书中出现十四次,但其意义由于出现位置之不同而常有差异,孙子在其书对于字义是多作弹性的解释,而并无统一的界定。即令在本篇中,"势"字虽然出现十次之多,但其中也并非每一次都与篇中主题有关。[①]

虽然以"势"为篇名,但孙子在本篇之首并未立即说到"势"字,他首先提出四种平行观念:

(1) 治众如治寡　　　　　　分数是也
(2) 斗众如斗寡　　　　　　形名是也
(3) 三军之众可使毕受敌而无败　奇正是也
(4) 兵之所加如以碫投卵　　　虚实是也

从修辞学的观点来看,前两句是陪衬,而后两句才是主题。现在就分别解释如下:

(1)"治"就是管理,"分数"就是组织,因为有组织,所以多数与少数遂可以同样管理。

(2)"斗"就是战斗,"形名"就是指挥、管制、通信(C3),三词的英文首字母,有了此种体系,多数与少数也就能同样战斗。

(3)因为有"奇正",始能受敌而无败。

(4)因为知"虚实",始能获得压倒优势。

前两点很容易了解,孙子也只是一笔带过,并未作进一步讨论。至于后两点则分别为第五和第六两篇的主题。第六篇已命名为"虚实",所以本篇若命名为"奇正"则似乎更合于逻辑,

还是从字义说起。只有汉简本作"毕受敌",而其他版本则均作"必"。"必"就是必定,那是毋庸解释。"毕"字具有全体的意义,用"毕"字是说所有的部队(三军之众)都能受敌而无败。所以两者之间也并无太多差异,似乎无须咬文嚼字。至于"奇正"则不仅为

[①] 江贻灿:"势义探微",《孙子新论集粹》,330 页。丁肇强,"从孙子篇题谈起",《中华战略学刊》(1995 年夏季),72 页。

第五章 势 篇

本篇的主题,而其意义也有太多的不同解释。我们还是先看孙子自己所说的话。

孙子在前篇中曾指出"善战者应先为不可胜,以待敌之可胜",换言之,也就是"立于不败之地,而不失敌之败也"。但如何始能立于不败之地?孙子在前篇中并未提出明确答案。现在他在本篇中明确指出,要使三军受敌无败则必须了解"奇正"。但接着他又说:"凡战者,以正合、以奇胜。"然则这两种说法是否有所矛盾呢?并不矛盾,而是代表两个层次。仅知"奇正"还是只能自保不败,但必须再知"虚实"然后始能在决定点上造成压倒优势(以碫投卵)而获致全胜。孙子的分析是分层逐步推进。在第四篇中先分析"攻守",在第五篇中再分析"奇正",在第六篇中才最后分析"虚实",并把三个层面结合成为一体。诚然,这三个层面密切相关,但在写书时又必须将其分开,所以在这一篇中对于有关"虚实"的部分只是点到为止,而不能多作讨论。

"凡战者,以正合,以奇胜",是孙子所作成的一条定律(law),对于所有一切的"战"都适用。要了解此一定律则又必须先了解春秋时代的战争形式。在那个时代,各国的野战军数量还相当有限,双方兵力可以部署在一块面积并不太广大的战场上,双方都构成其必要的战斗序列(order of battle),在我国古代军事术语中即所谓"阵"。双方布阵完成之后才开始作大规模有秩序的战斗,所以古人说"阵而后战"。此种形式的战斗就是现行军事术语中的"会战"(battle),古人则称之为"合战"。这个名词也颇合理,因为使用古代的武器,双方兵力必须达到接近位置(彼此相合)始能进行战斗。于是"合"与"战"也就变成同义词。所谓"以正合",概括言之,即用正常(或正规、正统)的形式来进行战斗。假使这样打下去,则

65

结果很可能是一场混战,不分胜负。然则又如何才能获胜?孙子说,"以奇胜",换言之,必须出奇,始能制胜。**何谓"奇"?概括的意义即为采取随机应变的,或不合常规的行动来捕捉胜机。**

后世注《孙子》者虽对"奇正"作了很多的解释,但大致说来,还是大同小异。曹操的注最早,他说:"合战为正,后出为奇也。正者当敌,奇者从傍击不备。"这对于古代的战争是一种正确的描述。丁肇强先生[①]用现代军事术语所作的解释与曹注大致符合,但更容易了解。他认为,**"正"就是第一线部队,"奇"就是预备队**。在作战时,总是把一部分兵力作为与敌军保持接触的第一线部队,另外再保留一部分兵力来作为随机应变的预备队。此种解释极为具体化,所以非常易于了解,是其所长,但未能表达《孙子》原文的抽象观念,则为其所短。[②]

"奇正"又并非一种固定的区分,彼此之间是可以互相转换的。用丁氏的用语最易解释:当预备队(奇)使用后,也就自然会与敌军接触,而变成第一线部队(正)。反而言之,在这样调动之下,原有的第一线部队(正)也就可以抽调,使其变成新的预备队(奇)。此种变化具有高度的弹性,可以有各种不同的方式和运用。所以,孙子遂作了一大堆的比喻,然后才作结语曰:

> 战势不过奇正,奇正之变不可胜穷也。奇正相生,如(循)环之无端,孰能穷之(哉)?(括号内字为武经本所独有。)

---

① 丁肇强,台湾军事学者,著有《孙子兵法新解》《军事战略》等。——编者注
② 江贻灿:"势义探微",《孙子新论集粹》,330页。丁肇强:"从孙子篇题谈起",《中华战略学刊》(1995年夏季),71页。

第五章 势 篇

一直写到这里,"势"字才在这一篇中首次出现,而且前面还有一个"战"字。何谓"战势不过奇正"?孙子认为任何部队(单位)在会战中所采取的态势(也就是所负担的任务)不外乎两种:一种是正(第一线部队),另一种是奇(预备队)。但此两种"战势"又并非固定而是可以随时变换的,此即所谓"奇正相生"。

孙子对于其基本观念和法则到此实际上已经讲完,但还留下两个问题需要答复:(1)"奇"如何能制胜?(2)"奇"为何能制胜?这也就构成以下两段的主题。

对于第一个问题,孙子引用了三个比喻来说明他的回答:

> 激水之疾,至于漂石者,势也;鸷鸟之击,至于毁折者,节也。是故善战者,其势险,其节短。势如彍弩,节如发机。

激水如何能漂石,因为它储蓄了大量的能量,此种能量用现代物理学名词来表示,即所谓"势能"(potential energy),可以显示孙子在此所用的"势"字非常恰当。鸷鸟(猛禽)之所以能居高临下,一击就能毁折地面上的小动物,是因为它对于打击距离有精密的计算,此之所谓"节",意即恰到好处,因为太近或太远都不能发挥最大的威力。于是基于这两种比喻,孙子遂指出善战者必须"势险节短",势险始能储蓄大量势能,节短始能转变为适当的动量(momentum)。然后他又举例来作为总结:"势如彍弩,节如发机。"当时弩已是常用武器,此种比喻应该是一般军人都能了解的。先把弩(弓)张满(彍),以储积势能,然后在适当距离引发弩机(发射装置),始能产生最大的杀伤力。

第二个问题比较难于作答,因为胜可知不可为,必须等待敌方出现可乘之机,然后始能出奇制胜。但仅只坐待又并非善策,所以孙子主张应主动地采取行动造成假象,以促使敌方产生错误的认知而自投罗网。于是我方有隙可乘,遂始能出奇制胜。要想达到这样的目的,则又必须了解真与假的区别,然后才能使对方真假莫辨,而产生错误的认知。孙子说:

> 纷纷纭纭,斗乱而不可乱也;浑浑沌沌,形圆而不可败也。乱生于治,怯生于勇,弱生于强。治乱,数也;勇怯,势也;强弱,形也。故善动敌者:形之,敌必从之;予之,敌必取之。以此动之,以卒待之。

这一段话相当复杂,比较不易了解。孙子首先指出我方部队可以故意表现出混乱的姿态,但并非真乱,所以不可能被击败。所谓"形圆"是因为古人布阵均力求方正,圆形即暗示纪律不严,士气不振,已呈现败象。为何能如此?那是由于决定治乱、勇怯、强弱另有其根本原因,即数、势、形三因素。所以表面的乱、怯、弱是实际的治、勇、强所产生出来的假象。因为我方兵力组织良好、士气旺盛、部署适当,所以才能够造成敌方难以辨别的假象,于是也就能够"动敌"(影响敌方的行动)。换言之,能使其相信我方所形成的假象,并接受我方的利诱。"以此动之"意即用这一套方法来使敌方采取错误的行动。"以卒待之"就是用预备队来乘机制胜。"此"字和"卒"字都是从汉简本,传本则前者均作"以利动之"也无所不可;后者则武经版作"本"字,而魏汝霖在其总集校中则主张用"实"字。[①]

[①] 魏汝霖编:《孙子兵法大全》,30页。

第五章 势 篇

在回答这两个问题之后,孙子对此篇作总结论如下:

> 故善战者,求之于势,不责于人,故能择人而任势。任势者,其战人也,如转木石;木石之性:安则静,危则动,方则止,圆则行。故善战人之势,如转圆石于千仞之山者,势也。

这一段结论中,孙子一共用了五个"势"字,占全篇的一半。然则这些"势"字的意义应作何种解释?是否前后一致,抑或有所差异?这是一个相当重要的问题,但似乎很少有人注意。

孙子在此篇中所用的第一个"势"字不是一个单字,而是用在一个名词之内。他说:"战势不过奇正。"换言之,所谓战势,且意义即为"奇正相生"。这是"势"字在战略领域中的基本解释。

此后在"激水之疾"的那一段中,又连续用了三个"势"字,但那却与"奇正"无直接关系,而是指能产生"势能"的位置而言。不过与"奇正"虽无直接关系,但又还是有一种间接关系之存在。因为势能所代表的即为"正",而势能的转变为动量,所代表的即为"奇"。同时,这一整段又是对如何出奇始能制胜的问题提供的答案。

第五个"势"字是用在"勇怯,势也"此一片语中。"势"字在此应该照优势或劣势中的"势"来解释。其原意为:当我军居于优势时,人员当然余勇可嘉,而当我军居于劣势时,人员当然畏怯不前。"势"字在此与"奇正"可以说是完全无关。

现在就讲到最后的关键。对于最后一段中的最后五个"势"字应如何解释?概括地说,是应依照其基本意义解释,即"战势不过奇正"的"战势"。孙子认为所谓善战就是对于"奇正之变"能作弹性的运用,此即所谓"求之于势"。因此也就可以"不责于人"。照一般的解释,就是对人员不作任何苛求。不过,照孙子原书的惯例,"人"或"民"都非指个人而言,而是具有部队或单位的意义,所以"不责于人"可能应释为若欲奇正相生,如环之无端,则任何单位都应能随时适应奇正任务之转变,而无须指定某单位负某种专责。

若能如此,则"可择人而任势"。这一句话所引起的疑问更是很有趣。"择"字若作选择解,则显然与上文中的"不责"有所矛盾。于是有人认为可能为"释"字之误。"释"字用在这里,即表示可以完全不考虑"人"而专门任势,所以与上文也就能连成一气。不过,很巧合,"择"字在中国古文中本可训"释",所以,也就无须改字而只需采取古训即可。①

接着孙子又用比喻来说明任势者(即依赖战势变化以取胜者)之使用部队(其战人也)就好像转动木石一样。木石有其共同的性质,所有的木石都一样,所以自无选择之必要。而善于运用战势的人,就好像在千仞之山上转动圆石一样,换言之,那是一种极易于将势能转变为动量的态势,而此种态势之势也就是本篇最后一个"势"字。

孙子的文章有一种异中求同之美,前篇之结语与本篇之结语遥遥相对,多彩多姿,令读者有悠然神往之感。

---

① "择"字古训见吴九龙主编:《孙子集校》,79 页。

第六章
虚实篇

孙子在上一篇中提出其对"战"的基本定律:"以正合,以奇胜。"战不能仅以不败为满足,但欲求胜则必须出奇。用现代语来解释,就是必须产生奇袭作用(surprise),始能使对方丧失心理平衡,并因而丧失应变能力。但这又有一先决条件,就是必须能抓住机会立即集中压倒优势的兵力来发动猛攻。这也就是孙子所云:"其势险,其节短。"

不过,战争又是一种相对性的问题,所以,一切的思考不能仅以己方为限,而必须同时考虑到对方。奇兵的打击若欲产生最大效果,则必须打击在敌方的弱点上。所以,孙子遂指出:"兵之所加,如以碬投卵者,虚实是也。"何谓虚实?"虚"就是弱点,"实"就是强点。必须首先找到对方的弱点,然后始能产生"以碬投卵"的效果。

"奇正之变"虽然微妙,但还属于我方战争指导范围之内,换言之,那可以自作决定。但虚实的形成,其主权则在对方,不是我方所能控制。因此,对方若不呈现弱点,则我方也就不可能有出奇制胜的机会。这也就是孙子说"可胜在敌"的理由。李卫公有一段话可供参考："凡用兵者若敌人不误,则我师安能克哉?譬如弈棋,两敌均焉;一着或失,竟莫能救。是古今胜败率由一误而已,况多失者乎?"[1]

由此可知,敌方之所以呈现弱点(虚),其原因是他自犯错误。但若只坐待其自犯错误则又未免太消极,而且等到何时也毫无把握。所以,孙子在"势"篇中即已主张应该设法"动敌"。所谓"动敌"者就是采取积极的行动以促使敌人自犯错误,于是我方也就自然有了"以奇胜"的机会。

孙子在第五篇中只是提出"动敌"的原则,但对于如何动敌的方法则尚未作较详尽的讨论。因此,进一步的讨论成为第六篇的主要内容。以"虚实"为名的第六篇,是十三篇第二大部分的最后一篇,也构成这一段的总结。从战略理论的观点来看,这一篇并非特别重要,但从战争艺术的观点来看,则也许要算是全书中最精彩的一篇。何守法的评论很值得引述:

> 形篇言攻守,势篇言奇正。先知攻守两齐之法,然后知奇正;先知奇正相变之术,然后知虚实。盖奇正自攻守而用,虚实由奇正而生,故此篇次于势为第六。然是虚实也,彼我皆有之。我虚则守,我实则攻;敌虚则攻,敌实则备。是以为将者,须识彼我虚实。不识虚实而用兵,则当备而反攻,当攻而反守,欲其不败难矣。……观唐太宗曰:"诸家兵书无出孙子,孙子十三篇,无出虚实。用兵识虚实之势则无不胜。"吁!太宗

---

[1] 《唐太宗李卫公问对》卷下(宋刊本,《武经七书》)。

诚知兵之深哉。①

　　这一篇的基本问题即为如何采取行动来引诱敌人犯错误,并在某一点上形成弱势,而使我方有"避实击虚"的机会。孙子在这一篇中虽然反复辩论,分析得极为详尽,但其中心思想又是非常简单。当然,困难在于实行。此之所谓艺术,他所提供的也只是原则性的指导而已。

　　如何才能"动敌"?孙子认为首要的原则即为"先处战地",换言之,即先达到我方所选择的有利战地,所以,孙子曰:

　　　　凡先处战地而待敌者佚,后处战地而趋敌者劳。故善战者,致人而不致于人。能使敌人自至者,利之也;能使敌人不得至者,害之也。

　　要想达到先处战地、以逸待劳的目的,其关键即为"致人而不致于人"。"致"字作"招致"解而不是"控制",换言之,即能动敌而不为敌所动。唐太宗认为应使"敌势常虚,我势常实",李靖应之曰:"千章万句不出乎致人而不致于人而已。"②然则又如何能"致人"?孙子认为无非利害二字。以利诱之,敌人就会不请自来。反而言之,使其受到妨害,或使其感到有害,则敌人也就会自动不采取某种行动。因此,我方可以居于主动而使敌方居于被动。接着孙子就分别说明有哪些行动可以有效:

---

① 何守法:《音注孙子》,《孙子集成》第九册,475—477页。
② 《唐太宗李卫公问对》卷中。

> 故敌佚能劳之、饱能饥之、安能动之者,出其所必趋也。
> 行千里而不劳者,行于无人之地也;
> 攻而必取者,攻其所不守也;
> 守而必固者,守其所必攻也。

上述文字都是以汉简本为依据,与传本有少许差异。最值得注意的是传本"必趋"作"不趋","必攻"作"不攻"。照文意解释是汉简本较合理:假使我军所出并非敌军所"必趋",而是所"不趋",则不可能产生动敌的效果。若我军所守为敌军所"不攻",则根本毫无意义而只是浪费兵力。反而言之,因为预判为敌方所"必攻",于是加强防御,遂能产生"守而必固"的效果。

在这一段之后,孙子似乎想要作一小结,于是就说:

> 故善攻者,敌不知其所守;善守者,敌不知其所攻。微乎微乎,至于无形;神乎神乎,至于无声,故能为敌之司命。

这一段话虽常被后世视为名言,但除显示出其理论的艺术性以外,并无其他实质意义。尤其是他接着又继续讨论行动问题,把这一段插在中间,更有破坏文理之嫌。

> 进而不可御(御)者,冲其虚也;
> 退而不可追者,速而不可及也。
> 故我欲战,敌虽高垒深沟,不得不与我战者,攻其所必救也;
> 我不欲战,画地而守之,敌不得与我战者,乖其所之也。

第六章 虚实篇

可以很明显地看出来,这四句与前面的四句属于同一模式,代表同一观念,所以应该连接成一体。因此若照逻辑来说,中间那一段应该移到这两段(共八句)之后,似乎才比较通顺。

到此为止,孙子所论都是以"致人而不致于人"为焦点,然则"致人而不致于人"的结果又是什么?孙子认为结果即为"形人而我无形"。

> 故(善将者)形人而我无形,则我专而敌分;我专为一,敌分为十,是以十攻其一也。则我众而敌寡,能以众击寡者,则吾之所与战者约矣。

"善将者"为汉简本所独有,他本均无。"形人而我无形"即使敌显露其部署,而我方则能深藏不露。在这样的情况之下,我方兵力可以集中,而敌方则必须分散。于是我方遂能在决定点保持压倒数量优势(十比一),而与我军对抗的敌军则必然居于少数(约者寡也)。孙子遂又回溯到篇首所已提出的观念,而作进一步的分析。

> 吾所与战之地不可知,不可知,则敌所备者多;所备者多,则吾所与战者寡矣。故备前则后寡,备后则前寡;备左则右寡,备右则左寡;无所不备,则无所不寡。寡者,备人者也;众者,使人备己者也。

因为能致人而不致于人,遂能先处战地而待敌,所以敌对我所与战之地自然是其所不知者。因此,当然会备多力分。这也就是胜败的关键。于是孙子遂又对于上述所云再作一小结：

> 故知战之地，知战之日，则可千里而(会)战；不知战地，不知战日，则左不能救右，右不能救左，前不能救后，后不能救前，而况远者数十里，近者数里乎！以吾(吴)度之，越人之兵虽多，亦奚益于胜哉？故曰：胜可为(擅)也，敌虽众，可使无斗。

简言之，必须先处战地以待敌，于是我方始能掌握战场的时空条件，然后才能迫使敌方处于被动，备多力分。若能如此，则敌方即令拥有大量兵力，也还是不能对胜利有所贡献。

现在再略论文字上的差异。传世各本均作"会战"，汉简本独无"会"字。武经本"吾"字作"吴"字，从文义上来看是"吴"字较佳，因能显示从吴人观点衡量越人之意。最有疑问的一句是"胜可为也"，那是与"形"篇所云"胜可知而不可为"恰好相反。不管后人对此作如何解释，都还是很勉强。等到汉简本被发现，这个疑问才终于解决，因为汉简本作"胜可擅也"，"擅"字的意义为"独占"，那也就是说只要能够符合上述各种条件，则可以独占胜利，换言之，也就是稳操胜算。若能如此，则敌军兵力虽多，但因不能集中，也还是不能完全投入战斗（可使无斗），以发挥数量优势。

"形人而我无形"又并无任何神秘之可言，而是透过精密思考所作成的计划。其必要的方法即为用四种步骤来测知敌情：

> 策之而知得失之计，
> 作之而知动静之理，

第六章 虚实篇

> 形之而知死生之地,
> 角之而知有余不足之处。

这四种步骤在层次上是由浅入深,在时间上是由远而近。"策"为策度,即理论分析,由此可知双方的大致形势。"作"为激动,也就是采取某些行动来探知所不能策度的动态。"形"是以伪形示敌,以测验其反应,由此也就能确定其弱点之所在。最后到了即将发动攻势的前夕,采取现代军事术语中所谓的"威力搜索"来确实掌握敌方兵力部署上的有余不足之处,此即所谓"角",其意义即为较量。必须经过这样审慎的研究判断,然后始能达到下述的理想:

> 故形兵之极,至于无形;无形,则深间不能窥,智者不能谋。因形而措胜于众,众不能知;人皆知我所胜之形,而莫知吾所以制胜之形。故其战胜不复,而应形于无穷。

读者一定可以发现在这一段中,"形"是关键字,一共出现了七次,其意义也不尽相同。第一个"形"字是动词,作部署解,"形兵之极"即对兵力作最高明的部署。此种部署之所以最高明,其原因就是"无形",换言之,也就是从外表上看不出其用意之所在。所以对于此种无形之形,敌方的情报(深间)和参谋(智者)人员都无法了解。当我方由于此种部署(形)而获胜时,此种胜利显示在大家的面前(措胜于众),大家(包括敌我双方)都不能了解(众不能知)。大家所能知者仅为"形"之外表,而不能了解此种"形"之所以能制胜的理由。因此,并非重复使用某种方法以取胜(战胜不复),而是

"应形于无穷",意即随机应变。最后这个"形"字是指战场上双方部署的全面形势而言,并非专指我方或敌方。

到此,孙子遂作总结论,这个结论经常为人所乐道和引用,但汉简本与传本之间有很大的差异,值得加以较详细的对比分析。汉简本的原文如下:

> 夫兵形象水,水之行,避高而趋下;兵之胜,避实而击虚。水因地而制行,兵因敌而制胜。故兵无成势,无恒形。能因敌变化而取胜者,谓之神。①

而传本的原文则有如下述:

> 夫兵形象水,水之形避高而趋下,兵之形避实而击虚。水因地而制流,兵因敌而制胜。故兵无常势,水无常形,能因敌变化而取胜者谓之神。②

对比言之,汉简版的辞句比较合理:(1)"避高趋下"应该是"水之行"而不是"水之形",因为"形"是静态,而"行"才是动态。(2)"兵之胜"也较优于"兵之形",因为避实击虚是出奇制胜之道,这是"势"的问题而不是"形"的问题。(3)"制行"与"制流"虽意义相同,但"制行"是与前面的"水之行"相连,所以还是较佳。(4)最后一句相差得最大,而汉简本则远较合理。"无成势"即为无现成

---

① 汉简本原文引自吴九龙主编,《孙子校释》,102—103 页。
② 传本原文引自魏汝霖,《孙子兵法大全》,330 页。

之势,"无恒形"即为无一定之形,这都是指兵而言,与水无关。传本作"兵无常势,水无常形",旨在保持文辞之对仗,但"水无常形"夹在"兵无常势"与"能因敌变化而取胜者"之间,则不仅隔断了文理而且也无法说明水与敌之间有何关系存在。

所以我主张应完全采取汉简本之词句。传本,尤其是武经本,有时对于原文是改得很好,但这一段则远不如汉简本所留下来的古文。《孙子》这一段结论到"谓之神"即应完结,而从修辞学的观点来看,从此结束更可使文章留有不尽的余味,让读者去自动欣赏。很奇怪,原文却应结束而未结束,又再加上四句莫名其妙的话:"故五行无常胜,四时无常位;日有短长,月有死生。"

这四句话加在这里不仅是毫无必要,而且更是画蛇添足。对于全篇的主旨不能有任何增益,却使文章反而丧失了其原有的美感。照我个人看来,这四句话很可能是战国时人加上去的。在《孙子》十三篇中提到"五行"就只有这一次,而孙子又是一位破除迷信的人,所以我主张将此四句删除。

* * *

从第四篇到第六篇在十三篇中构成第二大部分,这三篇在逻辑上构成一个完整的体系,足以代表战争艺术的精义。三篇前后相连,每一篇都有其基本观念,而彼此之间又有其不可分的关系。此种逻辑关系可以图解如下:

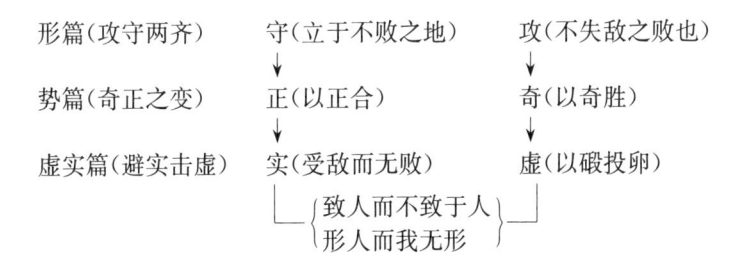

形篇(攻守两齐)　　守(立于不败之地)　　攻(不失敌之败也)
　　　　　　　　　　　↓　　　　　　　　　↓
势篇(奇正之变)　　　正(以正合)　　　　　奇(以奇胜)
　　　　　　　　　　　↓　　　　　　　　　↓
虚实篇(避实击虚)　　实(受敌而无败)　　　虚(以碫投卵)
　　　　　　　　　　└─{致人而不致于人
　　　　　　　　　　　　形人而我无形}─┘

形为一切用兵之本,所以孙子从形说起,最后又复归于形。形即部署,假使部署不适当则欲求自保都可能有困难,又焉能制胜?形为静态而势为动态,战势不过奇正,不过如何运用奇正之变,则又必须能识虚实之理。所以,孙子并非仅只主张待敌之可胜,而是主张应因敌变化而取胜。因此,兵形象水,避实击虚,即为战争艺术的总诀。

第七章
军争篇

从第七篇到第十二篇("火攻"),这六篇构成全书的第三大部分,所讨论的大致都是层次较低的问题,换言之,大部分都是属于战术和技术的范围。所以概括地说,对于战略研究并无太多重要性,不过其中又还是有若干名言值得注意。尤其必须说明的是,思想本是一个完整体系,将其分层分段只是一种治学方法,因此,孙子在这几篇中所提出的某些观念对于较高层次(大战略及军事战略)还是能够适用。以下的分析就是采取这样的观点,至于与战略思想无太多关系的部分,则一律从略而不予论列。

"军争"是古代军事术语,其意义很难作明确的界定,概括地说,就是两军争利。何谓"利"?"利"即为足以取胜的有利条件。所以曹操注曰:"两军争胜。"王晳注曰:"争者争利,得利则胜。"[1]何守法则更指出:"争胜争利,其争一也。"[2]在十三篇之中,"军争"篇是紧接在"虚实"篇之后,可以明确显示这两篇之间在逻辑上具

---

[1] 《宋本十一家注孙子》,《孙子集成》第一册,505页。
[2] 何守法:《音注孙子》,《孙子集成》第九册,521页。

有密切关系。孙子在"虚实"篇之首即明确指出若欲求胜,则必须"先处战地而待敌"。因为双方都希望能够先处战地,所以双方都必须争取时间。因此,严格说来,所争者不是"胜"也不是"利",而是"先"。

"军争"的正确意义就是双方在会战之前,为了想要抢先达到自认为有利的战地而所作的运动。因为两军对敌,其运动的距离和速度大致相等,所以要想先处战地的确并非易事。因此军争也就成为一个非常不易处理的实际问题。军争虽然只是一种预备步骤,但又是在会战中以正合、以奇胜的先决条件。因为若不能先处战地,则也就会丧失主动,于是一切奇正、虚实都将沦为空谈。所以孙子一开始就提出警告说:"凡用兵之法……莫难于军争。"

为什么那样难?孙子解释说"军争之难者"是由于必须"以迂为直,以患为利"。接着他又说:"故迂其途而诱之以利,后人发,先人至,此知迂直之计者也。""以迂为直,以患为利"为概括的指导原则。如何实际行动,就是"迂其途而诱之以利",而其所能获致的结果即为"后人发,先人至"。若能如此,孙子就认为这样即可谓已经能了解(知)"迂直之计",而能知迂直之计者,则也可能就是军争的成功者。

用现代观念来解释,所谓"迂直之计"也就是李德·哈特所提倡的"间接路线"(IndirectApproach)。李德·哈特说:

> 名将宁愿采取最危险的间接路线,而不愿意驾轻就熟走直接路线。必要时,只率领小部分兵力,越过山地、沙漠或沼泽,甚至于与其本身的交通线完全断绝关系。[1]

---

[1] B. H Liddell-Hart, *Strategy: The Indirect Approach* (Faber, 1967), p.163.

第七章　军争篇

他指出"名将宁愿采取最危险的间接路线,而不愿意驾轻就熟走直接路线",这好像就是孙子所讲的话。

作为间接路线的"迂直之计"固然是具有地理性,其应用范围,严格地来说,只限于作战(野战战略)的层次。但是推而广之,也可视为一种抽象观念,所以,对于较高层次的战略还是有其暗示价值。李德·哈特曾指出,所谓路线不仅具有实质意义,而且也具有抽象意义。所以,他说:

> 从历史上看来,除非路线具有足够的间接性,否则在战争中就很难产生效果。此种间接性虽常是物质的,但却一定是心理的。[1]

李德·哈特于是作结论说:

> 敌人心理平衡的动摇,实为胜利的主要条件……战略史根本上就是间接路线应用和演进的记录。[2]

孙子是两千余年前的人,其所用文辞当然与时人不一样,但其基本观念则与李德·哈特如出一辙,甚至于可以说李德·哈特的话无异于是在替孙子提供解释。

从抽象的观点来看,"军争"同时具有正反两面,前者是利益,后者是危险,所以,孙子说:"军争为利,军争为危。"由此也就可以

---

[1] B. H Liddell-Hart, *Strategy: The Indirect Approach* (Faber, 1967),25 页。
[2] 同上书,25、17 页。

了解军争之难就是难在如何能在利与危之间找到一个平衡点。换言之,其理想目的为既能获得利益而又能避免危险。但这又的确是一个两难问题,因为诚如孙子所云:"举军而争利则不及,委军而争利则辎重捐。"所谓"举军"就是"全军",意即保持正常军事组织,携带一切装备补给一同前进,于是行军速度必然较慢,因此也就赶不上(不及)预定的时间。反而言之,"委军"就是留下辎重,加速前进,那固然能赶上时间,但却会有后勤不继的危险(辎重捐)。

孙子又再度表现出其高度科学化的精神,他将之分成三种不同的假想情况来作精密分析:

(1) 卷甲而趋,日夜不处,倍道兼行,百里而争利,则擒三军将;劲者先,罢(疲)者后,其法十一而至。

"卷甲"即放弃重装备,"不处"即不休。"倍道兼行"即行程加倍,达到日行百里的标准。其结果为"劲者先"(少数精锐先到),罢(疲)者后(疲惫不堪的人员则落后),能达到目的地的人仅为总数十分之一。于是所有高级将领都有成为俘虏的危险。古代的军制是全军分为上、中、下三军,"擒三军将"即三军主将均被俘,而传本作"三将军"则含义似嫌模糊。

(2) 五十里而争利,则蹶上军将,其法半至。

假使行军速度由百里减到五十里,则结果能达到有利战地的兵力将为总数之一半,于是担负前卫的上军之将仍可能牺牲。"蹶"(厥)的意义为折损。

第七章 军争篇

(3) 三十里而争利,则三分之二至。

假使把速度再由五十里减到三十里,这也可能即为当时的正常行军速度,则全部兵力有三分之二可能准时到达目的地。曹注说:"道近至者多,故无死败也。"换言之,自高级将领以下,都没有太多损失。①

不过,以这样的低速前进,则能否达到"军争"的目的,又似乎颇有疑问;但若提高速度,则又将导致严重的危险,因为"军无辎重则亡,无粮食则亡,无委积则亡"。用现代语来说,就是若无适当的后勤支援,则根本不能作战。然则又应如何?孙子首先对于"军争"列举出三个先决条件:

(1) 不知诸侯之谋者,不能豫交;

(2) 不知山林、险阻、沮泽之形者,不能行军;

(3) 不用乡导者,不能得地利。

春秋时代是一个多国林立的时代,要想采取军事行动,时常需要其他国家的合作,有时还必须假道邻国。所以,对于这些国家必须在平时即建立良好关系,否则到战时就会面临行动上的障碍。要想合作(豫交)则又必须先知该国的战略计划(诸侯之谋)。在第一次世界大战之前,德国对法国的战争计划,即所谓施里芬计划(Schlieffen Plan),是假定德军必须通过比利时前进。但德国政府既未考虑比利时的永久中立地位以及其与英国的关系,更从来就不曾对比利时作友好合作的准备。于是当德军在1914年假道比利时时,立即遭到该国的强烈抵抗,并终于导致马恩河会战(The

---

① 《宋本十一家注孙子》,《孙子集成》第一册,513页。

85

Battle of the Marne)的失败。这一段故事可以证明孙子的远见。①

不知地形者不能行军,这也可以说是常识,不过所谓"行军"者又不能仅只采取现代军事术语的狭义解释,应释为军事行动。在此又可以引述第二次世界大战中的一段佳话来作为例证。那就是所谓曼施泰因计划(Manstein Plan)的作为。当曼施泰因考虑改变德国陆军总部的原定计划,而主张应通过阿登(Ardennes)地区发动奇袭时,他内心里有一个重大的疑问,那就是:"我们能通过吗?"阿登地区一向被欧洲军人视为天险,尤其在此地区中使用大量装甲兵力更是史无前例的冒险。但又诚如曼施泰因所云,由于敌人绝不会想到德军会在这里使用任何装甲兵力,所以才能产生奇袭作用。

当时的曼施泰因对于装甲战还不能算是真正专家,所以他就向公认为战车权威的古德里安(Heinz Guderian)请教,等到古德里安认为可行后他才敢正式提出其计划。古德里安在其回忆录《闪击英雄》(Panzer Leader)中说:"他要求我以战车专家的观点来确定其理想是否可行。在详细研究地图和回忆我在上次大战时的个人经验之后,我就明确认定其计划绝对可行。"这一段故事足以显示孙子之言对于现代战争同样适用,诚可谓永恒的智慧。②

再降到局部的范围,孙子强调使用"乡导"的重要,所谓"乡"者即指当地而言。即令到今天,某一局部地区的若干地理特点也还是只有当地的人民才知道,尤其是在比较落后的地区中则更是如

---

① 钮先钟:"从希里芬说到马恩河会战",刊载于钮先钟《战史研究与战略分析》(台北:军事译粹社,1998),21—53页。
② 钮先钟:"曼施泰因及其计划",载于《战史研究与战略分析》,55—70页。

此。凡是有过战斗经验的人都一定知道,要想找到便利的捷径,或可饮的水源,几乎都必须依赖乡人的指引。总结言之,孙子所列举的三条是把大战略、战略(作战)、战术三个层面都已包括在内。

在已符合先决条件之后,军队又应如何实际运动?孙子所给予的概括指导原则也是三条:

(1)以诈立;

(2)以利动;

(3)以分合为变。

"兵以诈立"一语曾经引起很多的争论。其起因是由于梅尧臣注曰:"非诡道不能立事。"换言之,这也是在(欺)诈与诡道之间画上等号的开始。[1] 事实上,孙子并未将诡道视为一种特定名词,也无意对其作普遍的使用(可参看"计"篇)。所以"诈"字在此应照一般常用的意义解释,并无任何特殊之处。用现代军事术语来表示就是所谓"欺敌"(deception)[2],这也是古今中外的军队所常用的手段,不值得大惊小怪。所谓"兵以诈立"就是以欺敌的手段来取胜,"立"字原意为"成",此处应解为成功。简言之,在军争的过程中,必须尽量设法欺敌,使其对我军行动感到不可捉摸,然后才能达到后人发,先人至的目的。

"以利动"可以有多种不同而又互赖的弹性解释。孙子告诉我们,军争本来就是争利,但有时又必须以患(害)为利,同时又必须对敌诱之以利。简言之,一切行动都是基于利害的考虑,此即所谓"以利动"。

---

[1] 《宋本十一家注孙子》,《孙子集成》第一册,518页。
[2] 《简明美华军语词典》(台北:黎明文化事业公司,1986),365页。

"以分合为变"用现代军事术语来表示,即所谓"分进合击"。古代军队由于缺乏有效的指挥和通信,再加上缺乏良好的道路,所以在运动时大致都是全部兵力集中在一起,这样固然便于控制,但又必然会降低行动的速度和弹性。孙子是一位敢于向传统观念挑战的思想家,所以他才会提出"以分合为变"的观念,这很可能也是他的一种创见:将部队分散,采取不同的路线前进,自然能够较易于迅速达到对我方有利的战地。不过,理论虽然如此,但实际行动时却可能会面临很多意想不到的困难,尤其是如何能够迅速有效地由分而合,则更是一种高度艺术。尽管如此,至少就理论而言,又是完全正确的。19世纪初叶的拿破仑,在西方可能是最早试用分进合击的战略家,至于其灵感是否出于孙子,则很难断定。

假使能符合上述的要求,则军队的行动也就必然能表现出极高度的弹性和效率,孙子对此作了非常生动的描述:

故其疾如风,其徐如林;侵掠如火,不动如山;难知如阴,动如雷震。

此外,还要:

掠乡分众,廓地分利,悬权而动。

对于后述的三句话的前两句,我有与众不同的解释。旧有的注释都认为是要分散我军的兵力(众)去掠取敌国乡邑,并分兵占领有利的地区。我的想法与此恰好相反。我认为我军之所以要采取"掠乡"的行动,是为了想要分散敌方的兵力(众),因为此种行动足以诱致敌方不得不分兵去援救那些受到骚扰的乡邑。同样地,"廓地"就是扩大作战面以来分散敌人的注意(利)。这样对于敌方遂能产生备多力分的效果。如果依照前人的解释则完全违反了孙子所一向提倡的集中原则。至于"悬权而动"其意义与"计"篇中的"因利制权"大致相同,可以不必再解释。

一直写到这里,孙子才提出其总结论:"先知迂直之计者胜,此军争之法也。"汉简本"计"字作"道"字,在意义上并无太多差异,所以仍从传本。从文理上来看,"军争"篇应到此即全部结束。但所有的版本在后面又都还有一大段文章,严格说来,与前面并无太多关系,最多只能说是一种补充而已。尤其是其中最后一节更常被人疑为是属于下篇。好在其所论的都是属于层次较低的问题,所以似乎可以不必深究。

不过,其中的第一节具有特殊意义,应加以较详细的分析。这又可以分为两点:(1)这是孙子正式引述古代兵书(《军政》)的证据。根据传本在"形"篇中虽也曾引述"兵法",但汉简本则只作"法"字,足以暗示那不一定就是古代兵法。(2)这一节可以显示孙子对于C^3(指挥、管制、通讯)的重视,并明确指出此种体系能统一部队(民)的耳目,并产生"勇者不得独进,怯者不得独退"的效果。当今天的世界正在进入信息时代之际,孙子对于C^3的重视使我们对于他的远见不得不深表佩服。

第八章
九变篇

　　十三篇之中,这是最短的一篇,也是疑问最多的一篇。传本虽均以"九变"为篇名,而篇中也一再提到"九变之利"和"九变之术",但"九变"的内容究竟是什么?《孙子》原书并未作明确的列举,而后世注《孙子》的人也各有其不同的见解,不仅迄无定论,而且疑点也颇多。尤其令人感到失望的是非常巧合,银雀山所发现的汉代残简中也以这一部分残缺得最厉害,甚至于连篇名都找不到。因此,我们也无法利用汉简本来对传本作必要的核对。①

　　从曹操开始,历代注《孙子》者都曾提出其疑问或解释。曹注中有"九变亦云五变"之语。② 贾林注曰:"五利五变亦在九变之中。"③在十三篇之外,汉墓竹简的其余部分中又还有"四变"这样一段文字。④ 明代刘寅在其《孙武子直解》一书中,曾因张贲之旧说,认为"军争"篇的最后一段应该是本篇之首部,而"圮地"、"衢

---

① 《银雀山汉墓竹简·孙子兵法》,《孙子集成》第一册,122页。
② 《宋本十一家注孙子》,《孙子集成》第一册,552页。
③ 同上书,552页。
④ 《银雀山汉墓竹简·孙子兵法》,《孙子集成》第一册,131页。

地"、"围地"、"死地"四句乃"九地"篇文的重复,应予以删除。"将受命于君,合军聚众"两句亦系前篇之重出,也应删除。于是现有传本之原文:

> 凡用兵之法:将受命于君,合军聚众,圮地无舍,衢地合交,绝地无留,围地则谋,死地则战。

遂被改为:

> 凡用兵之法:高陵勿向,背丘勿逆,佯北勿从,锐卒勿攻,饵兵勿食,归师勿遏,围师必阙,穷寇勿追,绝地无留。①

这样也就恰好凑足"九变"之数,于是下面一节:

> 途有所不由,军有所不击,城有所不攻,地有所不争,君命有所不受。

也就被摒除在"九变"之外。刘寅遂又把这五句称为"五利"。②

何守法则不同意刘寅的见解。他认为"自(此)圮地至不争为九变,君命句则总言之,正见为变也"。③ 不过,无论采取哪一种解释,似乎都很勉强。刘寅的态度很大胆,但对于原书作如此的割裂

---

① 刘寅:《孙武子直解》,《孙子集成》第二册,403—412页。
② 同上书,417页。
③ 何守法:《音注孙子》,《孙子集成》第九册,574页。

却很难获得广泛的支持。尤其不把下面一节列于"九变"之内更缺乏理由,何况汉墓残简中又还有"四变"的部分。何守法的意见比较合于传统,而且也不需要改变原文,但对于为何与"九地"篇部分重复,以及"君命"句不列入,又还是未能作充分合理的解释。因此,诚如《孙子校释》所云:"此段文字确有难释之处。"[1]

"九变"的内容有疑问,固已为众所周知的事实,但以"九变"为篇名,其意义又安在?这个问题似乎很少有人加以认真的讨论。张预曰:

> 变者不拘常法,临事适变,从宜而行之之谓也。凡与人争利,必知九地之变,故次军争。[2]

何守法则谓:

> 九变者,用兵之变化有九也,常之反为变。凡用兵有常法,有变法。如上篇军争之法,是道其常也。此篇皆以不必争为言,则变矣。[3]

张预对于"变"的解释完全正确,但他把"九变"视为"九地之变"则完全不对。假使照这样解释,此篇就可并入"九地"篇之内而无须独立成篇,而且即令单独成篇,其位置也应在"九地"之后始合于逻辑。何守法认为用兵有常法、有变法,也完全正确。但他认为

---

[1] 吴九龙主编:《孙子校释》,193页。
[2] 《宋本十一家注孙子》,《孙子集成》第一册,544页。
[3] 何守法:《音注孙子》,《孙子集成》第九册,569—570页。

"此篇皆以不必争为言"则与理论和事实都不符合。战争的目的就是"争",常与变只是方法上的调整,与目的无关。举例来说,"途有所不由"就是"军争"篇中所谓的"迂直之计",如何可以说它是"不必争"?

若再作进一步的观察,又可以发现本篇所列举的九项中,有一部分实为用兵之常法,例如"圮地无舍,衢地合交"等。任何部队都不会在圮地(山林险阻之地)宿营,这是常法,任何部队进入衢地(中立国)都必须先作外交上的安排,也是常理。所以,为何要将其列入"九变",也实在很难解释。

也许应该如曹操所曾经想到的,九变实在是五变,即指"途有所不由……君命有所不受"而言。至于前面的那一节(圮地无舍……死地则战)则应删除,因为那是属于"九地"篇的范围,而且也是用兵的常法,不含有随机应变的意味。不过,姑无论九变是否即为五变,抑或还有其他的内容,但孙子对于"九变"又还是非常重视,他说:

> 将不通于九变之利者,虽知地形,不能得地利矣。
> 治兵不知九变之术,虽知五(地)利,不能得人之用矣。
> (赵本学认为"五"字应作"地"字。)①

虽然我们还是不知道孙子所谓九变的正确内容,但却至少对于他的结论可以获得两点认知:(1)不知九变则虽知地形,仍不能得地利,即令能知地利,又还是不能得人之用。由此可知通权达变

---

① 赵本学:《孙子书校解引类》,《孙子集成》第五册,284页。

之重要。(2)基于孙子所言,可知九变并非九地之变,而是能够得地利的先决条件。因此,其中似不应包括属于地理范围的因素在内。

假使说这一篇是以"九变"的讨论为其主题,则到这里也就应该已经是其结束。如果是这样,则这一篇不仅是最短的一篇,而且也将是最缺乏实质内容的一篇。但事实又并非如此,因为后面还有一大段文章,而那也正是这一篇的最精彩部分,甚至于在全书中也是值得重视的名言。

> 是故,智者之虑,必杂于利害。杂于利,而务可信也;杂于害,而患可解也。是故,屈诸侯者以害,役诸侯者以业,趋诸侯者以利。

这一段话与前面的讨论实在是没有太多的关系,无论作何种解释,似乎都还是相当勉强。很明显,其内容是属于大战略的层次,而非属于较低的作战层次,所以在这里出现颇不可解,若照逻辑来说,似乎应该位置在"谋攻"篇内,则比较合理,因为就内容而言,那都是在讨论与伐谋、伐交有关的问题。这一段的含意也相当复杂,必须逐句加以解释。

孙子首先指出"智者之虑,必杂于利害"。所谓"智者"用现代语来说也就是有理性的"决策者"(decision maker)。任何决策者(包括主和将都在内)在作决定时的考虑必然会包括正反两面,既要争利又要避害,而利害之间的关系又非常复杂,往往利中有害,而害中又有利,所以一切的考虑也就必然是"杂于利害"。

因此,当敌方采取任何行动(务)时,假使依我方的研究判断,可以发现其中含有对其确实有利的理由(杂于利而务),则此种行动也就具有可信性(credibility)。反而言之,假使敌方对我方构成任何威胁(患),但此种威胁对其本身又可能产生有害的后果(杂于害而患),则对这样的威胁也就可以设法使其解除(可解也)。

以上所云为一般原则,下面所提供的则为三种可以采取的实际方法:(1)"屈诸侯者以害"就是用威胁(害)的手段即可迫使对方屈服;(2)"役诸侯者以业"就是设法引诱敌方从事于劳民伤财、消耗国力的事业,以使(役)其不能对我构成威胁;(3)"趋诸侯者以利"即为诱之以利,以使对方改变其政策的方向(趋)。用现代术语来说,第一句就是所谓"胁迫"(compellence),胁迫的目的是要使敌方遵从我方的意志,所以要比"吓阻"(deterrence)更进一步,后者只具有消极目的,而胁迫则具有积极目的。第二句是一种间接路线,在战国时代有一个常为人所乐道的实例:

> 秦地沃地千里,古有"陆海"之称,秦王政初年,完成郑国渠对农业大有贡献。然郑国渠之开凿,发起者实系韩国而非秦国本身。韩国使水工郑国入秦建议开辟泾水为沟渠,长三百里,其目的为导致秦国从事经济发展,借以缓和其对韩国的侵略。渠尚未完即已为秦人发觉,遂欲杀郑国。郑国曰:"始臣为间,然渠成亦秦之利也。"秦以为然,遂使毕其工。渠成灌地四万余亩,于是关中无凶年之虑。秦以富强卒并诸侯,因命名为郑国渠。[①]

[①] 严洁:《秦汉盛衰兴亡史》(台北:财经与贸易杂志社,1977),7页。(原文以《史记》卷二十九,河渠书为依据。)

这一段故事不仅对于"役诸侯者以业"提供了最适当的例证，而更可以显示所谓利害者真是一种非常微妙的观念，尤其是就短期的观点来看可能有利（害），但从长期的观点来看，则又可能害（利）莫大焉。至于第三点，"趋诸侯者以利"更是国际事务中的常事，似可不必解释。不过，有一点应指出，利诱与威胁若能配合使用，则也就更能收协力之效。

接着即为一段常为人所引述的名言，尽管许多人对于其原意并不一定完全了解：

> 故用兵之法：无恃其不来，恃吾有以待也（之）；无恃其不攻，恃吾有所不可攻也。

很明显，孙子写这一段名言是为了替上述利害分析作一总结。所谓"来"者即敌方所采取的各种行动（务），所谓"待"者即我方所采取的各种应付准备。"有所不可攻"即"立于不败之地"。然则又如何能完成各种准备而立于不败之地，其要诀即为对于双方利害的平衡能作周密的评估。这也正是"智者之虑，必杂于利害"的根本理由。

在这一篇的结尾处，孙子又笔锋一转提出所谓"将有五危"的观念：

(1) 必死可杀（勇的偏差）

(2) 必生可虏（智的偏差）

(3) 忿速可侮（信的偏差）

(4) 廉洁可辱（严的偏差）

(5) 爱民可烦（仁的偏差）

凡此五者,将之过也,用兵之灾也。

覆军杀将,必以五危,不可不察也。

此五危是与第一篇中论五事时所云"将者智、信、仁、勇、严"之句有遥遥相对的意味。根据曹注,"将宜五德备也"之说,那也可以称之为"五德"。五德是贤（良）将所必备之标准品德,而五危则为一般将领所常有的性格偏向。统军之将若在性格上有任何一种偏差,则都可能导致覆军杀将的灾难。所以,孙子提出严重警告说"不可不察也"。

事实上,五危又与五德有其微妙关系。(1) 勇本是美德,但好勇过度,甚至于以必死自誓,则就可能陷入敌方圈套而冤枉送命。(2) 智本是美德,但智者往往慎重过度,并且太重视个人的安全,于是也就会缺乏冒险精神,不愿死中求活,而宁愿束手就擒。(3) 信本是美德,但若过分信守计划、规律、承诺,而不免急躁求速（忿速）,则敌方也就很容易激怒他。(4) 严本是美德,但若律己过严,过分重视操守（廉洁）,则敌方也就可以故意破坏他的清誉（辱）,以来使其心理丧失平衡。(5) 仁本是美德,但若过分仁慈爱民,则敌方也就可以利用此种爱心以使其受到困扰（烦）。

基于以上的分析,即可明了孙子的思想几乎和克劳塞维茨如出一辙。因为克劳塞维茨曾说:"坚强的性格就是一种不因最强烈的感情而丧失平衡的性格。"[1]换言之,应坚持五德而力戒五危。

---

[1] Carl von Clausewitz, *On War* (Princeton, 1976), p.106.

不过,为什么孙子要把"将有五危"的观念纳入这一篇？这似乎又是一个谜,但又未尝不可解。因为将若欲不受五危的影响,其基本条件即为在思考上能够对于利害作平衡的评估。所以,在分析"智者之虑"之后,再论"将有五危"也应该算是相当合理。

第九章
行军篇

这一篇从理论的观点来看层次更低,所讨论的都是有关战术性和技术性的实际问题,与战略研究几乎是殊少关系。不过,其内容还是可以显示孙子对于战场上的实际情况了解得非常透彻,尤其是在战术情报的领域中,对于敌情的观察更是十分严密合理。用现代军事术语来表示,这些内容都可以算是实用的准则(doctrine),甚至于到今天也还不丧失其价值。概括言之,这一篇是相当完整,并可以充分表现出孙子的思想确实具有深厚的科学基础。

因为"行军"是一种常用的现代军事术语,所以也就使人自然地会以为《孙子》书中所谓"行军"和现代军事术语的意义相同。这是一个必须纠正的错误。在中国古文中,"行"和"军"分别代表两种不同的观念。"行"读音应为"杭",作行列或阵势解,也就是在战场上的战斗序列。"军"的意义为"屯",也就是军事术语所谓的宿营,俗语所谓的驻扎。所以,孙子所用"行军"一词不能照现代军语解释,而包括两个不同阶段的军事行动在内。我国旧行的军事术语中有所谓"阵中勤务",其意义似乎与孙子的"行军"还比较接近。

这一篇在组织上分成两大段：前段分析部队在不同的地理环境(共分四大类)中行军(照古文解释)的原则，后段则专论如何观察敌情的问题。

孙子首先把地理环境，也就是现代军事术语中所谓的"地形"(terrain)分为四类：(1)山地，(2)水上，(3)斥(沼)泽，(4)平地(陆)；然后再分析如何"处军相敌"。"处"作位置解，处军就是把军队置于何处。"相"应读"象"，意为观察，"相敌"即为观察(研究判断)敌情。孙子分别说明其原则如下：

1. 处山地之军：绝山依谷，视生处高，战隆无登。("绝"作越过解，"依"作依附解，"视生处高"即居高向阳。若敌已占领高地，切勿仰攻，即"战隆无登"也就是"军争"篇末段所云"高陵勿向"。)

2. 处水上之军：绝水必远水，客绝水而来，勿迎之于水内，令半济而击之，利；欲战者，无附于水而迎客；视生处高，无迎水流。(越过水域之后应立即前进，不可逗留在水边，此即"绝水必远水"。不要背水迎敌，要居于上流而不可居于下流。)

3. 处斥泽之军：绝斥泽，惟亟去无留。若交军于斥泽之中，必依水草而背众树。(斥泽为盐碱沼泽。概括地说，沼泽是最不适宜于军事行动的地形，应速(亟)去勿留。)

4. 处平陆之军：平陆处易，而右背高，前死后生。(应位置在平坦地形(易)上。依照古代阵法，右翼为较重要的侧翼，故应背高以为依托。阵地应前死后生，前人多释为前低后高，但若释为前方便于迎敌，后方留有退路，似较合理。)

孙子在分论四种地理环境之后，又对"行军"提出一个总原则：

凡军好高而恶下，贵阳而贱阴，养生而处实，军无百疾，是

第九章　行军篇

谓必胜。(养生意为使人员能保持良好的生活条件,处实意为所处位置应能获得充实的补给。)

孙子所云与拿破仑之言可以互相印证。拿破仑说:"疾病是最危险的敌人","宁可让部队去从事流血最多的战斗,而不可让他们留在不卫生的环境中"。① 真可谓英雄所见大抵相同。从古今中外的历史上看来,战争中病死的人是要比战死的远较众多,这是一个非常重要的事实,但却很少有人注意。孙子在两千余年以前,即明确指出,"军无百疾"实乃争取胜利的必要条件,真可以算是先知先觉。

孙子接着又列举若干细节,那虽然都是经验之谈,但对于较高层次的研究已无太多重要性,所以不必讨论。在说明"军旁有险阻……蒹葭者,必谨复索之,此伏奸之所处也"之后,这一篇的内容遂进入第二大段。"必谨复索之"意为必须谨慎地作反复的搜索;"伏奸之所处"意为敌方情报人员潜伏的地方。第二段所讨论的主题是对敌方进行侦(察)搜(索)时,应如何观察征候,并作出何种判断。孙子对于各种征候所暗示的意义作了详尽的列举,不仅非常有趣,而且也可以反映出孙子的科学精神。不过,由于时代的演进,其所言的内容对现代的情况并无太多的意义。何况现代侦搜技术的发展更非孙子所能想象,所以对于这一部分实无详加解释之必要,只要师其意即可。

在这一段之后,孙子遂对全篇提出其总结论:

---

① 钮先钟:《西方战略思想史》第八章,201页。

> 兵非多益,惟无武进,足以并力、料敌、取人而已。夫惟无虑而易敌者,必擒于人。

这一段话虽然很短,但却很难懂,所以有详加解释之必要。

汉简本作"兵非多益",十一家注本作"兵非益多也",武经本作"兵非贵益多"①。文字虽略有差异,但意义大致相同。照汉简本解,即不以多为益(贵)。"惟无武进"若译为白话则应为"但不可轻进"。兵力不必过多,只要能并力(协力)、料敌、取人,也就够了,惟有缺乏考虑(无虑)而轻(易)敌者,必然会为敌所擒。

"取人"意为获(取)得部队(人)的竭诚拥护。从这一点才又引到下述的两段:

> 卒未亲附而罚之,则不服,不服则难用也;卒以亲附而罚不行,则不可用也。故合之以文,齐之以武,是谓必取。令素行以教其民,则民服;令素不行以教其民,则民不服。令素行者与众相得也。

这两段有其特殊重要性,应作较详细的解释,大家应该记得在第一篇中,孙子曾提出问题说:"法令孰行?兵众孰强?士卒孰练?赏罚孰明?"但奇怪的是,在提出这些问题之后,孙子就不曾再加以任何讨论。直到写完第九篇时,他才就这一方面发表若干意见以来作为尾声。

孙子主张对于部队的管理训练应采取"合之以文,齐之以武"

---

① 分别见《孙子集成》第一册,114、585、242 页。

第九章　行军篇

的原则。前者是用仁爱来巩固部队的团结,后者是采取严格的态度以贯彻纪律的执行。这也就是俗语所谓恩威并用。若能如此则"是谓必取","取"就是上文中的"取人"。

孙子又回到"法令执行"的问题。若能经常(素)维持法令的执行,则部队就会服从严格的训练(和纪律),反而言之,若在平时即法令废弛,则部队也就自然不会服从。但又如何能达到"令素行"的水准,其条件则为"与众相得"。换言之,即所立法令能够符合群众的愿望,深获大家的认同。

把这一段纳入"行军"篇的尾部也未尝没有理由,因为一切军事行动必须以部队的素质为基础。如果法令不行,兵众不强,士卒不练,赏罚不明,则又如何能行军?

第十章
地形篇

　　用现代名词来说,孙子应该要算是世界上的第一位地略学家(geopolitician)。在其十三篇中有三篇都曾经列举特定地理名词的分类,至于分析或强调地理与战争之间关系的语句则更是在书中多处都可找到。明末的顾祖禹在其巨著《读史方舆纪要》中曾经这样称赞说:"论兵之妙,莫如《孙子》;而论地利之妙,亦莫过如《孙子》。"实可谓定论。[①]

　　此篇既以"地形"命名,当然是以地为主题,这也是十三篇中以地为名的第一篇,另外一篇则是位置在此篇之后的"九地"篇。尚未论及篇中内容之前,又应首先对于篇名作少许分析。对于篇名,十一家注本和武经本均作"地形",汉简木牍中有"□刑"一题,刑与形通,位置在"九地"之前,应即为篇名"地形",但在汉简中又未曾发现属于此篇的任何简文。此篇虽以"地形"为名,但此一名词又有其特定意义,而并不能照现代军事术语来解释。在现代军事术语中,地形之"形"具有形状(shape)的意义,也就是对地理景观根

---

① 顾祖禹:《读史方舆纪要》,自序二。

据形状来加以分类,即前一篇("行军")中所曾列举的山地、平原等等。此篇所用"地形"一词中的"形"具有形式(form)的意义。简言之,是要把地理景观分成几种不同的形式。形状是具体的和客观的,形式是抽象的和主观的,所以对于同一对象又可以作不同的分类。

孙子在这一篇中列举了六种不同的地形,说明每一种地形的性质,并简单指出在不同的地形中应如何作战:

(1)我可以往,彼可以来,曰通。通形者,先居高阳,利粮道,以战则利。

(2)可以往,难以返,曰挂。挂形者,敌无备,出而胜之;敌有备,出而不胜,难以返,不利。

(3)我出而不利,彼出而不利,曰支。支形者,敌虽利我(以利诱我),我无出也,引而去之,令敌半出而击之,利。

(4)隘形者,我先居之,必盈之(设防)以待敌;若敌先居之,盈而勿从,不盈而从之。

(5)险形者,我先居之,必居高阳以待敌;若敌居之,引而去之,勿从也。

(6)远形者,势均,难以挑战,战而不利。

孙子对于前三者(通、挂、支)的命名理由都曾加以解释,对于后三者(隘、险、远)则未作同样的处理。这也许是因为前三种名词是他所首创,而后三者则为众所习用,所以无须解释。尤其是"挂"和"支"更是别有新意。因为往而难返,所以此种态势就好像挂在半空中一样,所以称之为挂形,这的确是一种非常恰当的形容。所谓支形者是双方都有支撑,彼此难以出击。第一次世界大战时的西线就是这样的形势。双方虽都曾一再发动攻势,但结果均为损失惨重,毫无所获。很可惜,当时双方都不曾遵行孙子遗训,自动撤出固守的堑壕以引诱对方前进,然后再予以反击。这是一个很有趣味的问题,值得深思。其他部分词义都很易于了解,因此不必再解释。

孙子遂作结语说:"凡此六者,地之道也,将之至任,不可不察也。""道"的意义即为原则,对于这些原则的应用也就成为将的重大责任(至任)。写完了这个结语之后,孙子就不再论地而论人。因为在战争中决定胜负者还是人,而地形只是兵之助也。好像是故意形成对比,孙子认为兵(部队)也有六种不同的败象,并断言此六者非天地之灾(自然环境所导致的灾难),而是将之过(失)。

(1) 势均,以一击十,曰走。
(2) 卒强吏弱,曰弛。
(3) 吏强卒弱,曰陷。
(4) 大吏怒而不服,遇敌怼而自战,将不知其能,曰崩。
(5) 将弱不严,教道不明,吏卒无常,陈兵纵横,曰乱。
(6) 将不能料敌,以少合众,以弱击强,兵无选锋,曰北。

所谓"卒"即兵,"吏"即干部,"大吏"即高级军官(曹注:小将也)。孙子总结曰:"凡此六者,败之道也,将之至任,不可不察也。"在词句上与前文遥遥相对。然后,孙子遂又对人地关系作综合论断:

夫地形者,兵之助也。料敌制胜,计险易、远近,上将之道也。知此而用战者必胜,不知此而用战者必败。

接着孙子遂又强调将的指挥权不应受政府(主)的任何干涉:

> 故战道必胜,主曰无战,必战可也;战道不胜,主曰必战,无战可也。故进不求名,退不避罪,惟民是保,而利合于主,国之宝也。

所谓"战道"就是战略。将的决定完全是以战略为依据,既不求名,又不避罪,其一切考虑都是以国家利益为基础。孙子对于将(战略家)可谓推崇备至,甚至于尊之为"国之宝也"。

接着孙子又高谈带兵之道,其基本原则仍然还是恩威并用:

> 视卒如婴儿,故可与之赴深溪;视卒如爱子,故可与之俱死。厚而不能使,爱而不能令,乱而不能治,譬若骄子,不可用也。

到此,孙子始提出其对于这一篇的总结论,非常奇妙,他既不谈地,也不论人,而把注意焦点放在"知"字上:

> 知吾卒之可以击,而不知敌之不可击,胜之半也;知敌之可击,而不知吾卒之不可以击,胜之半也;知敌之可击,知吾卒之可以击,而不知地形之不可以战,胜之半也。故知兵者,动而不迷,举而不穷。

于是图穷而匕首见,孙子终于说出其流芳百世的名言:

> 知彼知己,胜乃不殆;
> 知天知地,胜乃可全。

(作者附识:孙子在"谋攻"篇说"知彼知己,百战不殆",在此又说,"胜乃不殆",二者之间似有矛盾。殆者危也,既已言胜,自然无危,实可不必再说。所以,应该把"胜乃不殆"改为"战乃不殆",或仍作"百战不殆"则比较合理。)

第十一章
九地篇

　　这一篇是十三篇中最长的一篇,也是内容最杂乱的一篇。其内容有很多都有疑问,甚至于可以断言是后人所伪造或窜改。所以,有些部分在文辞上很难讲得通,而尤其也与孙子的基本观念有所冲突。从战略研究的观点来看,这一篇并无太多的重要性,所以,只需对其作概略的检讨,而实无从事考证之必要。

　　本篇名为"九地",其内容自然应以"地"为主题,但实际上,若扣除重复的部分,真正讨论地理的篇幅尚不及全篇的一半。所谓"九地"是对地理环境所作的九种分类,然则与前篇中所作的分类,在意义上又有何不同?前人对此曾作各种不同的解释,但似乎都没有抓住要点。概括地说,这两种分类代表两种不同的观点。"地形"篇所作的分类具有普遍性,对于敌我都同样适用,并具有同样的意义。"九地"篇所作的分类则是专从我方观点来评估。换言之,其所用的形容词以及其所提示的战法,都是只能适用于我方,并非双方都能通用。孙子认为当我军主动进入本国以外的地区时,即采取进攻或入侵的行动时,所面对的地理环境可以作下述九种不同的分类:

(1) 诸侯自战其地(即在本国境内作战)者,为散地。(曹注:"士卒恋土,道近易散"。所以称为散地。①)

(2) 入人之地而不深者,为轻地。

(3) 我得则利,彼得亦利者,为争地。

(4) 我可以往,彼可以来者,为交地。(即"地形"篇中的通形。)

(5) 诸侯之地三属,先至而得天下之众者,为衢地。

(6) 入人之地深,背城邑多者,为重地。

(7) 山林、险阻、沼泽,凡难行之道者为圮地。(汉简本作泛地。)

(8) 所由入者隘,所从归者迂,彼寡可以击吾众者,为围地。

(9) 疾战则存,不疾战则亡者,为死地。

孙子在列举九地并予以界定之后,遂又对于战法作了概括的指导:

(1) 散地则无战。(不要以国土为战场。)

(2) 轻地则无止。(不宜停留。)

(3) 争地则无攻。(曹注:"不当攻,当先至为利。"②)

(4) 交地则无绝。(交通线不可被切断。)

(5) 衢地则合交。(合交即结交。曹注:"结诸侯也。"即

---

① 《宋本十一家注孙子》,《孙子集成》第一册,610页。
② 同上,620页。

以外交手段争取与国。①)

(6) 重地则掠。(掠乡分众,因粮于敌。)

(7) 圮地则行。(不可逗留。)

(8) 围地则谋。(谋的意义为应智取,即采取间接路线。)

(9) 死地则战。(曹注:"殊死战也。"意即奋勇作战,争取速胜。②)

照理说,对于九地的概论到此即应结束。但非常奇怪,在中间夹杂了一大段文章之后,原文又回到了此一主题:

去国越境而师者,绝地也;四彻者,衢地也;入深者,重地也;入浅者,轻地也;背固前隘者,围地也;无所往者,死地也。

这一节与前述者之间有很多差异。(1)九地中并无绝地,这里却钻出一个绝地来了。此外,在"九变"篇中被认为有疑问的首部也有"绝地无留"之语。究竟绝地应否算是一个类别,无人敢于确定。假使是,则九地是否应改为十地?(2)绝字并非如赵本学所言,具有绝望之意。③ 在《孙子》书中"绝"字常释为越过,例如绝山,绝水等,此处对绝地所作界定为"去国越境而师"也正是此意。但这样认定,则几乎所有的地都可以算是绝地,因为这一篇中所讨论的都是去国越境的行动。(3)除绝地以外,此处又只列举九地中的五种,其理由安在也令人难以索解,尤其是围地与死地的解释

---

① 《宋本十一家注孙子》,《孙子集成》第一册,622 页。
② 《宋本十一家注孙子》,《孙子集成》第一册,624 页。
③ 赵本学:《孙子书校解引类》,《孙子集成》第五册,403 页。

也与前述者不尽相符。

接着原文又回到前述的九地分类,并且再对于各种战法又作一次概括指导。

(1) 散地,吾将一其志;(统一意志使部队不离散。)
(2) 轻地,吾将使其属;(使兵力集中,"属"作连接解。)
(3) 争地,吾将趋其后;(催促后续部队迅速跟进。)
(4) 交地,吾将谨其守;(汉简本作"固其结"可能有误。)
(5) 衢地,吾将固其结;(汉简本作"谨其恃"似颠倒。)
(6) 重地,吾将继其食;(因粮于敌。)
(7) 圮地,吾将进其途;(曹注:"疾过去也"。[①])
(8) 围地,吾将塞其阙;
(9) 死地,吾将示之以不活。

从第一项到第七项,大致与前述者并无太多差异,但(8)(9)两项则有相当差异,而且颇有探讨之必要。先从围地说起。前面所云"围地则谋"是一种极具弹性的观念,其意为运用智慧,采取间接路线,而不可直接攻击。后面所云"吾将塞其阙"不仅表示有死守之意,而更暗示我军已经陷入包围之中。这实在是非常荒谬,孙子所假想的将,怎样会自投罗网,进入围地?其次再说死地。照前面的界定,死地的意义是"疾战则存,不疾战则亡",而并非死路一条,有如后文所云"无所往也"。在此种情况中的作战指导即为"死地则战",其意即为不必作任何其他考虑,迅速决战,愈快愈好。后文

---

① 《宋本十一家注孙子》,《孙子集成》第一册,643页。

所云,"示之以不活"不过只一种激励士气的手段,而并非目的。

严格说来,这一段大致重复的文章多少是有一点画蛇添足。从前面各篇(尤其是前六篇)的结构上看来,孙子的文章非常简洁清通,几乎从来没有这样的重复情况发生,所以,实在令人感到有点困惑。

在这一段之前和之后,都有相当长的大块文章,其内容与"九地"几乎没有什么关系,大致所论都还是与用兵(作战)有关。其中也更不乏若干常为人所引用的名言。但就全体而言,不仅其中有若干词句颇难了解,而且某些部分更显然与孙子的基本观念冲突。现在就择要分析如下。

这一篇有一种非常突出的观念,即所谓"投之亡地然后存,陷之死地然后生"。这也是经常为人所引用的名言,甚至于连韩信也不例外。[1] 但是事实上,这种观念与孙子的基本观念恰好相反。孙子所强调的是先为不可胜和立于不败之地。他力主慎重,崇尚智谋,而反对冒险,他要求胜于易胜,所以说"胜兵先胜而后求战"。因此,他如何会主张自投亡地,自陷死地,以追求侥幸的胜利?照他看来,冒险求胜,虽胜也还是败兵,实不足取。

孙子崇尚法制,他怎样会主张"施无法之赏,悬无政之令"?把指挥部队比作"若驱群羊",则更是拟之不伦,难免愚兵主义之讥。此外,所谓"巧能成事"也大有疑问,孙子的思想具有宁拙勿巧的趋势,他说,"兵闻拙速未睹巧之久也",可以反证他不希望"巧能成事"。

尤其是此篇最后一段,从"是故政举之日"到"后如脱兔,敌不

---

[1] 钮先钟:《中国战略思想史》,280页。

及拒",更是令人有莫名其妙之感。不仅文字佶屈聱牙,完全不像出于孙子之手笔,而且其意义也极难索解。过去有许多人曾经企图加以注释,但结果都还是枉费心力。但有一点疑问似乎很少有人提出:为什么要把这一段放在"九地"篇的尾部来作为其结束?它不仅与九地毫无关系,而且和前面所讲的一切也都不连接。我敢断定这绝非孙子之所言,所以也就不必再去钻牛角尖了。

不过本篇中又有一节,从大战略的观点来看,颇具深意,值得作较深入的分析:

> 夫王霸之兵,伐大国,则其众不得聚;威加于敌,则其交不得合。是故,不争天下之交,不养天下之权,信己之私,威加于敌,故其城可拔,其国可隳。

这一段话应该是属于伐交的范围,为什么在"九地"篇出现,而且与上下文也不连接,实在很难理解。但就其内容本身而言,却又具有特殊的价值。汉简本作"王霸之兵",而宋本则作"霸王之兵",按古书中常言"王霸",例如荀子有"王霸"篇。"伐大国"指强敌而言,"其众不得聚"意为其军队来不及动员,"其交不得合"意为其友邦不敢假以援手。所以真正的超强(王霸)不必争取外交支援和缔结同盟,而相信自己的国力。因此才能威加于敌,无往不利。

一点都不错,国无分大小,都必须"信己之私"始能确保生存,绝不可妄想依赖结盟或其他外交手段。孙子在两千余年前所云,对于当前的世界仍为良好的警告。

第十二章
火攻篇

"火攻"是全书中第二短篇,只比"九变"稍长一点,但内容完整,不像"九变"那样含有很多疑问。这一篇主题很单纯,而所论也都是古代的情形,自今日视之似已无太多价值。不过,这一篇又是十二篇中惟一专以技术为主题的一篇,并且也能充分表现孙子治学的科学精神,尤其是其结论更具有非常重要的含义,所以,仍然有详加解释之必要。

"火攻"就是用火来作为攻击的工具。在战争中用火攻敌可以说是古已有之。但对于火攻的技术作科学化的分析,孙子又可能是天下第一人。孙子首先根据攻击目标把火攻分为五类:

(1) 火人:用火攻击敌方的人员(部队)。

(2) 火积:焚烧敌方囤积的粮食(物资)。

(3) 火队:队与隧通,意即用火切断道路。

(4) 火辎:辎为在途中的运输车辆。

(5) 火库:库为储存物资的后方仓库。

孙子又指出"行火必有因,因必素具"。执行火攻必须有一定的条件(因),而且对所需工具应有准备(素具)。所谓条件主要地

即为天候,所以:

> 发火有时,起火有日。时者,天之燥也;日者,月在箕、壁、翼、轸也。凡此四宿者,风起之日也。

"时"为时机,必须选择天干物燥之时,潮湿的气候自不宜火攻,这是常识。"日"为日期,根据我国古代占星术(astrology),月的位置在箕、壁、翼、轸,四宿中时,天就会起风。占星术在古代是一种科学,其根据为经验,而并非迷信。

孙子接着就讨论战术与技术的配合。火只是一种工具,若无适当的战术,则火攻并不能发挥其威力。配合原则有如下述:

(1) 凡火攻,必因五火之变而应之。——根据五火对敌情所造成的影响(变),而选择相应的战术。这是基本原则。

(2) 火发于内,则早应之于外。——若我方间谍能在敌军内部纵火,则应及早从外面加以接应。迟则敌方可能已将火扑灭,于是攻击也就会无效。

(3) 火发其兵静而勿攻,极其火央(力),可从而从之,不可从而止之。——敌军没有发生惊扰,则不应鲁莽进攻。

(4) 火可发于外,无待于内,以时发之。——火若可发于外,则无须等待内应,而应直接依照适当时机来发动火攻。

(5) 火发上风,无攻下风。——这是常识。

(6) 昼风久,夜风止。——这是古代气象学的判断。其意为白天起风,可以维持较久的时间,而夜间起风,则到天亮时就会停止。所以,昼风较有利。

于是孙子又作一结语,并顺便谈到以水佐攻的问题:

第十二章 火攻篇

> 凡军必知有五火之变,以数守之。故以火佐攻者明,以水佐攻者强。水可以绝,不可以夺。

应略加解释者有下述五点:(1)"以数守之"的"数"就是现在所谓的数据,换言之,必须经常注意有关时间、湿度、风向等情况。(2)孙子特别提出"佐攻"一词,强调水火都只是辅助工具。(3)"明"就是智,用火佐攻者必须有科学知识和随机应变的智慧。(4)以水佐攻则必须有"强"大的兵力,因为改变水道或流向都需要使用庞大的劳力。(5)水只能对敌军产生阻绝作用,而不能像火一样产生毁灭(夺)作用。

"火攻"篇的正文应到此结束,但孙子在此后又还有一大段文章:

> 夫战胜攻取,而不修其功者,凶,命曰费留。故曰:明主虑之,良将修之。非利不动,非得不用,非危不战。主不可以怒而兴军(师),将不可以愠而致战。合于利而动,不合于利而止。怒可复喜,愠可复悦,亡国不可以复存,死者不可以复生。故明君慎之,良将警之,此安国全军之道也。

这一段话真是千古名言,语重心长,实为孙子给予后世最重要的教训,也是最严厉的警告!

首先解释词句。"战胜攻取"意为会战胜利,攻击成功。"而不修其功"意为对于成功未能加以扩张(exploit),军事术语为"扩张战果"。"修"字在汉简本中作"隋",可作"随"解,所以更含有追击之意。对于成功若不能扩张,则结果不利,即所谓"凶",孙子对于这种情况给予一个专名:"命曰费留"。"费"意为浪费资源,"留"意为拖长时间。这对于战争而言当然极为不利(凶)。在我国历史上有一极显著的例证。楚汉相争时,项羽虽七十二战,战无不胜(指会战而言),但他每次战胜之后总是留下一条尾巴,而未能彻底毁灭敌人,结果遂终于不免败亡。反而言之,韩信则深知扩张战果的重要,每次获胜后必作猛烈的追击,使敌无喘息机会,所以能速战速决,充分发挥歼灭战的威力,与项羽在作战时经常未能竟其全功,成为强烈对比。①

基于此种认知,孙子才又"故曰:明主虑之,良将修之"。"修"字在这里作"儆"字解,也就是警惕之意。过去注孙子者常把"修其功"解释为论功行赏,并且设法使这一段与火攻和水攻发生联系,几乎可以说是完全错误,至少其观点非常狭隘。② 事实上,这一段可以从大战略的观点来作广义的解释。**"战胜攻取而不修其功"就是赢得战争而未能赢得和平**。诚如李德·哈特所云,大战略的眼界必须超越战争而看到战后的和平。**换言之,战争目的不仅为赢得胜利而更是要获得较好的和平**。假使不能在战后赢得较好的和平,则只是徒然浪费国力,③此即孙子所谓"费留"。

接着孙子又提出三项原则:"非利不动,非得(有所获)不用(兵),非危不战。"然后即发出其最严厉的警告。这一段名言是人所共知,传诵中外,而且语义明白,所以不必再解释。由此可以证明孙子是一位标准的理性主义者,他完全了解在战略领域中惟一的考虑即为利害,而绝无感情用事之余地,他的思想与现代战略家

---

① 钮先钟:《中国战略思想史》第七章(秦楚之际),366、378页。
② 《宋本十一家注孙子》,《孙子集成》第一册,666页。
③ 钮先钟:《西方战略思想史》第十六章,471页。

第十二章 火攻篇

几乎完全一致,甚至于其谨慎程度尤有过之。

现在还要提出一个问题来作为结束:为何孙子要把这一段文章放在"火攻"篇之尾部?有人认为由于水火无情,所以孙子遂对于其使用特别以危词提出警告。[①] 又有人认为应移到"谋攻"篇之内,更有人认为应将其放置在第十三篇之尾部,来作为全书之总结论。我个人认为把这一段视为全书的总结论是非常正确合理的,但位置在第十二篇之末也未尝没有理由。因为第一篇到第十二篇都是以行动为主题,而第十三篇则另有不同的主题(情报),由于第十三篇与前十二篇性质不同,所以在第十二篇之末提出要求慎行(战)的警告是一种强有力的结论,同时对于第十三篇所强调的"先知"又可预作微妙的暗示。

[①] 何守法:《音注孙子》,《孙子集成》第九册,763 页。

第十三章
用间篇

这是十三篇中的最后一篇,就逻辑而言,独成一段,也构成了《孙子》全书的最大特点。此篇名"用间","间"即间谍,所以其内容应为如何使用间谍之道。但这样的解释未免过分狭隘。所谓间者,照《孙子》的文意来看,应作较广义的解释。用现代术语来说,此处的间就是情报(intelligence)。把情报纳入战略思想体系,孙子可能是战略思想史中的第一人。

《孙子》全书在逻辑上有其连贯性,在架构上构成完整的体系:以计划为起点,以情报为终点。首先说明战略的实质内容即为计划,而最后则指出计划又必须以情报为基础。简言之,若无"先知"则也就无"庙算",于是全部理论遂不免沦为空谈。由此观之,可以发现孙子的思想不仅重视现实,而且也具有明显的未来导向。他深知战略家所要考虑的重点不是现在,而是未来。所以,必须先知,亦即所谓先见之明(foresight)。

就这一方面来说,孙子在思想上与已故当代战略大师博弗尔将军非常相似。博弗尔认为战略家所面临的主要问题就是控制未来,而要想控制未来则又必须先知,所以他说:"控制就是先知。"

(to control is to foresee)[1]孙子也说:"无恃其不来,恃吾有以待也。"("九变"篇)此处所用的"待"字,不是等待(wait)而是期待(anticipate),换言之,即对于未来的发展有所准备。因此,也就必须有赖于先知。然则如何才能先知呢？最简单的回答即为必须有非常良好的情报组织。但是,情报的重要性又往往受到忽视,所以孙子在"用间"篇之首,即以非常严肃的语气来说明情报对于国家安全的重要。

> 凡兴师十万,出征千里,百姓之费,公家之奉,日费千金,内外骚动,怠于道路,不得操事者,七十万家。相守数年,以争一日之胜,而爱爵禄百金,不知敌情者,不仁之至也,非民之将也,非主之佐也,非胜之主也。

这一番话不仅入情入理,而且更揭穿了人性的弱点。孙子首先用数字说明战争对于国家是一个重大的消耗,这也正是他认为"兵久而国利者未之有也"的基本理由。当双方相持(守)以求争取决胜的机会时,能否"知敌之情"实为关键。假使因为舍不得在情报上花钱而坐失良机,那简直可以说是罪该万死。所以孙子对于这样的人予以极严厉的谴责。欲知敌情,必须依赖情报,要有良好的情报,则又必须舍得花钱(爵禄百金)。从成本效益的观点来看,用在情报方面的钱也许是最上算的。若照孙子计算,打一天仗要日费千金,而获致一件足以影响战局的情报,其代价不过百金而已。但人却往往贪小失大,这也许是人性中的一种基本弱点,所以

---

[1] André Beaufre, *1940: The Fate of France* (Cassell, 1967), p.214.

孙子认为有这种性格的人不能为将。他指出这种人是"不仁之至",所谓"不仁"通常都解释为缺乏仁爱之心,即不重视人民的牺牲和痛苦。但"不仁"又还可以当作"麻木不仁"解,换言之,即缺乏明辨轻重利害的敏感。孙子认为这种麻木不仁的人不能胜任将职(非民之将),不能为政府之辅弼(非主之佐),更不能主宰胜利(非胜之主)。于是孙子遂提出其最重要的观念:

> 故明君贤将,所以动而胜人,成功出于众者,先知也。

这一段话不仅正式提出"先知",而且更确认其为"动而胜人"的先决条件。此外,还有一点是大家所不曾注意者,即明确指出"明君贤将",足以显示孙子知道情报不仅限于军事层次,而更延伸到国家层次。所以,孙子又可能是第一位了解"国家情报"(national intlligence)观念的战略思想家。

然则明君贤将又如何能够先知?孙子的答案非常明确合理:

> 先知者,不可取于鬼神,不可象于事,不可验于度,必取于人,知敌之情者也。

这一段话不仅充分显示出孙子思想中的务实导向,而且更可以证明孙子在战略思想史中真是一位罕见的先知者。

孙子认为要想先知,有三不可:(1)"不可取于鬼神"。在我国古代思想家中像他这样否定鬼神的人真是极为少见,他认为一切求神问卜的行为都是迷信,毫不足取,这也充分表现出其思想中的科学精神。(2)"不可象于事"。曹注:"不可以事

第十三章 用间篇

类而求。"①用现代语来说,即不可以依赖"类比"(analogy)的方法。这一点对于战略家(决策者)而言尤其重要。古今中外的战略家都莫不重视历史经验,但由于时代和环境的不同,历史的类比很可能产生误导作用。② 所以,不可依赖类比以求先知。(3)"不可验于度"。"度"就是数值分析,用计算的方法来推测未来的趋势。孙子的时代与今天当然是相距颇远,但现在所用的兵棋推演、电脑模拟等等,也还是属于"度"的范围。这些现代科技虽然有很大的功用,但还是不能代替人脑,也不可能先知。

然则又如何始能先知?孙子的答案非常简明扼要:"必取于人,知敌之情者也。"惟一的途径就是人。什么样的人?能知敌情的人。用现代语来说,即为情报专家。因为情报专家(即本篇所谓的"间")对于敌情能提供正确的信息,所以,用其为根据,遂能对于敌情的演变趋势作成正确的判断。用间始能先知,而先知又是一切战略计划和战略运作的基础。这也就是十三篇中为何要以"用间"为最后一篇的理由。

当然,古代不可能有像今天这样复杂的情报组织,更不可能有像今天这样精密的情报技术。不过,孙子还是对于他那个时代如何用间的问题作了相当科学化的分析。他首先把间分为五类,并分别加以解释:

(1)乡间:因其乡人而用之。

(2)内间:因其官人而用之。

(3)反间:因其敌间而用之。

---

① 《宋本十一家注孙子》,《孙子集成》第一册,671页。
② Yaacov Y. I. Vertzberger, *The World in Their Minds* (Stanford University Press, 1990), pp. 296–341.

(4) 死间：为诳事于外，令吾间知之，而传于敌间也。

(5) 生间：反报也。

这样的分类固然是适应当时的情况，但即令到今天也还是不丧失其价值。乡间就是利用战地的乡民搜集情报，这属于战术情报的层次，现代战争中也还常用。内间是利用敌国政府中官员为间谍，这种情形太普遍，几乎不用解释。反间就是利用敌方的间谍来替我方工作。以上三种都是利用敌方的人，以下两种则为利用我方的人。所谓死间是一种比较复杂的安排。先制造一件假情报（诳事）让我方间谍知道，并透过他传达给敌方。敌方信以为真而上当，于是一定会杀我方间谍以泄愤，所以称之为死间。生间为获知敌情之后能够返回提出报告的我方人员。即令在现代环境中，用间的方式也不过是这五种而已。

因为情报搜集是一种困难而又危险的工作，所以必须保持高度的机密，不惜花费巨大的费用。主管情报业务的人必须有高度的智慧和爱心，所以孙子说：

> 故三军之亲，莫亲于间，赏莫厚于间，事莫密于间。非圣（智）不能用间，非仁（义）不能使间，非微妙不能得间之实。微哉微哉，无所不用间也。间事未发，而先闻者，间与所告者皆死。

从这一段话看来，可知建立一个高度有效的情报体系实非易事。不仅要保持高度的机密，而且还要维持严格的纪律，主其事者不仅应能恩威并用，赏罚严明，而且还要有能够明察秋毫的洞察力，知道如何辨别信息的真伪，以及如何对敌情作成正确的研究判断。所以,连孙子也认为用间是一种非常微妙的工作。

在古代的封闭社会中,我方所派出的间谍要想深入敌国内部非常不容易,其所能搜集的信息几乎都是只限于表面化的东西,而不可能获得真正的机密。因此,孙子遂特别重视反间的利用。甚至于可以说,反间是一切情报搜集活动的总枢纽。所以,孙子指出:

> 必索敌人之间来间我者,因而利之,导而舍之,故反间可得而用也。
>
> 因是而知之,故乡间、内间可得而使也;因是而知之,故死间为诳事,可使告敌;因是而知之,故生间可使如期。
>
> 五间之事,主必知之,知之必在于反间,故反间不可不厚也。

从上文中又可以发现四个要点:(1)必须通过反间始能得知比较深入的敌方内情;(2)根据此种信息,然后其他四间始能作有效的使用;(3)对于反间必须付出高价,而不可吝惜;(4)"五间之事,主必知之",足以显示孙子认为情报是国家层次的事务,并非仅限于军事层次。

此种具有高度微妙性的重要工作,其最后成功的关键又是什么?于是孙子提出其惊世骇俗的总结论:

> 昔殷之兴也,伊挚在夏;周之兴也,吕牙在殷。故惟明君贤将,能以上智为间者,必成大功。此兵之要,三军之所恃而动也。

孙子这一番话曾经引起不少的非议。在世人的心目中，伊挚（尹）和吕牙（姜太公）都是古代的贤人，而孙子却认为他们是间谍（内间），而在一般人的想象中，间谍是一种阴险卑鄙的工作。所以有许多人都认为孙子失言，有唐突先贤之嫌。这种批评固然不无理由，但却未能了解孙子的真意。孙子所强调的是后面一段话，而前面的话只是作为比喻而已。

因为情报是一种非常重要而困难的工作，而且构成国家战略计划的基础，所以若欲建立适当的情报体系，则必须要有第一流人才，这才是"以上智为间者必成大功"的正确解释。过去，人们常鄙视情报，并认为从事情报工作的人都是人所不齿的"特务"，这种想法早已落伍。事实上，今天先进国家的情报体系（例如美国的CIA）所拥有的各种专家真是多得不可胜数。因此，孙子主张"以上智为间"实乃一种超时代的远见。

再回过来讨论伊吕的故事，虽然古史的记载很简单而也不尽可信。伊尹的时代较远，比较起来更不可考，至于太公（吕牙）则有较多的史料可供考证。他曾在殷政府中任职，或至少曾在朝歌（殷之帝都）生活很久，似为事实。所以他虽然不一定是间谍，但至少是"知敌之情者"，则应无疑问。

即令孙子引喻失义，也是一件小事，真正值得重视的是国之大事。良好的情报体系，优秀的情报人才，实为国家安全的必要基础。孙子在两千余年前即已提出"先知"的观念，真乃先知先觉。尤其是在他那个时代，能够如此充分表现出其合理、客观的科学精神而绝不迷信，更是令人敬佩。

第二篇
校　论

前言
第十四章　孙子与先秦诸子
第十五章　孙子与先秦兵书
第十六章　孙子与克劳塞维茨
第十七章　孙子与若米尼
第十八章　孙子与李德·哈特
第十九章　孙子与博弗尔

前　言

"校论"即为比较研究(comparative studies)。用比较的方法来研究战略,在国外也是一种较新的研究途径。1982年美国才有一本名为《比较战略》(Comparative Strategy)的期刊问世,这也可能是此一名词的最早出现。为什么要对于不同的战略思想和著作进行比较研究？汉德尔在其所著《战争大师》一书曾作扼要的解释：

> 此种比较分析的价值在于它能显示战略和战争的研究具有其基本一致性(basic unity),它容许我们从较宽广的观点来看这些著作,并使若干有争议的问题得以澄清,因此,也就可以对这些著作的内容获得较佳的了解。[①]

汉德尔的意见完全正确,不过还有其他的理由。任何思想家及其著作必然会受到其时代背景和战略环境的影响,但若仅研读

---

① Michael I. Handel, *Masters of War: Sun Tzu, Clausewitz and Jomini* (Frank Cass, 1992), p.4.

其原著,则很可能会忽视这些因素。这也就是古人所谓"不识庐山真面目,只缘身在此山中"的道理。假使能把不同时代背景和不同战略环境中的著作合而观之,则不仅可以较易于了解这些因素对于不同著作的影响作用,而且对于原著更可以获得较深入的认识。

最后,任何思想和著作又都非尽善尽美,诚如若米尼所云:"太阳底下没有任何东西是尽善尽美的。"[①]但若仅只研究某一位思想家的著作,则很容易会感觉到他所说的都有理,而难于发现其缺失甚或错误。反之,若能对同一主题的不同著作加以比较,则也就很容易发现它们之间的优劣得失。俗语说:"货比三家不吃亏",研究学问也未尝不是如此。

古今中外的战略思想家和著作实在是太多,但有资格与孙子和他的十三篇比较者却并不多。在本书中把比较的范围分成两部分:一部分为中国古代,另一部分为西方近代。在中国古代部分只选择了两个主题:

(1) 孙子与先秦诸子的比较。

(2) 孙子与其他先秦兵书的比较。

在西方近代部分一共只选择了四个主题:

(1) 孙子与克劳塞维茨的比较。

(2) 孙子与若米尼的比较。

(3) 孙子与李德·哈特的比较。

(4) 孙子与博弗尔的比较。

"校论"的内容仅限于上述六项比较研究。也许有读者会感到

[①] 钮先钟译:《战争艺术》(Baron de Jomini, *The Art of War*)(军事译粹社,1954),70页。

不满意,会怀疑这样的内容是否嫌简略。我的答复可以分为两点:(1)有资格和孙子比较的思想家实在不多,所以选择必须保持宁缺毋滥的原则;(2)本书是以著作的分析为基础,必须有不朽的传世著作始能入选。

为什么在中国部分,比较研究只限于先秦时代?我在《中国战略思想史》一书中对于我国战略思想的演进趋势曾作详细的说明。战略思想在我国的发展是先盛后衰,先秦时代可以算是中国思想史中的黄金时代,尤其是从春秋到战国,各种学派都先后出现,形成所谓"百家争鸣"的现象。在此时代中,思想家受到普遍的尊重,著书立说,表现出浓厚的学术研究风气,以后任何时代都望尘莫及。简言之,只有在这个时代才有其他的思想著作够资格与《孙子》比较,到了秦汉以后,我们似乎已经再也找不到这样的机会。①

至于在西方部分,为何比较研究仅限于近代?其理由亦复类似。西方战略思想的演进过程几乎是恰好与我国相反。我们是先盛后衰,而他们则先衰后盛。西方战略思想从19世纪初期才开始突飞猛进,大放异彩。仅仅只是到了近代,西方才出现了有资格与《孙子》比较的战略著作。②

"校论"虽为比较研究,但又还是以《孙子》为核心。换言之,是拿其他学者的思想来与《孙子》比较,而不是拿《孙子》来与他们比较。此种差异固然相当微妙,但又必须认清。所比较的对象以著作中所蕴藏的思想为主,至于其他因素,例如身世经历等,则均视为次要,只是偶然提及。《孙子》只有一本书,也是惟一的代表作,

---

① 钮先钟:《中国战略思想史》,20页、119页。
② 钮先钟:《西方战略思想史》,19—21页。

但近代西方作家则都不只有一本书,所以,选择用来作为比较根据的尽量以其代表作为限,至于其他著作则只是偶然引用以作补充而已。

此种比较研究当然很难完善,尤其是对于被引用来与《孙子》比较的著作,更是有欠公平。因为既以《孙子》为核心,所以凡不能与《孙子》比较的部分,当然也就不会列入讨论范围之内。譬如说,克劳塞维茨的《战争论》中所含有的思想非常丰富,但却并非全部都可以拿来与《孙子》比较。这固然是一种无可奈何的限制,但也会有以偏概全的危险。在进行比较时,本书还是尽量引述原文,以免导致扭曲或误解。

总结言之,"校论"只是"三论"的一部分,本书是以对孙子提供新的解释和研究为目的,所以比较只是一种方法,而并非其主题。

第十四章
孙子与先秦诸子

从春秋到战国可称为子学时代,虽然有所谓九流十家之说,但实际上,能够算是独立学派者又不过仅为儒、墨、道、法四家而已。概括言之,在此四家的主要著作中,几乎都可以发现有其战略思想之存在。不过,所谓战略思想者,又是采取较广泛的现代化解释,而非仅限于作战或用兵的层次。这四家主要著作的作者大致是与孙子同一时代,换言之,在时代背景和战略环境上似乎大同小异,所以若作比较研究,则不仅可以辨别其思想上的异同,甚至还可以发现其间的相互影响。此种研究应能有助于观念的澄清和疑问的解答。

一、儒 家

儒家之祖为孔子(公元前551—公元前479),为我国历史中的第一位伟大思想家,此乃人尽皆知的事实。他的时代已近春秋后期,大致比孙子早一点。足以作为其思想主要记录的即为《论语》,那虽然只是门弟子的记录,但却可以充分表达老夫子的思想。仅凭《论语》的记载,即可确定孔子有其相当完整而有系统的战略思想。

令人深感惊异的是文武两圣人在思想上的确非常接近或相似,这应该是与他们的时代背景和学术源流有相当关系。有一个焦点特别值得注意。孙子齐人也,他的书虽未提到管仲的大名,但是可以暗示其伐谋、伐交的观念很可能是以管仲的经验为范式。孔子虽非齐人,甚至于还批评"管仲之器小哉",但对于管仲相齐的功业则又予以高度的肯定,盛赞其"九合诸侯,不以兵车"①。由于此种事实的对比,即可发现他们不仅观点相似,而且也有同一渊源。

孙子未作"富国强兵"之论,而孔子则有"足食足兵"之言。这似乎显示孔子的大战略思想要比孙子较为宽广,尤其是"足"字更含深意。孔子似乎认为国家的军事权力和经济权力都不宜过度发展,只应以足够保护国家安全、增进人民福祉为限度,若过度扩张则反而有害无益。这的确是高见而为后人所不及。从战略观点来看,这个"足"字似与20世纪70年代的美国核战略家所主张的"足量"(suffiency)观念具有同样的意义。

孔子在大战略领域中除提出足食、足兵两项原则以外,还有其第三项更重要的原则,即"民信之矣"。孔子之言全部引述如下:

> 子贡问政,子曰:"足食,足兵,民信之矣。"子贡曰:"必不得已而去,于斯三者何先?"曰:"去兵。"子贡曰:"必不得已而去,于斯二者何先?"曰:"去食,自古皆有死,民无信不立!"②

---

① 孔子对管仲的评论分别见《论语·八佾第三》及《论语·宪问第十四》。
② 《论语·颜渊第十二》。

第十四章　孙子与先秦诸子

孔子回答子贡的话含有两点重要意义：(1)军事安全必须以经济成长为基础,此种思想与管仲非常接近,并足以暗示在春秋时代这是一种共识。(2)孔子认为"信"乃"政"的基础,不能立信即不能立国。这是千古不易的真理,直到今天仍然如此。

孔子所谓"民无信不立",与孙子在"计"篇所列举五事中的"道"具有相同的意义,只是表达方式不一样而已。孙子判定"主孰有道"的标准,是能"令民与上同意"。换言之,必须人民完全信任政府,既不怀疑,也不畏惧,然后才能"可与之死,可与之生"。因此,就大战略的最主要基本原则而言,孔子与孙子的意见完全一致。

因为《论语》中有卫灵公问陈(阵)的记载,遂令后人对于孔子的军事知识表示怀疑。

> 卫灵公问陈于孔子。孔子对曰："俎豆之事盖尝闻之矣,军旅之事未之学也。"明日遂行。①

孔子之所以作此语实乃有为而发。卫灵公为无"道"昏君,而且不度德量力,还想向外发动侵略。所以,孔子鄙其为人,才给一个软钉子让他碰。只要看"明日遂行"即可了解孔子的态度。孔子曾说,"有文事者必有武备"②,可以暗示他本人是文武兼备。在春秋时代,所谓君子(贵族)都曾受过军事教育,孔子自然不可能不知兵。事实上,孔子在其对弟子施教时更是曾经把军事列为课程。《史记》有下述记载：

---

① 《论语·卫灵公第十五》。
② 《史记·孔子世家》。

> 冉有为季氏帅师，与齐战克之。季康子曰："子之于军旅，学之乎？性之乎？"冉有曰："学之于孔子。"①

可以为证明。

孔子虽曾以军事知识教其弟子，但由于无记录可凭，我们还是无法知道其对于作战（用兵）层次的思想内容，所以，也就不能够与孙子作比较。不过，就其对整个战争问题所持的基本态度而言，则又还是可以发现他与孙子是不谋而合。孔子对于战争采取非常慎重的态度，《论语》有云："子之所慎：斋，战，疾。"可为证明②。下述的记载则更具有深意：

> 子路曰："子行三军则谁与？"子曰："暴虎冯河，死而无悔者，吾不与也。必也临事而惧，好谋而成者也。"③

仅凭这些证据，即可断言孔子的慎战好谋，实不亚于孙子。

甚至于还可以指出孔子思想中有一特点是孙子所不及，那就是他特别重视国防教育。他说："善人教民七年，亦可以即戎矣，"又说："以不教民战，是谓弃之。"④孙子虽然也重视部队的训练，但对于全面国防教育则未能像孔子这样的重视。

孔子还有两句常为人引述的话也值得作较深入的分析。

（1）孔子说："毋欲速，毋见小利，欲速则不达，见小利则大事

---

① 《史记·孔子世家》。
② 《论语·述而第七》。
③ 同上书。
④ 《论语·子路第十三》。

不成。"①孔子所说的"无欲速"与孙子的"拙速"观念并不冲突,因为那是代表两个不同层次的思考。在大战略层次,有许多问题都是长期的,不可能求速效,例如上述的"教民七年",此亦所谓"王道无近功"。而当战争已发生时,则又必须有如孙子所云,应力求拙速,而不可巧久。至于"无见小利"则与孙子的观念可以说是如出一辙。孙子所云"不尽知用兵之害者则不能尽知用兵之利",实已暗中含有"毋见小利"的观念。

(2) 孔子又说:"人无远虑,必有近忧。"②这可以显示出孔子和孙子在其思想上是同样地具有前瞻(未来)导向。从表面上看来,孔子似乎比孙子还较深入一层,因为孙子仅强调"先知",而孔子则更重视"远虑"。实际上,又并无太多差异:若不先知,则也无从远虑;反而言之,若不远虑,则也无须先知。所以,先知与远虑只是表示作业程序上的先后,二者实为一体。

概括言之,我们可以获得下述五点认知:(1) 孙子与孔子在时代背景上相距颇近,所以他们的思想显示出同一趋势。(2) 孙子与孔子在身世上也很相似。孔子本为宋人,移民到鲁国;孙子为齐人,流亡到吴国。他们都是由贵族变成平民。(3) 他们的思想都与管仲有相当微妙的渊源。在《论语》中可以找到直接证据,在十三篇中虽无直接证据,但还是可以感觉到强烈的暗示。(4) 孙子虽然重道(政治),但其书又以兵学(军事)为主要内容;相对地,孔子虽也知兵,但其言论的范围则远较广泛,对于战争问题只是偶然提及。(5) 尽管有其一切的差异,但二人对"国之大事"的基本观

---

① 《论语·子路第十三》。
② 《论语·卫灵公第十五》。

念又大致相同。

最后,还有一个有趣的问题应该提出:他们在思想上是否有相互的影响。照时间来看,孙子晚于孔子,所以孔子自不可能受其影响。然则孙子是否曾受孔子的影响?至少也无明确证据,而照理说,也不太可能。因为孔子在其有生之日,甚或其死后不久,其思想的流传可能只限于狭小的范围(门弟子)和地区(鲁国),所以,孙子受其影响的机会也就自然不会太大,最多也只可能为间接的影响,而这也只能算是猜想。

孔子死后,其门弟子分别传授其学,于是孔门逐渐发展成为战国时代最大的学派。但儒家中能著书立说传于后世的人又并不多,孔子之后仅有孟荀二人而已。

孟子名轲,邹人,生于周烈王四年(公元前372),距孔子已在百年以上。荀子名况,赵人,亦称孙卿或荀卿(称卿者时人尊之也)。其生年大致为周顾王二十九年(公元前340),比孟子又晚了三十二年。孟荀虽俱传孔子之学,但由于背景环境之不同,在思想上也自有代沟之存在。现在先从孟子谈起。

孟子有"七篇"传世,虽不一定是其手著,但能代表其思想应无疑问。凡读《孟子》者一开始就会读到孟子见梁(魏)惠王:

> 王曰:"叟,不远千里而来,亦将有以利吾国乎?"孟子对曰:"王何必曰利,亦有仁义而已矣。"[①]

依照直觉可以立即发现孟子有两个主要观念:(1)何必言利;

---

① 《孟子·梁惠王上》。

(2) 仁义而已。这两点都曾引起很多辩论和误解。

孟子似乎有高度的反功利主义趋向,事实上,并非尽然。因为在他那个时代,所谓"国"者实乃国王的私产,梁惠王所说的"何以利吾国"只是指其私利而言,与全民的公利无关。这也是孟子所以不欲言利的理由。他并非不重视全民的公利,不过为了避免言利,所以才提出一个较积极的观念"仁义"来作为代替。

孟子在思想上代表儒家的正统,他主张行仁政,也就是民本政治。他认为民为邦本,为政必须得民心,决策必须尊民意。若能如此,则"虽欲无王,不可得也"。①"仁政"就是"王道",是一种崇高的政治理想,但从战略家的观点来看,则又未尝不是一种大战略。《孟子》书中虽很少言兵,但还是有若干片段足以显示他确有其战略思想,最值得注意的是下述的一段名言:

> 天时不如地利,地利不如人和。三里之城,七里之郭,环而攻之而不胜。夫环而攻之,必有得天时者矣;然而不胜者,是天时不如地利也。城非不高也,池非不深也,兵革非不坚利也,米粟非不多也,委而去之,是地利不如人和也。故曰:域民不以封疆之界,固国不以山溪之险,威天下不以兵甲之利。得道者多助,失道者寡助。寡助之至,亲戚畔之;多助之至,天下顺之。以天下之所顺,攻亲戚之所畔,故君子有不战,战必胜矣。②

这一段话显示出孟子对于战略不仅有相当深入的了解,而且

---

① 《孟子·离娄上》。
② 《孟子·公孙丑下》。

还有其独到的见解,尤其是可以说他的思想非常接近孙子。他把权力因素分为三大类:天时,地利,人和。作了一番评估之后,其所获结论为天时不如地利,地利不如人和。然则又如何始能获致"人和"?其关键在于"道"之得失。何谓"道",其得失又如何判断?孟子在其书中作了下述的分析:

> 桀纣之失天下也,失其民心。失其民者,失其心也。得天下有道,得其民斯得天下矣。得其民有道,得其心斯得民矣。得其心有道,所欲与之聚之,所恶勿施尔也。①

很容易明了孙子之"道"与孟子之"道"意义大致相同。孙子强调"令民与上同意",似不无强制之意;孟子则主张顺从民意,而绝无勉强之意。因此,就理想而言,孟子似乎要比孙子较高一等。不过,孙子也说"上下同欲者胜",足以显示他也同样重视民心的向背。

"仁政"又不可仅为空洞的理想,而必须有其具体的内容。当战国之世,"富国强兵"已为各国共同追求的目标,孟子虽未公开作富强之论,但其所提倡的政策若能持之以恒,则似乎也能达到同样的目标。孟子为孔子之徒,在思想上与其具有连贯性。他主张养民教民以厚植国力。他像孔子一样,不仅重视经济,而更重视教育:

> 善政不如善教之得民也。善政民畏之,善教民爱之。善政得民财,善教得民心。②

---

① 《孟子·离娄上》。
② 《孟子·尽心上》。

这又可以证明其最后目的仍为民心。假使全民同心则其国必强。所以孟子虽不谈兵,但自信其仁政能产生巨大的防卫能力,甚至于"可使制梃以挞秦楚之利兵矣"①。

孟子提倡仁义,自必反对战争。不过他所反对者为侵略性战争,至于仁义之师则又当别论。同时,他又相信若能行仁政,则也就无须战争。他说:"国君好仁,天下无敌焉。"②这种论调虽不免言过其实,但也暗示他似乎像孙子一样,认为"不战而屈人之兵,善之善者也"。孟子以孔子传人自居,应算是儒家正统。他的战略思想就最高层面而言,大致纯正合理,而且与孙子吻合,虽不免比较理想化,又还是不可以迂阔视之。

假使说孟子代表儒家的正统,则荀子应该算是儒家的改革派。其所学虽出于儒家,但颇能创新而不受传统束缚。荀子治学远比孟子严谨,其言论理智多于感情,与孟子恰好相反。他具有科学精神,重视现实,其书中所呈现的战略思想不仅比较系统化,而且与孙子非常接近。

荀子以治乱之责归之于人力。他重视人为(伪),相信人可胜天。荀子的不信天、不信神,与孙子非常相似,在当时可以算是反传统的异端。他们都同样反对消极无为,而主张应采取合理有效的行动。所以,用西方的名词来表示,他们都是所谓积极主义者(postivist)。

人不能单独生存而必须有组织,所以荀子说:"人之生不能无群。"③组织工作又应由谁负责,荀子说:"君者善群也。"④荀子之

---

① 《孟子·梁惠王上》。
② 《孟子·尽心下》。
③ 《荀子·富国篇》。
④ 《荀子·王制篇》。

"君"即孙子之"主",《孙子》全书以"将"为核心,对于"主"所论不多,而荀子则对"君"的重要有很详尽的分析。他对于"君"之功能曾列举如下:

> 百姓之力待之而后功,百姓之群待之而后和,百姓之财待之而后聚,百姓之势待之而后安,百姓之寿待之而后长。①

简而言之,国家的兴衰在于政府,政府的核心则为君。荀子与孟子相似,强调人治重于法治。他认为"有乱君无乱国,有治人无治法"②。

荀子虽尊重君权,但也主张民本政治,他指出"君者舟也,庶人者水也,水则载舟,水则覆舟"③。所以君主欲巩固其地位则必须顺从民意,为民兴利除害。他说:

> 用国者,得百姓之力者富,得百姓之死者强,得百姓之誉者荣。三得者具而天下归之,三得者亡而天下去之。天下归之之谓王,天下去之之谓亡。④

他又提出严厉警告如下:

> 有社稷者而不能爱民,不能利民,而求民之亲己爱己,不

---

① 《荀子·富国篇》。
② 《荀子·君道篇》。
③ 《荀子·王制篇》。
④ 《荀子·王霸篇》。

可得也。民不亲不爱,而求其为己用,为己死,不可得也。民不为己用,不为己死,而求兵之劲,城之固,不可得也。①

简言之,政府欲求富国强兵,长治久安,其关键在于爱民利民。在此种大战略领域中,儒家三子(孔、孟、荀)与孙子的基本观念几乎殊少差异,但荀子的分析似乎又比其他三子更深入透彻。

君之治国又必须有辅弼,那就是"相"。荀子之重"相"与孙子之重"将"虽层次不同,但用意则完全相同。事实上,大战略本是国事而非仅限于军事。我国古代伟人几乎都是文武兼备,出将入相。尤其是他曾引伊尹、太公、管仲为例,更令人感觉到并非偶然的巧合。

荀子是现实主义者,非常重视现实问题。其书中不仅有"富国"篇,而更有"议兵"篇。荀子对富国强兵所发表的意见不仅十分精彩,而且更有超越时代的趋势。其所言也并非仅限于这两篇,而且还散布其他各篇中。

孙子虽重视战争与经济之间的关系,但对于战略的平时经济基础则从未有所论列。这也是其不及荀子之处。萧公权②先生对

---

① 《荀子·君道篇》。
② 萧公权(1897—1981年),中国现代政治学家。字恭甫,号迹园,笔名巴人、石泐、君衡。江西省泰和人,幼年就读于私塾。1915年入上海中国基督教青年会中学学习。1918年考入清华学校高等科。五四运动中曾参与创办《民钟日报》。1920年赴美留学,先后就读于密苏里大学、康奈尔大学,主修政治哲学,1926年获康奈尔大学博士学位。1926年回国后至1948年,历任或兼任南方、国民、南开、东北、燕京、清华、北京、四川、光华、华西、政治等大学教授,讲授中外政治思想史等课程。他是"中央研究院"首届院士。1948年秋赴台,任台湾大学教授。1949年9月离台赴美,任华盛顿大学远东和苏联研究所客座教授,直至1968年退休。其主要著作有《政治多元论》、《中国政治思想史》、《中国乡村》、《宪政与民主》《康有为思想研究》《翁同龢与戊戌维新》等。萧公权毕生从事政治学研究,尤其是政治思想史的教学和研究,为政治学在中国的发展作出了贡献。其全部著作由汪荣祖教授编为9卷本《萧公权全集》。——编者注

于荀子的经济思想曾作精辟的分析:荀子相信裕民政策能使物资生产大量增加,故富国之要诀不是降低需求,而是扩张供给。此种观点与近代西方资本主义颇为类似[1]。荀子曰:

> 足国之道,节用裕民,而藏其余。节用以礼,裕民以政。[2]

他认为必须藏富于民,然后国家安全始有坚固基础,所以他说:

> 王者富民,霸者富士,仅存之国富大夫,亡国富筐箧,实府库。筐箧已富,府库已实,而百姓贫,夫是之为上溢而下漏。入不可以守,出不可以战,则倾覆灭亡可立而待也。[3]

这一段话读后令人不禁有毛骨悚然之感,但同时令人不解的是以孙子之高明,为什么其书中却缺少这样的分析。

孟子因提倡仁政而不言兵,荀子态度则远较积极。他不仅"议兵",而其议兵又常以仁义为本。他首先提出一个假想问题:"仁者爱人,义者循理,然则又何以兵为?"接着就作答如下:

> 彼仁者爱人,爱人故恶人之害也。义者循理,循理故恶人之乱也。彼兵者所以禁暴,除害也,非争夺也。[4]

---

[1] 萧公权:《中国政治思想史》(联经,1982)上册,19页。
[2] 《荀子·富国篇》。
[3] 《荀子·王制篇》。
[4] 《荀子·议兵篇》。

第十四章　孙子与先秦诸子

换言之,荀子认为武力乃维持国际秩序的必要工具,用兵乃济仁义之穷。所以,他不但不反对必要时使用武力,并且还进一步研究用兵之道。荀子所提出的首要原则为善用兵者必先附其民,那与孙子所云"令民与上同意"几乎完全相同,其解释如下:

> 用兵攻战之本在乎壹民。弓矢不调则羿不能以中微,六马不和则造父不能以致远,士民不亲附,则汤武不能以必胜也。故善附民者是乃善用兵者也,故兵在乎善附民而已。①

除先附其民以外,荀子又提出其第二项原则,即为慎选将帅。他对于"将"的最高选择标准有如下述:"能慎行此六术、五权、三至,而处之以恭敬无圹('圹'即'旷',意为怠忽),夫是谓天下之将。"②对于其所创造的名词,也都有明确界定,足以显示其治学之严谨和分析的科学化。

> 制号政令,欲严以威。庆赏刑罚,欲必以信。处舍收藏,欲周以固。徙举进退,欲安以重,欲急以速。窥敌观变,欲潜以深,欲伍以参。遇敌决战,必道吾所明,无道吾所疑。夫是之谓六术。
>
> 无欲将而恶废,无急胜而忘败,无威内而轻外,无见其利而不顾其害。凡事虑欲孰而用财欲泰。夫是之谓五权。
>
> 所以不受命于主者有三:可杀而不可使处不完。可杀而

---

① 《荀子·议兵篇》。
② 同上书。

不可使击不胜。可杀而不可使欺百姓。夫是之谓三至。

　　敬谋无圹,敬事无圹。敬吏无圹。敬众无圹,敬敌无圹。夫是之谓五无圹。①

由此可见荀子对于将道之重视绝不亚于孙子,而其分析的精密则甚至于有过于孙子。不过,若从其内容上来观察,又可以发现在其彼此之间有很多共同点。

在战争过程中,荀子要求严守仁义原则,不得残杀对方军民,不得掠夺对方财产。应恩威并用,发挥心理战功效,并尽量减少战争的损毁,以达到易胜速胜的目的。这样遂又能造成"得地而权弥重,兼人而兵愈强"的后果②,也正是孙子所希望的"胜敌而益强"。

荀子是理性主义者,他深知用兵之害,并断言仅凭武力不能统一天下。他也是反侵略主义者,其立论不仅是基于道义,而更是基于利害。他像孙子和孔子一样,对于战争采取极慎重的态度。不过,他又认为国无分大小,都应自立自强,这又与孙子所谓"信己之私"的观念完全一致。

荀子把战争分为三级:

　　王夺之人,霸夺之与,疆夺之地。夺之人者臣诸侯,夺之与者友诸侯,夺之地者敌诸侯。臣诸侯者王,友诸侯者霸,敌诸侯者危。③

---

① 《荀子・议兵篇》。
② 同上书。
③ 《荀子・王制篇》。

第十四章 孙子与先秦诸子

此与孙子所谓"上兵伐谋,其次伐交……其下攻城"有异曲同工之妙。荀子的最高理想为以德服人,认为用王道来争夺人心实为上策。因此,他说:

> 仁眇天下,义眇天下,威眇天下。仁眇天下,故天下莫不亲也。义眇天下,故天下莫不贵也。威眇天下,故天下莫敢敌也。以不敢之威,辅服人之道,故不战而胜,不攻而得,甲兵不劳而天下服。①

此与孙子所云"屈人之兵而非战也,拔人之城而非攻也,毁人之国而非久也,必以全争于天下,故兵不顿而利可全"又有何差异?

总结言之,荀子实可谓儒家中的孙子,其战略思想之精深可与孙子并驾齐驱。然则荀子是否曾受孙子的影响,这个问题的答案似乎是肯定的。至少有证据显示荀子曾经读过《孙子》并给予高度的评价。他说:

> 兵之所贵者势利也,所行者变诈也。善用兵者,感忽悠暗,莫知其所以出,孙吴用之,无敌于天下。②

从孟荀二子的著作中可以发现战国时代的儒家有其战略思想,而那又是发源于孔子,并且在大战略层面上是与孙子的思想相当接近。

---

① 《荀子·王制篇》。
② 《荀子·议兵篇》。

二、墨　　家

先秦诸子中,墨家是地位仅次于儒家的大学派,其宗师和代表人为墨子。墨子名翟,鲁人,其生平事迹已不太可考,其生卒之年也无从确知,今人则多信墨子之时代后于孔子而前于孟子,因此,他应似乎和孙子的时代相当接近[①]。据《墨子》中"公输","备城门"等篇所记,墨子为一擅长机械的工程师,他不仅长于科技,而且也善于组织,所以能组成别具一格的学(教)派,并发展成为强大的势力。墨家的著作除现存的《墨子》五十三篇以外,余均散佚。现存各篇又均为后学所追述或编撰,并非墨子自著,与儒家的《论语》类似,而内容的繁杂则有过之而无不及。尽管如此,书中内容还是可以显示墨子思想的梗概。令人惊异的是,若从战略观点来看,可以发现《墨子》书中确实蕴藏着一套完整的大战略思想。过去研究墨学的人似乎都不曾注意。

墨家思想的中心观念即为"兼爱"。墨子生当春秋战国之交,列国攻伐日益频繁,人民痛苦不堪。墨子怀悲天悯人之心,认为一切祸乱之源皆由于人之自私,所以根本解决之道即为能使人类不自私而彼此互相亲爱。墨子又深知人之好利实乃本性,自私的目的即为求利。因此,他遂进一步指出自私不仅不利而更有害。必须"兼相爱",始能"交相利",换言之,从利害的观点来看,兼爱与交利之间实有一种不可分的互赖关系存在。欲求交相利,则必须兼

[①] 钱穆:《先秦诸子系年考辨》推断墨子生年为公元前 490 年,卒年为公元前 403 年。

相爱。不兼爱而相互斗争,其结果必然为大家都不利。于是墨子的基本假定即为:如能设法说服世人了解兼爱交利之间的因果关系,则天下即可太平矣。

墨子的全部思想都是以兼爱观念为其核心。用现代名词来表示,他是国际主义者(internationalist),也是理想主义者(idealist)。其最终目的为建立互赖互利的国际秩序。果能如此,则国与国之间自不会有战争发生:

> 视人国若己国,谁攻?故诸侯之相攻国者无有。若使天下兼相爱,国与国不攻,则天下治。①

萧公权先生认为《墨子》一书中共有六大基本观念:(1)兼爱交利,(2)尚同,(3)天志明鬼,(4)尚贤,(5)节用,(6)非攻②。除"兼爱交利"为其核心目标以外,其余五者则均可视为达到此一目标的手段。"尚同"的意义即为统一思想。墨子以一介平民,如何能统一思想,使人信服其理念?他所想到的为利用宗教,此即所谓"天志"和"明鬼"。人对天意(志)必须服从,而鬼神能为祸福,也是世人所畏惧。又因为墨子是以平民为主要说教对象,所以神道设教更是有其必要。于是墨家又变成一种教派,而不仅是单纯的学派。宗教精神足以巩固墨家的团结,并增强其不畏牺牲的勇气,这也构成墨家的最大特点。

以上三点都是偏重理论方面,但墨家又并非不重视现实问题。

---

① 《墨子·兼爱上》。
② 萧公权:《中国政治思想史》上册,第四章。

后三点可以代表墨子在政治、经济、军事三方面的主要观念。墨子提倡贤能政治,他简单地指出:"尚贤为政之本。"换言之,若无人才,则一切理想均属空谈。如何能获致人才,对人才又应如何任用,墨子有其非常合理的意见:

> 故古者圣王之为政,列德而尚贤,虽在农与工肆之人,有能则举之。高予之爵,重予之禄,任之以事,断之以令。曰:爵位不高则民弗敬,蓄禄不厚则民不信,政令不断则民不畏。举三者授之贤者,非为贤赐也,欲其事之成。①

简言之,对人才应破格选拔,不受出身限制,尤其应厚其待遇,重其职权,始能使政治发挥高度效率。

墨子尚俭,其在经济领域中的主要建议即为"节用"。节用的直接目的为充裕民生,而最终目的则为实现兼爱交利。墨子认为节流即等于开源,若能减少无益的消费,则也无须增加生产,而更无须向外扩张。其所提倡的经济政策完全不考虑富国乃强兵基础的流行观念,在其时代中实为一大特色。他希望凭借牺牲奉献的宗教精神,来劝诱各国政府和人民都安于艰苦节俭的生活。他认为这样也可以消除侵略扩张的野心,而共同走向兼爱互利的途径。

最后,墨子在军事领域中所提倡的观念为"非攻",这与"兼爱"首尾呼应,同为其思想核心,也构成其大战略思想体系的总结。萧公权先生曾作评论如下:

---

① 《墨子·尚贤上》。

第十四章 孙子与先秦诸子

> 吾人顷谓墨子节用之失,在徒有足民之心,而未究生财之道。至其非攻,则于鲜明之理论外,复具有防御战争的优美技术。故究实际上之价值而言,墨学之精无逾此者。[①]

简言之,"非攻"实为墨子思想的精华,若无"非攻"则《墨子》全书也就不过只是不切实际的宗教宣传而已。

墨子言"非攻",孙子言"谋攻",从表面上来看,他们两人的思想似乎恰好相反。但实际上并非如此简单,必须作较深入的比较分析,然后始能明辨二子之异同。

就根本而言,他们的思想都是以利害的考虑为基础。孙子认为国家在国际社会中必须采取行动以追求或增进其国家利益,而战争则为此种行动中之一种。因此,国家基于求利的考虑,有时必须发动战争,采取攻势,这也就是必须谋攻的理由。所以,孙子说:"合于利而动,不合于利而止。"采取这样的想法,当然又是在内心中承认战争的结果可能有利,至少并非完全有害。

墨子"非攻"的"攻"应作较广义的解释,其意义不仅为军事性的攻击行动,而更包括所有一切的侵略行为在内。换言之,他的基本理念为人类应和平共存,不应有侵略的意图。墨子的理论也和孙子一样,是以利害考虑为基础。他反复辩论,阐明"攻"之不利,所以,他所采取的思考途径完全是战略途径(strategic approach),但所获结论则与孙子不同。墨子分五点来作利害的分析:

(1) 战争对双方俱不利:"所攻者不利,而攻者亦不利,是两不

[①] 萧公权:《中国政治思想史》上册,第四章,156页。

利也。"①其故安在？因为战争无分胜负，都必须付出巨大成本。虽然获胜仍可能得不偿失，"计其所自胜，无所可用也；计其所得，反不如丧者之多"。② 此种"两不利"的观念实为一种超时代的创见。

（2）当时地广人稀，常感劳动力不足。把宝贵人力用于扩张国土的侵略战争实属不智。墨子说："土地者所有余也，王民者所不足也。今尽王民之死，严上下之患，以争虚城，则是弃所不足而重有余也。"③尤其是他认为只要能节约消费则土地就无异于增加一半，所以更无开疆辟土之必要。

（3）战争也许能满足执政者的虚荣心，但结果则为劳民伤财。墨子用了一个非常幽默的比喻："大国之攻小国，譬犹童子之为马。童子之为马，足用而劳。"④童子骑竹马，自以为享受骑马之乐，殊不知劳动的是自己的脚。大国之攻小国所能获得的满足亦复如此。

（4）侵略者也许能一时得逞，但最后还是难逃败亡。墨子指出："吴以阖闾夫差之好战而天下莫强，乃卒不免灭于勾践。晋之智伯势冠六军，兼并为务，而终败于三家。"⑤此皆前车之鉴，足为攻伐两不利之明证。

（5）最后，就宗教意识而言，攻之不利又非仅限于君主，而且上不利于天，中不利于鬼，下不利于人。所以，侵略的结果是天怒人怨，害莫大焉。这当然也凸显了墨家的宗教性质。

---

① 《墨子·公孟》。
② 《墨子·非攻中》。
③ 同上书。
④ 《墨子·耕柱》。
⑤ 《墨子·非攻中》。

第十四章 孙子与先秦诸子

孙墨两子的战略思想可谓同异参半。他们都同以利害考虑为基础,但对于战争之利害则有不同的判断。孙子说:"不尽知用兵之害者,则不能尽知用兵之利也。"换言之,孙子虽主张慎战,企图不战,但并不认为战争绝对有害无利。墨子则确认侵略性战争绝对有害无益。不过,墨子所反对者又仅为侵略性战争,而并非所有一切战争。他甚至于指出:"昔者,禹征有苗,汤伐桀,武王伐纣……非所谓攻,谓诛也。"[①]"诛"与"攻"为两种不同的战争类型,前者为义战,而后者为不义战。墨子仅只非攻而并不非战。墨子认为战争有"诛"与"攻"之不同,而孙子则似乎从未考虑战争就性质而言,有分类之必要。所以,墨子思想与荀子很接近,比之孙子则似乎境界略高。

墨子虽是理想主义者,但并不缺乏现实感,他认为欲阻止大国的进攻,则小国必须善守。这也正是现代战略中的"吓阻"(deterrence)观念。若能使侵略者明知其行动得不偿失,即能产生吓阻作用。此种守势战略又非仅限于军事,而且也把外交、内政、经济等非军事因素都包括在内,所以实为一种大战略。其弟子禽滑厘问守小国,墨子告以:"我城池修,守器具,堆粟足,上下相亲,又得四邻诸侯之救,此其所以恃也。"[②]

孙子也同样强调守势的重要和功效。他说:"昔之善战者,先为不可胜……能为不可胜……不可胜者守也……守则有余,攻则不足。"不过,孙子又非以自保为满足,他还想求胜,换言之,他认为守只是一种预备步骤,最后必须转守为攻,始能全胜。这也是他与

[①]《墨子·非攻下》。
[②]《墨子·备城门》。

墨子的重大差异。孙子始终在谋攻,而墨子则根本非攻。

墨子最重视"备",他说:

> 备者国之重也,食者国之宝也,兵者国之爪也,城者所以自守也……是故食无备粟,不可以待凶饥;库无备兵,虽有义不能征无义;城郭不备全,不可以自守;心无备虑,不可以应卒。①

简言之,国家必须提高警觉,保持战备,始能免遭奇袭,使侵略者不敢轻举妄动。所以,墨子又说:"凡大国之所以不攻小国者,委积多,城郭修,上下调和,是故大国不耆攻之。"②

有备无患本是战略家的共识,孙子也说:"无恃其不来,恃吾有以待也;无恃其不攻,恃吾有所不可攻也。"因此,至少就这一点而言,孙墨两子的意见是完全一致。

尤其令人敬佩者是墨子不仅坐而言,还更能起而行。他深知必须有充分的防御能力始能吓阻侵略,所以他亲自教导其门徒研究防御战术,研发守城技术(装备),并且把他们组成一支精锐的特种部队,能够实际从事守城的战斗。于是墨家由学派、教派,而摇身一变成为武装团体,能以实力贯彻其主张。

墨子救宋的故事,真伪虽不可考,但《墨子》一书中("公输")则有很详细的记录。如果属实,则不仅可以暗示当时军事技术已有相当高度的发展,而且甚至于已经知道用兵棋(war game)来模拟

---

① 《墨子·七患》。
② 《墨子·节葬下》

战况。《墨子》五十三篇中在"备城门"以下的十一篇都是论述战争中的实际防御问题,后世总称之为"城守诸篇"。据学者考证,大致都是伪托之作,但能代表墨家思想遗产则又毫无疑问。

由此遂引到一个非常有趣的比较:在孙子的时代,城塞的建筑即已很普遍,而攻守战技也已开始发展。依照孙子的描述,可知攻城是一种极艰苦的战斗,孙子对它非常厌恶,所以才会说"其下攻城"。很明显,孙子是希望尽量避免攻城。墨子比孙子较晚,到他的时代,战争的形态又有改变,而攻城战的避免也就更困难。所以,墨子的想法也就比孙子较积极,他认为如能增强守城的能力,即无异于减弱攻城的能力。若能使侵略者自知攻城不易成功,则非攻的目的也就自能达到。基于以上的分析,即可显示任何思想家都必然受到其时代背景的影响。

三、道　　家

"道家"这个名词始于《汉书·艺文志》。司马谈(司马迁之父)称其为道德家,道家即为道德家之简称。道家以老子为原始,战国时已为显学,留传的书有《老子》、《庄子》、《列子》等,但可作为道家思想代表者则又只有《老子》一书。诚如萧公权先生所云:"先秦思想大家事迹之最难考见者殆无过老子与庄生,而二者之中,老子为尤甚。"[①]老子何许人也?其书成于何时?曾引起无穷的争论。有人认为老子在孔子之前,有人认为老子在孟子之后。现在如依照钱穆和冯友兰两先生之意见,假定其书为战国时代产品,至于其人

---

① 萧公权:《中国政治思想史》上册,173页。

其事则不拟深究①。

道家本身固已疑问颇多,而道家与兵家的关系则更是众说纷纭,莫衷一是。有人认为兵家之言多出于老子,但也有人相信老子的思想来源可能与兵家有关。前者如萨孟武②,后者如李泽厚③。这虽然是很有趣的问题,但又不是本书所拟分析的主题。我们的主题仅为《孙子》与《老子》(道家代表作)之间的比较研究。

《老子》全部思想中有两大基本观念,一曰"无",二曰"反"。无乃道之体,反乃道之用。所以,无比反更较重要。用现代语来说明,老子是所谓自然主义者(naturalist),相信自然之道就是"无为",所以,他说:"圣人为无为之事,行不言之教。"④如何能实现无为而治的理想,老子认为必须使民无知无欲,所以他提倡愚民政策。其逻辑为无知则无欲,无欲则无争。他说:

> 古之善为道者非以明民,将以愚之。民之难治,以其智多,故以智治国,国之贼;不以智治国,国之福。⑤

此种"无"的观念实为道家思想的核心。战国时代,列国诸侯均欲富国强兵,大有为于天下,结果导致战祸频繁,民不聊生,所以才会引起思想反弹而产生此种偏激言论。老子不仅提倡无知无为,而且也具有强烈的反智趋向,所以在其思想中不可能有所谓

---

① 钱穆认为老子时代大致为公元前365—公元前290年,冯友兰则谓"老子之学盖就杨朱之学更进一层"。分别见《先秦诸子系年考辨》及《中国哲学史》。
② 萨孟武:《中国政治思想史》(三民,1984年四版),71、76、79页。
③ 李泽厚:《中国古代思想史论》(华京文化事业公司),73页。
④ 《老子》第二章。
⑤ 《老子》第六十五章。

第十四章 孙子与先秦诸子

"战略"观念之存在,因为一切战略理论的基础就是"知"和"智",而一切战略的本质即为行动(action),也就是有为而非无为。如果真正无知无为,则整个世界都会冻结,则自无国际关系和战略思考之可言。老子的理论几乎全是幻想,他不仅是虚无主义者(nihilist),而更是乌托邦主义者(utopianist)。有人以为孙子五事中以道为首,就以为孙子思想出于道家,事实上,孙子之道有其特定意义,并非老子之道。

老子的另一基本观念就是"反",他认为宇宙中一切现象都有正反两面,用哲学名词来说,即所谓"二元论"。从这个观点上来看,老子与孙子的思想似乎有相同的哲学基础,但若仔细分析,则又可以发现其间仍有重大差异存在。老子的二元论并非纯正的二元论,因为在二元论中,所有对立观念都是一律平等,而并无强弱优劣之分。但老子对不同的观念则有主观的好恶。他经常强调某一观念所代表者为"反",而那也就是他所欣赏和主张的观念。例如柔弱胜刚强的观念。孙子的二元论是真正的二元论,他对于攻守、奇正、虚实并无任何偏好。这是一个非常重要的差异,但过去比较孙老思想的人似乎很少注意这一点。

有很多人引用两书中的辞句来比较,并认为那代表相同的思想,或至少是有密切的关系。例如老子说:

> 天下莫柔弱于水,而攻坚强者莫之能胜,以是无以易之。弱之胜强,柔之胜刚,天下莫不知,莫能行。[①]

[①] 《老子》第七十八章。

于是就有人认为这与《孙子》一书中所云"激水之疾至于漂石者,势也"和"兵形象水"等语有所暗合。此种看法实乃误解。孙子说得很清楚,激水之所以能漂石是由于势,而并非意味着水的本性能胜坚强;至于"兵形象水"只是一种譬喻,与柔能克刚毫无关系。在《孙子》全书中只有一次提到"刚柔",那是在"九地"篇:"刚柔皆得地之理也。"此处所谓刚柔是指地理有刚柔之分,刚即艰险之地,柔即平易之地,与老子所言可谓风马牛不相及。

总结言之,在基本观念上,道家思想中根本不可能有战略之存在,至于孙子与老子则完全处于对立的地位。孙子提倡先知善战,老子提倡无知无为,真乃如冰炭之不相容。尽管如此,《老子》之书虽仅五千言,内容却非常复杂微妙,对于后世言兵者的确曾有相当影响,则又为事实。但我们并不能因此而就认为兵家之言多出于老子,而更不能确信孙老之间有其思想上的渊源。

四、法　　家

就学派成立先后而言,法家居四家之殿。《管子》虽含有法家思想,但内容驳杂,且系伪书,不能作为开宗之代表,严格地说,论述法家思想,必须以商韩为主。商鞅卫国人,以客卿身份在秦国为相,以实现其改革(变法)理想。今所存的《商君书》虽可能非其自撰,但大致仍能代表他的思想。韩非韩国人,与李斯同为荀卿弟子,终身坎坷,为先秦诸子中最不幸者。今本《韩非子》是否全为其手著亦有疑问,不过大体要算是完整可信。

概括言之,儒、墨、道三家对于战争都是采取否定的态度。道家反对一切战争,儒家和墨家则反对侵略战争;墨子非攻而善守,荀子则认为兵可济仁义之穷。但总结言之，他们都是和平主义者，只同意用武力自卫或反侵略，即所谓义战；而绝对反对用武力来从事侵略或扩张。法家最为晚出，其思想固然曾受到先进诸家的影响，但也自有其特点，并形成对他家思想的反弹。法家不但不反对战争，而且提倡战争；不但不反对扩张，而且鼓励扩张；不但不反对暴力，而且崇尚暴力。所以可谓一反旧有的传统而独树一帜。

这又与时代背景有关。从春秋到战国，周天子的尊严早已丧失无余。诸侯割据，攻战不休，旧秩序已荡然无存，所以除非另建新秩序，否则天下将永无太平之日。但新秩序的建立又已不可能依赖和平手段，儒、墨、道三家的理想都已由事实证明其不可能实现。因此，惟一的途径即为使用武力。所以，法家遂有其独特的大战略构想：选择某一国家来作为权力基地（power base），然后凭借其武力来统一天下。

既然必须发动战争始能统一天下，所以法家只有惟一的国家目标，即为富国强兵。在古代农业社会中，富国必须重农，而强兵则又必须习战，所以，法家宗师商鞅治秦时遂以"农战"为其政策的核心。在《商君书》中曾有一再强调"农战"的语句："国之所以兴者农战也"，"国待农战而安，主待农战而尊"，"故圣人之为国也，入令民以属农，出令民以计战"。①

要使人民无条件接受此种政策，法家所采取的手段有三：(1) 诱之以利，"边利尽归于兵，市利尽归于农"；(2) 实行愚民政策，"民不贵学则愚，愚则无外交，无外交则国勉农而不偷"；(3) 严刑峻法，"昔之能制天下者，必先制其民也，能胜强敌者，必先胜其

---

① 《商君书·农战·立本·算地》等篇。

民者也,故胜民之本在制民"。① 就上述各点看,法家思想与孙子所谓"道者令民与上同意"实颇类似,不过其对于"令"字的强制性则又比孙子更较增强。法家之提倡愚民政策明显地受到道家的影响,这又与秦国的国情有关,秦是文化比较落后的国家,民智本来就较低,所以商鞅才会主张"成大功者不谋于众"②。

韩非为法家之殿,其学实集前人之大成。商韩之间相距百年,在思想上仍一脉相传,尤其是其战略思想几乎完全因袭商鞅的旧说,而并无大多新意。不过,商鞅有强烈的反智趋势,韩非则不仅重视智能,而且还尊重专家。他虽然反对学术自由,但又并不主张采取愚民政策,而只是主张"以法为教,以吏为师"③。

在中国战略思想史中,法家居于不太重要的地位,除"农战"以外,几乎无其他观念值得评述。尤其是他们也不重视兵学的研究,甚至于还认为理论研究对国防建设有副作用。连韩非也说:"境内皆言兵,藏孙吴之书者家有之,而兵愈弱。言战者多,被甲者少也。"④

不过韩非书中有"亡征"一篇,从战略的观点来看,要算是一种创见,并且更足以发人深省。韩非认为"木之折也必通蠹,墙之坏也必通隙",所以国家将亡也必先有征兆,此之谓"亡征"。于是他列举了四十七种不同的征兆加以详细分析,并说明其所以可能导致败亡的理由⑤。当然,其所分析的内容有许多到今天已经不再有意义,但值得称赞的则为他的远见。**所谓"失败"(failure)的研究**

---

① 《商君书·外内·垦令·画策》等篇。
② 《商君书·更法篇》。
③ 《商君书·五蠹》。
④ 《韩非子·五蠹》。
⑤ 《韩非子·亡征》。

第十四章 孙子与先秦诸子

是在最近才受到西方战略学界的重视,第一本剖析战争失败的书1990年出版于美国[①]。我国的战略家,包括孙子在内,大致都是只知求胜,而未尝注意如何避免失败的问题,因此,韩非能有见及此,实应予以高度的肯定。

※　　※　　※

如果把儒、墨、道、法四家思想作一综合比较,即可以发现孙子与儒家最为接近。孙子与孔子时代差距很小,他们都是春秋时代学术思想的末代传人,而且也可能有若干共同的来源。荀子晚于孙子,他是儒家大师中对战略最有研究的一人,他也的确曾受孙子的影响。墨子从表面看似乎与孙子思想对立,实际上,他们只是用不同的观点看同一问题。墨子有其完整战略思想体系,他与儒家,尤其是荀子,也很相似。严格说来,道家毫无战略思想之可言,至少孙子与老子是毫无关系,至于后世兵家曾受道家影响则另当别论。法家最为晚出,虽崇尚暴力,提倡战争,但除"农战"之外,对于战略思想几乎缺乏任何深入的研究,也不曾受到孙子的影响。

---

① Eliot A. Cohen and John Gooch, *Military Mistortare: The Anatomy of Failure in War* (FreePress, 1990).

第十五章
孙子与先秦兵书

前章曾言及法家好战而不喜言兵,此种现象又应如何解释?法家之不喜言兵似与战国后期社会形态的演变有关。中国古代,社会的核心为贵族,他们是精英分子(君子),不仅垄断一切权力,而且也垄断一切知识。他们都是通才,文武不分,出将入相都由他们包办。到春秋后期,此种垄断才逐渐被打破,所谓诸子百家之兴起即为其后果。不过新的平民学者所采取的治学途径还是跟着传统走,所以,他们也还是通才而并非专家,尤其是仍然文武兼备。但到战国时,文明程度日益进步,于是专精化的趋势也随之而发展。文武之学遂逐渐分离,由于有专业化的兵家出现,所以其他学派也就开始不再以兵学研究为己任。晚出的法家之所以不言兵,很可能就是受到此种专业化趋势的影响。

事实上,由于战争的频繁,兵书的著作也自然会受到刺激而增多。韩非所云:"今境内皆言兵,藏孙吴之书者家有之",即可证明兵书在战国末期已非常畅销。经过秦始皇的焚书,加上秦楚之际的战乱,许多古籍都可能散佚。但到西汉初,汉宫所存兵书竹简仍堆积如山。汉高祖、武帝、成帝三朝中,对于先秦兵书曾先后作三

第十五章 孙子与先秦兵书

次整理,其最后结果被纳入《汉书·艺文志》,而成为我国现存最早的兵书目录,共为五十三家,七百九十篇[1]。

由此可知到西汉时,先秦兵书的存留数量仍相当可观。但到宋神宗元丰三年(1080)正式颁定《武经七书》时,其中可以断定为先秦遗物者则不过下列五种而已:《孙子》、《吴子》、《司马法》、《尉缭子》、《六韬》。严格说来,此乃今日硕果仅存的先秦兵书。此外,尚可勉强列入者则为最近在出土的《孙膑兵法》残简,以及颇有疑问的《阴符经》。

本篇之主题为《孙子》,那些幸存的先秦兵书中又有何者可与孙子比较?严格说来,只有三种有资格,即为《吴子》、《尉缭子》、《六韬》,其他的书不是内容过分残缺,就是思想近于庞杂,所以,不应列入讨论范围。

一、吴　子

在我国传统兵学领域中,孙吴居于互相伯仲的地位,学者往往孙吴并称,但事实上,他们之间有很多差异,值得较深入分析。

孙子的身世还是一个谜,但吴起的事功不仅《史记》有较翔实的记载,而且后世也几乎无人表示怀疑。《孙子》是一本相当完整的书,其思想也能构成体系。今天传留的《吴子》则不仅不完整,而且也缺乏有系统的思想,甚至于更可断言不是吴起所手著。

《汉书·艺文志》所著录为吴起四十八篇,但《武经七书》中的《吴子》则仅有六篇。二者在篇数上的差异实在太大,因此,可以断

---

[1] 钮先钟:《中国战略思想史》,180页。

言今存的《吴子》即令不是伪书,最多也只是一部残书。其六篇各有主题,但彼此间则几毫无联系。以体裁而言,它是一本谈话记录,记录者也许为幕僚或门人,但也可能为后人假托成书。所以,其价值实不如《孙子》远甚。尽管如此,其中还是有若干值得重视的战略观念不仅有其特殊意义,而且也足以与《孙子》相比较。甚至于可以说,有些观念不仅与《孙子》非常接近,而且更有超越的趋势。

孙子从未讨论战争的性质,也很少触及政治与军事的关系,吴子则在这两方面有其独特之见。也许可以说吴子是我国古代的若米尼,他的书与《战争艺术》第一章颇有相似的意味:

> 吴子曰:凡兵之以起者有五。一曰争名,二曰争利,三曰积德恶(怨),四曰内乱,五曰因饥,其名又有五。一曰义兵,二曰强兵,三曰刚兵,四曰暴兵,五曰逆兵。禁暴救乱曰义,恃众以伐曰强,因怒兴师曰刚,弃礼贪利曰暴,国乱人疲,举事动众曰逆。五者之数,各有其道;义必以礼服,强必以谦服,刚必以辞服,暴必以诈服,逆必以权服。[1]

这是一篇简明扼要的"战争论",首先分析战争的起因,其次为战争定名,分为五类并界定每类的性质。最后概述应付每类战争之道。此种战争性质的探讨,在古代实属难能可贵。

吴起重视政治与军事的关系,并认为对二者必须作总体性的考虑而不可有所偏重。他初见魏文侯时,即提出"内修文德,外治

---

[1] 《吴子·图国》。

武备"①的总体战略观念。其书第一篇名"图国",图国即谋国,所以可以证明其思想并非限于军事层面,而早已升到大战略层面。如何图国?他概括指出,"昔之图国家者必先教百姓而亲万民"②,足以显示其所学出于儒家,像孔子一样,非常重视教育。他说:"凡制国治军必教之以礼,励之以义,使有耻也。夫人有耻在大足以战,在小足以守矣。"③

亲民教民的目的为培养向心力,吴子称之为"和",他指出:

> 有四不和:不和于国不可以出军,不和于军不可以出陈,不和于陈不可以进战,不和于战不可以决胜。是以有道之主将用其民,先和而造人事。不敢信其私谋,必告于祖庙,启于元龟,参之天时,告乃后举。民知君之爱其命,惜其死若此之至,而与之临难则士以尽死为荣,退生为辱矣。④

非常明显,吴子所谓"和"与孙子所谓"道"在目的和作用上完全一致。吴子虽主张"启于元龟,参之天时",并非表示他迷信鬼神,而只是向人民表示政府对战争的态度十分慎重。

吴子的慎战不仅代表儒家的传统,而且与孙子如出一辙。他更指出胜利含有内在的危险,甚至于足以导致亡国的后果:

> 战胜易,守胜难。故曰天下战国五胜者祸,四胜者弊,三

---

① 《吴子·图国》。
② 同上书。
③ 同上书。
④ 同上书。

胜者霸,二胜者王,一胜者帝。是以数胜得天下者稀,以亡者众。①

此种警告在战国时代对于好战者而言,真好像晨钟暮鼓,足以发人深省。尤其是与孙子在"火攻"篇中所云,"夫战胜攻取而不修其功者凶,命曰费留"之语可以互相印证。

《吴子》第二篇名为"料敌",也就是对敌情的研究判断。篇中有一基本观念最值得重视:"夫安国家之道,先戒为宝。"②吴子所提出的"先戒"与孙子所提出的"先知"可谓相辅相成,相得益彰。欲求先戒,则必须先知。若不能知则又如何能戒。反而言之,先知的目的即为知所应戒,假使知而不戒,则即令能先知又有何用?

《吴子》第三篇名为"治兵",其重点是"治"字。魏武侯问曰:"兵何以为胜?"起对曰:

以治为胜。又问曰,不在众寡? 对曰:若法令不明,赏罚不信,金之不止,鼓之不进,虽有百万何益?③

吴子是精兵主义者,在其书中曾一再强调素质的重要。如何始能提高部队的素质? 他的答案是"教戒为先"。他认为数量并非决定因素,真正的决定因素为"治",治的意义就是组织。他说:

所谓治者,居则有礼,动则有威,进则不可当,退则不可

---

① 《吴子·图国》。
② 《吴子·料敌》。
③ 《吴子·治兵》。

第十五章　孙子与先秦兵书

追,前却有节,左右应麾,……投之所往,天下莫当,名曰父子之兵。①

基于以上的描述,可知吴子所想象的兵力能适应各种不同环境,有高度有效的控制,并且永保团结,不会溃散。孙子虽也重视素质和组织,但并不像吴子这样强调这两种因素。反之,孙子则始终认为数量优势为决定因素。因此,他们在治兵方面的观点至少是有程度上的差异。至于用兵方面,吴子也像孙子一样强调速决,其所言甚至于比孙子还更有力:

凡兵战之场,立尸之地,必死则生,幸生则死。其善将者如坐漏船之中,伏烧房之下,使智者不及怒,受敌可也。故曰:用兵之害,犹豫最大,三军之灾,生于狐疑。②

这一段话真是千古名言,甚至于在《孙子》一书中也都找不到类似的话。

吴子第四篇为"论将",其意见不仅可与孙子比较,而更能提供新的启示。吴子说:

夫总文武者,军之将也,兼刚柔者,兵之事也。凡人论将,常观于勇,勇之于将乃数分之一耳。夫勇者必轻合,轻合而不知,未可也。故将之所慎者五:一曰理,二曰备,三曰果,四曰

---

① 《吴子·治兵》。
② 同上书。

戒，五曰约。理者治众如治寡，备者出门如见敌，果者临敌不怀生，戒者虽克如始战，约者法令省而不烦。①

孙吴二子论将，观点大致相似，尤其是他们都不过分强调"勇"之重要。吴子更明确指出，"勇"只是几种必要因素中之一种而已。另一方面，吴子又列举五点，认为那是将之所慎。用现代语来说，理就是管理，备就是战备，果就是果敢，戒就是警戒，约就是简单。这是他所独创的一套原则，非常有系统而且富有实用价值。若与孙子所云"智、信、仁、勇、严"相配合，则孙子所言为体，吴子所言为用。彼此互动，相得益彰，诚可谓将道之精华。

《吴子》现存者还有两篇，分别名为："应变"和"励士"。其内容属于战术及训练等较低层次，在此也就不必赘述。综观现存的《吴子》，可以发现其主要思想与孙子实颇接近，甚至于还有若干创见和名言，不仅能够媲美孙子，而且还有过之无不及。但其究竟是一部残书，在结构和体系上也就自然不能与《孙子》比拟。吴子晚于孙子，其思想是否曾受孙子影响，在其书中找不到任何证据。不过，此种可能性的确存在，甚至于几率也颇高。

二、尉 缭 子

《尉缭子》为《武经七书》中之一种，但其来历模糊不清，含有很多疑问，作者的身世时代都无定论。据最近的考证，似乎可以认定为战国末期作品。现存的《尉缭子》共分五卷二十四篇，要算是篇

---

① 《吴子·论将》。

幅很长的古书（约九千余字）。其范围相当广泛，从大战略以至于小战术无所不包。全书编排尚属合理，但不像《孙子》那样构成完整的体系，各篇之间也缺乏逻辑上的必要关系。简言之，书中固有相当丰富的战略思想，但不免于杂乱。《尉缭子》大致可代表战国末期的战略思想，书中也确有若干值得重视的特殊观念，不过大部分所讨论者都是层次较低的问题。因此，我们只是逐篇说明其概括内容，并提出其值得重视的部分。

"天官第一"。此篇引述史例来说明"天官时日，不若人事"，并假黄帝之口作结论："先神先鬼，先稽我智，谓之天时，人事而已。"此种重人智、不迷信的态度与孙子相同，代表兵家的正统。同时也可证明该书为战国末期产品。因为那时阴阳家的势力已十分强大，对兵学产生严重冲击，尉缭的反阴阳有如孟子之拒杨墨[①]，那是正统对异端所采取的反制行动。

"兵谈第二"。以论建军建国之道为主题，认为必须在国内完成准备，始可向外发展：

---

① 《孟子·滕文公下》有"杨朱、墨翟之言盈天下。天下之言不归杨，则归墨"之说。

对杨墨的主张，孟子说："杨子取为我，拔一毛而利天下不为也；墨子兼爱，摩顶放踵利天下为之。"（《孟子·尽心》上篇）

孟子认为，"杨氏为我，是无君也"；"墨氏兼爱，是无父也"（均见《孟子·滕文公》下篇）。而无君、无父就是破坏"忠孝"和"仁义"，不合人道，就是禽兽。

孟子认为"杨墨之道不息"，则"孔子之道不著，是邪说诬民充塞仁义也"。而"仁义充塞"，则"率兽食人，人将相食，吾为此惧"（《孟子·滕文公》下篇）。

为发扬儒家学说，维护君权与封建纲常、孝道，孟子对杨朱墨翟进行了批判。孟子进而阐述禹消灭洪水、周公驱逐"夷狄"、猛兽，孔子贬斥"乱臣贼子"的重大意义，认为杨墨盛行，又是天下大乱的时候，他不能不把继承孔子业绩的"道统"担于自己肩头。

孟子辟杨墨不但维护了孔子的儒家学说，也反映了儒、墨、杨三派互相对立的立场。——编者注

> 土广而任则国富,民众而治则国治。富治者,民不发轫,车不暴出,而威制天下,故曰:兵胜于朝廷。不暴甲而胜者主胜也,陈而胜者将将也。兵起非可以忿也,见胜则与,不见胜则止。

除提出"富治"观念之外,其他的观念几乎完全是出于孙子,包括"不战而屈人之兵","胜兵先胜而后求战","主不可以怒而兴师","合于利而动,不合于利而止"在内。

"制谈第三"。篇首说明兵制之重要:"凡兵制必先定,制先定则士不乱,士不乱则刑乃明。"不过,更值得注意的是:"修吾号令,明吾刑赏,使天下非农无所得食,非战无所得爵,使民扬臂争出农战而天下无敌矣。"先秦兵书明白提出"农战"观念者只有《尉缭子》一书,可以显示其受法家影响颇大。

"战威第四"。这是最重要的一篇,含有创造性的新观念:

> 凡兵有以道胜,有以威胜,有以力胜。讲武料敌,使敌之气失而师散,虽形全面不为之用,此道胜也。审法制,明赏罚,便器用,使民有必战之心,此威胜也。破军杀将,乘闉发机,溃众夺地,成功乃返,此力胜也。

虽然所谓"道胜"、"威胜"、"力胜"实乃孙子"伐谋"、"伐交"、"伐兵"的延伸,但名词又还是尉缭所首创。至于如何始能三胜,其结论为:

> 举贤任能,不时日而事利,明法审令,不卜筮而事吉,贵功

养劳,不祷祠而得福。又曰:天时不如地利,地利不如人和,圣人所贵人事而已。

尉缭不仅重申其不信天命的态度,而更表现其与儒家的渊源,甚至于还引述孟子之原文。

"攻权第五"。本篇综论攻击。首先强调集中原则:"兵以静胜,国以专胜,力分者弱,心疑者背。"其次重视事前计划,不求幸胜:"战不必胜不可以言战,攻不必拔不可以言攻。"所以,必须"权敌审将而后举兵"。

"守权第六"。论述守城之法,纯属战术层面。

"十二陵第七"。综述治军处事的基本原则,近似教条,正反各十二条。

"武议第八"。这一篇有两点值得注意:(1)"兵者所以除暴乱禁不义也",完全是儒家思想,与荀子接近。(2)"胜兵似水,夫水柔弱者也,然所触丘陵必为之崩,无异也,性专而触诚也",这与孙子"兵形象水"无关,几乎是完全照抄老子的文章。

"将理第九"。目的为说明"将者理官也",认为必须公正,不可偏私。

"原官第十"。说明国家分官设职的重要,以及君臣分工的原则。

"治本第十一"。说明耕织为立国之本,并提出"往世不可及,来世不可待"的警告,强调重视现在。

"战权第十二"。说明权谋在战争中的重要。

"重刑令第十三"。说明重刑的观念,表现出其曾受法家的影响。

"伍制令第十四"。解释"五人为伍,伍伍相保"的连保连坐制。此乃秦国自商鞅变法之后早已实施的制度。

"分塞令第十五"。说明军中营区划分的原则。

"束伍令第十六"。说明军律之执行细则。

"经卒令第十七"。说明战斗组织划分的原则。

"勒卒令第十八"。说明金、鼓、铃、旗四种指挥工具的使用方法。并提出"早决先敌"的原则,因为"计不先定,虑不早决,则进退不定,疑生必败"。其见解又还是大致与孙子类似。

"将令第十九"。说明将的权威,及将令的尊严:"军无二令,二令者诛。"

"踵军令第二十"。大致说明战前动员的步骤,其结论为"欲战先安内也"。

"兵教上第二十一"。说明军事教育的概括原则。

"兵教下第二十二"。指出"人君有必胜之道",并列举十二项因素。其建议为必须他国有弱点始可伐之,并且事先必须对各种权力因素作审慎评估。

"兵令上第二十三"。主要观念为:

> 兵者以武为植,以文为种。武为表,文为里,能审此二者,知胜败矣。文所以观利害,辨安危;武所以犯强敌,力攻守也。专一则胜,离散则败。

此种文事(政治)武备(军事)必须密切配合的观念在《尉缭子》中曾一再受到强调,似可显示其思想与吴子亦颇接近。

"兵令下第二十四"。为最后一篇,重申组织和军律之重要,并主张严刑峻法,这当然还是受到法家的影响。

综合言之,《尉缭子》之书在战国末期可以代表兵家之正统,其不迷信、重人事都可显示其思想是孙吴的延伸。在"制谈"篇,更有"有提七万之众而天下莫当者谁?曰吴起也。有提三万之众而天下莫当者谁?曰武子也"之语,足以表达其对于二子之景仰。此外,他也分别受儒家、道家、法家的影响,而尤以法家为甚。

三、六　　韬

《六韬》也是《武经七书》中之一书,传为太公所撰,显系托名。该书来源和成书时代都有很多争论,但大致可以认定为战国末期产品,也许还比《尉缭子》略晚。今本共分六卷,即一韬为一卷,每卷篇数多少不一,共为六十篇。该书内容非常复杂,用现代眼光来看,可算是一部军事百科全书,把那个时代的一切军事知识都包括在内,从治国平天下的大战略到战术战斗的细节无一遗漏。

所谓六韬者,其主要内容可概述如下:
(1) 文韬:讨论治国用人的平时大战略。
(2) 武韬:以战争准备和军事战略为主题。
(3) 龙韬:着重军事组织,包括人事、情报在内。
(4) 虎韬:讨论各种天候地形条件之下的战术。
(5) 豹韬:讨论各种不同的特殊战术。
(6) 犬韬:讨论各种部队的指挥与训练。

后三卷完全属于战术层次,前两卷则显然属于战略层次,而第三卷(龙韬)则介乎二者之间。所以,可以用来与孙子比较的资料都是出于前三卷之中。

文韬中第一篇("文师")对于政治原理作了开宗明义的宣告："天下非一人之天下,乃天下之天下也。同天下之利者得天下,擅天下之利者失天下。"这显示其所提倡者为光明正大的民本主义,同时也证明其思想具有儒家的传统。接着在第二篇("盈虚")又指出安危治乱之道："君不肖则国危而民乱,君贤圣则国安而民治。祸福在君,不在天时。"此种重人事而不重天命的态度与《尉缭子》极为相似,足以代表兵家的正统,也可以显示其成书之时也许相当接近。

第三篇("国务")说明国之大事,其重点为"爱民而已"。第四篇("大礼")则进一步说明为政应尊重民意："以天下之目视,则无不见也,以天下之耳听则无不闻也,以天下之心虑则无不知也。"

在其第七篇("守土")中有两点特别值得注意：(1)强调一切行动必须趁早,迟了就会来不及。"涓涓不塞,将为江河,荧荧不救,炎炎奈何,两叶不去,将用斧柯。"预防重于治疗实乃战略要义,就这一点而言,《六韬》似乎比《孙子》还要超前一步。(2)战国时代的书几乎无不确认富国为强兵之本,但《六韬》却有独树一帜的见解："人君必从事于富,不富无以为仁。"其强调富国为实行仁政的基础,实乃高见,而为他书所不及。

文韬(第一卷)实为《六韬》之精华,所论均为为政之道,亦即为平时安邦定国的大战略。其境界超越一般所谓兵书,实为其特点。《六韬》第二卷为武韬,一共只有六篇,比其他各卷均较少,似有逸散。而"兵道"一篇在武经本中原列在第一卷内,但《中国兵书通览》则将其列入第二卷。以逻辑而言,似较合理,今从之①。

---

① 许保林：《中国兵书通览》,119页。

第十五章 孙子与先秦兵书

武韬第十二篇("启发")有云:"大智不智,大谋不谋,大勇不勇,大利不利。"这不仅代表典型的道家思想,而且也和孙子所谓"无智名,无勇功"的观念有所暗合。篇中又云:

> 故道在不可见,事在不可闻,胜在不可知。微哉微哉,鸷鸟将击,卑飞敛翼,猛兽将搏,弭耳俯伏,圣人将动,必有愚色。

此与孙子所云"乱生于治,怯生于勇,弱生于强"以及"鸷鸟之击,至于毁折"等语似有微妙关系。

第十四篇("文伐")是具有特殊重要性的一篇。"文伐"是《六韬》所首创的名词,其意义为使用各种不同的非军事性手段来打击敌国。孙子所谓"伐谋"和"伐交",事实上都可以算是"文伐"。这一篇对"文伐"的方法曾作详细讨论,共分十二节。其细节无须详述,但观念本身则值得重视,因为大战略的运用本以非军事因素为主。如能用"文伐"来达到目的则又何必使用武力。进一步说,"文伐"也可作为发动战争的准备步骤:"十二节备,乃成武事。所谓上察天,下察地,征已见,乃伐之。"换言之,文伐若已奏效,则也就能如孙子所希望的"胜于易胜"。

第十六篇("兵道")在武经本文列入第一卷文韬,其中值得重视的观念有如下述:(1)"凡兵之道,莫过乎一,一者能独往独来。"用现代语来表示,"一"就是"主动"。简言之,用兵必须保持主动,然后始能独往独来,致人而不致于人。(2)"外乱而内整,示饥而实饱",实无异于孙子所说的"诡道"。(3)"兵胜之术,密察敌人之机而速乘其利,复击其不意",几乎是照抄《孙子》的"兵之情主速,乘人之不及,由不虞之道,攻其所不戒也"。("九地")概括言之,

《六韬》在用兵的方面大致都是遵循《孙子》的思想路线。

《六韬》除第一、第二两卷外,其余四卷对于战略层面所能提供的资料都非常有限,惟第三卷龙韬中有两篇值得分析。其一为第十九篇"论将",其次为第二十六篇"军势"。

《六韬》论将有"五材十过"之说:

> 所谓五材者:勇,智,仁,信,忠。勇则不可犯,智则不可乱,仁则爱人,信则不欺,忠则无二心。所谓十过者:有勇而轻生者,有急而心速者,有贪而好利者,有仁而不忍人者,有智而心怯者,有信而喜信人者,有廉洁而不爱人者,有智而心缓者,有刚毅而自用者,有懦而喜任人者。

其论与《孙子》仅小有出入,但似乎还较精密。不过,有一显著差异为《六韬》把"忠"列为必要条件,乃《孙子》所未列入者。这又可以暗示时代的差异。到战国末期,各国多用客卿,所以,"忠"遂自然被认为是一个重要条件。此篇之结语为:"故兵者国之大事,存亡之道,命在于将。将者国之辅,先王之所重也,故置将不可不察也。"很明显,又几乎是完全抄袭《孙子》。

"军势"篇有云:

> 故善战者不待张军,善除害者理于未生,善胜敌者胜于无形。上战无与战,故争胜于白刃之前者,非良将也,设备于已失之备者,非上圣也。智与众同非国师也,技与众同,非国工也。

就思想而言,胜于无形,上战无与战,智与众同非国师也,都是

第十五章 孙子与先秦兵书

模仿孙子之言。但值得注意的是最后一句,那可能是古代兵书第一次提到"技"字,而且还有所谓国工之称。似乎可以暗示《六韬》成书时的环境已经不是单纯的农业社会。

"军势"篇最后又云:

> 善战者居之不挠,见胜则起不胜则止。故曰,无恐惧,无犹豫。用兵之害,犹豫最大,三军之灾,莫过狐疑。善者见利不失,遇时不疑,失利后时,反受其殃。

非常有趣,《六韬》不仅模仿《孙子》,而且还抄袭《吴子》。这又可以证明其成书较晚,而绝非太公之作。

※　　※　　※

总结言之,先秦兵书中只有《吴子》、《尉缭子》、《六韬》三者有资格与《孙子》比较。《吴子》书虽残缺,但确有独立思想,仅以现存部分而论,仍有若干创见名言,可以与《孙子》等量齐观,甚至于有过无不及。但是否曾受《孙子》影响,则无法确定。《尉缭子》与《六韬》则都显然曾受《孙子》的影响,其程度也大致相当。但《尉缭子》所受影响似乎略高。《尉缭子》和《六韬》成书都较晚,内容也比较完整,但思想庞杂,境界不高,虽可代表兵家的正统,但又都只是《孙子》的余绪。因此,在先秦时代,任何兵书都不足以与《孙子》比拟,称之为兵圣,谁曰不宜?

第十六章
孙子与克劳塞维茨

在孙子与西方战略思想家的比较中,第一位被选中的比较对象即为克劳塞维茨(Carl Philip Gottlieb von Clausewitz,1780—1831)。作这样的决定,其理由非常简单:克劳塞维茨之在西方,其地位正如孙子之在东方。诚如以色列战略家克里费德所云:"**在所有一切的战争研究著作中,孙子是最好的,而克劳塞维茨则屈居第二。**"①简而言之,在西方第一位有资格和孙子比较的人就只是克劳塞维茨。

书是人写的,在比较其书之前应先比较其人。有关二人身世背景的资料有很大的差异。虽然近年来已有很多的研究,但我们对于孙子的生平和时代仍然所知不多。反而言之,克劳塞维茨是19世纪初叶的人,距离今天不过两百年,关于他的一切不仅有可靠的记录,而且也已有深入的研究,甚至于我们还能了解其思想演进的心路历程。因此,只要能阅读正确的资料则对于克劳塞维茨

---

① Mantin van Creveld,*The Transformation of War*(Free Press,1991),p. 231,241.

第十六章　孙子与克劳塞维茨

其人应不难了解①。

二人在空间和时间上虽然相距颇远,但他们又有其相同之点:(1)他们都是军人,都是将军;(2)他们都有战争经验;(3)他们都有不朽之作传世。至于在思想方面,从表面上看来,似乎是各有其特点,彼此间也存在着相当巨大的差异,但令人感到惊异的是其间还是有很多相似和暗合之处。思想的表达就是书,所以,他们的书也就成为比较研究的主要根据。孙子只有一本书传世,但是,克劳塞维茨却是一位多产作家,一生著作之多几乎难以计算,不过其真正的代表作又只有一部《战争论》(On War)。所以要比较的即为这两部书。但书与书之间又还是存在着很多差异。

我们不知道孙子花了多少时间写成他的十三篇,但是,却知道克劳塞维茨一共花了十二年的时间来写他的《战争论》。从1818年到1827年他写完了六篇,其余两篇也已完成初稿,但他开始有了新的观念,遂决定再作一次彻底修正。1830年他调任新职,只好暂时搁置,不料次年(1831)即病逝。于是其巨著在1832年只能以尚未完全修正的原稿付梓,这就是我们今天所见的《战争论》。

《孙子》十三篇与《战争论》同为完整的书,代表完整的思想体系。《孙子》十三篇可概分四部分,前后连贯,首尾呼应,完全符合现代学术著作的标准(已见前述)。《战争论》亦复如此,其内容虽复杂繁琐,但全书仍能构成完整的体系。《战争论》共约六十余万字,比《孙子》多百倍,共分八篇(Book),一百二十五章,真可谓洋洋大观。各篇的内容可简述如下:

第一篇"论战争性质":界定战争通性,并列举其要素。

---

① 有关克劳塞维茨的背景资料可参考钮先钟著《西方战略思想史》第十章。

第二篇"论战争理论"：说明理论的用途和限制，可视为方法学。

第三篇"战略通论"：各种战略要素之讨论，尤其着重精神因素。

第四篇"战斗"：以会战为讨论焦点，并确认军以战斗为主的观念。

第五篇"兵力"：包括有关兵力的一切讨论，已接近战术层次。

第六篇"防御"：全书最冗长的一篇，克劳塞维茨到此才认为有彻底修改之必要。

第七篇"攻击"：仅为初稿，但可以暗示其思想的改变和二元论的趋势。

第八篇"战争计划"：虽为初稿，但非常重要，为全书总结，主要理念均汇集于此。

概括言之，在逻辑顺序上是由合而分，再由分而重归于合。因此，全书又可分为三大段：

（1）第一和第二两篇构成第一段，为全书绪论，说明著书目的和所用方法，为全书最重要的部分。

（2）第三篇到第七篇构成第二段，大致代表克劳塞维茨思想中的纯军事部分。除第七篇外，其余都是原始旧稿，尚未修改。

（3）第八篇单独构成第三段，与第一篇首尾呼应，充分显示战争与政治之不可分。

就结构而论，两书颇为相似：孙子以"计"为起点，以"用间"为终点，战争论以"战争性质"为起点，以"战争计划"为终点。都是首尾呼应，使全书在理论体系上形成一个整体。西方研究《孙子》的学者往往不曾认清《孙子》有其完整体系，而仅只对其作断章取义

第十六章 孙子与克劳塞维茨

的引用,实乃见树而不见林。事实上,《孙子》不仅具有完整的思想体系,而且简明扼要,远非冗长的《战争论》所能及。《孙子》篇幅简短,辞意畅达,为其最大优点,所以,才能长期流传,广受诵习。反而言之,《战争论》的篇幅浩繁,文辞晦涩,实为其最大弱点。尤其是克劳塞维茨所使用的治学方法更是会令一般读者如堕五里雾中。因此,诚如一句老话所云:**知道《战争论》的人很多,断章取义的引用也不少,但真正了解者则少之又少。**

这两部不朽名著不仅都有其完整的思想体系,而且还有其共同的哲学基础。他们与哲学究竟有何关系?这也早已成为热门话题。克劳塞维茨从未以哲学家自居,而且甚至于对哲学还保持反对的态度。但他在思想上又的确曾受康德和黑格尔的影响,而且后人也尊称之为"战争哲学家"。[1] 在孙子的时代,"哲学"这个名词根本还不存在,但现代学者又都认为《孙子》一书中含有高深的哲学思想。总结言之,两书都有其哲学层次,而其共同基础即为"二元论"(dualism)。

《战争论》中至少有两例可以凸显其二元论观念:(1)克劳塞维茨把战争分成"绝对"(absolute)和真实(real)两类;(2)他用对等的两篇来分别讨论。"攻击"和"防御"的独立地位和互动关系。至于《孙子》则在其第四、五、六、七等篇中,一系列推出"攻守"、"奇正"、"虚实"、"胜败"、"众寡"、"迂直"、"利害"等相对观念,真可谓集二元论之大全。因此,二元论确能显示两书在哲学思想上有其共同基础。

---

[1] Raymond Aron, *Clausewitz: Philosopher of War* (Routledge, 1976)即为一例。(该书中译名:《克劳塞维茨:战争哲学家》。)

孙子和克劳塞维茨在时代、地理、文化等方面虽有巨大差异，但所研究的则又为同一主题，那就是战争。不过，他们所采取的又是不同的观点，因此，所获结果也自然会有所不同。有人比之为"瞎子摸象"，这又暗示象还是那同一只象。他们在思想上的关系的确非常微妙，简言之，实乃同中有异，而异中又有同。他们不是对立，而是互补，甚至有时还是平行。诚如李德·哈特所云，克劳塞维茨与孙子之间的差异，并不像表面上所显示的那样巨大[①]。因此，要想比较他们的著作并非易事，必须作较精密的分析，较深入的思考，始能明了其间之异同和得失。为方便起见，以下的比较将采取条列方式。

（1）常有人以为孙子与克劳塞维茨在分析战略问题时，所采取的是不同的架构。孙子所重视的是战略的最高层次，即所谓大战略。他考虑到战前的计划和准备以及非军事权力的运用。克劳塞维茨的注意焦点则放在较低的作战层面上，譬如说他对于战略一词所下的定义，实际上只是限于今天所谓作战的层次，而不能用之于大战略层次[②]。实际上，并非如此简单。《孙子》十三篇之中，除前三篇可以说是属于大战略层次，其他各篇所论大都还是有关用兵（作战）的问题，尤其是第四、五、六三篇，一气呵成，更可以说是作战艺术的精华。所以，孙子并非不重视战争的作战层次。反而言之，有人指出在《战争论》那样一部巨著中，真正用来讨论高层战争指导的部分不过只是首尾两篇而已。但他们却忽视了那两篇

[①] Michael I. Handel, *Master of War: Sun Tzu, CLausewitz, and Jomini*, pp. 21–23.

[②] Carl von CLausewitz, *On War*, trans. Michael Howard and Peter Paret (Princeton, 1976), pp. 131–132. 本书对于《战争论》的引述均依据此英译本。页数将记在正文之后，不再列入注释。

第十六章　孙子与克劳塞维茨

也正是全书中最主要和最精彩的部分。**大战略的要义即为战争对政策的服从**，由此可见克劳塞维茨虽未使用"大战略"这个名词，但并不意味着他不了解大战略[①]。此外，克劳塞维茨也同样认为战争的活动可以分为两大类：（1）为战争的准备（preparation of War），（2）为战争本身（war proper）。所以，概括言之，他与孙子并无太多差异，最多只能说，孙子比较重视前者，而克劳塞维茨则比较重视后者。

（2）克劳塞维茨的最大贡献为他把战争性质（the nature of War）的分析列为战争研究的第一要务。他在这一方面所曾作的尝试应该要算是前无古人。至少在《孙子》一书中找不到与战争性质直接有关的讨论，不过还是可以发现他们之间也仍有其类似的观念。克劳塞维茨在论战争性质时有一新观念，即所谓"三位一体"（trinity），他说：

> 作为总体现象，战争是一种显著的三位一体：（1）原始暴力、仇恨和敌意，那都可视为盲目的自然力；（2）机会和几率的作用，而创造精神在其中自由活动；（3）作为一种政策工具，战争的服从要素使其仅受理性的支配。（89页）

最后。他又综合指出：

> 这三方面的第一方面主要是和人民发生关系，第二方面为指挥官及其部队，第三方面则为政府……理论若忽视三方

[①] J. F. C. Fuller, *The Conduct of War* (Rutgers, 1961), p.16.

面的任何一面,或企图在其间固定一种武断的关系,则将与现实冲突。(89页)

我们几乎可以立即想到孙子在其第一篇中所提出的"道"、"主"、"将"三种观念。"道者令民与上同意"也就是控制和发挥人民的原始暴力;"将"所代表者即为上述第二方面;而"主"即政府,也就是第三方面。由此可知孙子与克劳塞维茨在思想上实有所暗合。孙子对于战争性质似乎只说了一句话:"兵者国之大事。"非常有趣,克劳塞维茨所说的话也和他一样,甚至于更有强调的意味:

战争不是消遣,也不仅是在冒险和胜利中寻求乐趣,无责任感的好战之徒是无存在之余地。战争是一种达到严肃目的的严肃手段(a serious means to a serious end)。(85页)

由此可知克劳塞维茨也和孙子一样具有"慎战"的趋势。

(3) 克劳塞维茨在思想上多少有反传统的趋势,但有一点又完全代表启蒙时代①的延续,那就是他对于历史的重视。若对于其全部著作加以综合观察,则将可发现克劳塞维茨作为史学家的成分应该是多于作为战略家的成分。其全集除前三卷为《战争论》以外,其余七卷几乎全是历史著作,甚至于还有若干历史论文已经逸失。在《战争论》中他也经常引述史例来作为其理论的佐证。反

---

① 启蒙时代或启蒙运动,又称理性时代,是指在17世纪及18世纪欧洲地区发生的一场知识及文化运动,相信理性发展知识可以解决人类实存的基本问题。人类历史从此展开在思潮、知识及媒体上的"启蒙",开启现代化和现代性的发展历程。德意志哲学家康德以"敢于求知"的启蒙精神来阐述人类的理性担当。他认为启蒙运动是人类的最终解放时代,将人类意识从不成熟的无知和错误状态中解放。——编者注

而言之,《孙子》一书中对于历史最多只有暗示的提及,从未直接引述史例,这当然又可能是受到时代的限制(当时尚无纸笔,更谈不上印刷),而并不表示孙子不重视历史。在另一方面,孙子对于地理则确有独到的研究,十三篇中有三篇与地理直接有关(行军、地形、九地),而强调地理重要性以及其与用兵之关系的语句则在书中多处出现。克劳塞维茨在其书中当然也曾论及地理因素与作战的关系,但还是不能像孙子那样有体系、有创见。

(4)克劳塞维茨极端重视战争与政治的关系,在他的书中有关这种观念的语句真是不胜枚举。例如他说:

> 战争不仅是一种政策的行动,而更是一种真正的政治工具,一种政治交往的延续,只是使用其他的手段而已。(86页)
> 战争仅为政治活动的一支,战争的惟一根源即为政治。战争不可能与政治生活分离。(605页)
> 在其最高层面,战争艺术变成政策。军事观点必须服从政治观点,而无其他的可能。(607页)

孙子则很少论"政",其思想是以"兵"为核心。但孙子又并非不知政治的重要,他也把"主孰有道"列为庙算之首。不过,其书中对于政治因素不曾作较深入的分析则又为事实。另一方面,孙子又可能是全世界上第一位注意到战争与经济之间有密切关系存在的战略思想家。他把讨论经济问题的"作战"篇列为第二篇,其地位仅次于第一篇的"计"篇,表示他认为在大战略计划中必须优先考虑经济因素;他所云"兵久而国利者未之有也"更是千古名言。

克劳塞维茨也并非完全不重视经济,不过他却把经济视为一种先决条件,而不是其理论架构中所要分析的重点。在用兵的领域中,孙子十分重视后勤对作战的影响,但诚如霍华德所云,在战略的四个向度中,克劳塞维茨仅注重作战一面而已①。就这一点而言,克劳塞维茨似乎有知利而不知害的趋势。

(5) 克劳塞维茨重视战斗,寻求决战,并以此为其全部战争理论的重心。他把毁灭敌军视为最高理想。他似乎是提倡暴力,反对和平,其书中也常有激情之语,令人有杀气腾腾之感。他一直都向往绝对战争,直到晚年才开始有新的觉悟,了解现实战争必然是有限战争。但是已经太迟了,而来不及彻底地修正其已完成的原稿。由于想要毁敌求胜,他也就必然重视数量优势和兵力集中,以至于李德·哈特遂讥其为"数量教主"(the mahdi of mass)②。不过,李德·哈特的批评并不公正,因为其所推崇的孙子在这一点上,与克劳塞维茨几乎没有什么差异。孙子说,"胜兵若以镒称铢",这不是数量优势又是什么?孙子又说,"形人而我无形,则我专而敌分",足以证明他也重视集中原则。不过孙子又说,"兵非贵益多",所以他并不迷信数量,克劳塞维茨也和孙子一样,他在《战争论》中说:"若认为数量优势对胜利为不可或缺,实乃严重地误解了我们的辩论,我们只是想要强调其相对重要性而已。"(197页)

(6) 孙子虽像克劳塞维茨一样地重视攻击,但他又认为攻击并非仅限于使用武力。他在"谋攻"时分为四个层次,仅在较低的层次才使用武力。他指出武力的使用愈少愈好,最好完全不用。

---

① Michael Howard, "The Forgotten Dimensions of Strategy", *Foreign Affairs* (Summer, 1979), pp.975-986.

② B. H. Liddell-Hart, *Less knowles Lectures for 1932—1933*.

第十六章 孙子与克劳塞维茨

所以,"善用兵者屈人之兵而非战也……必以全争于天下,故兵不钝而利可全。"这个"全"字是关键,谋攻的理想为求全,而求全的关键又在于不战,"是故百战百胜非善之善者也,不战而屈人之兵,善之善者也。"反而言之,克劳塞维茨则一心以毁灭为目标,毁灭就是孙子所谓的"破",所以,从孙子的观点来看,克劳塞维茨的理想即令能完全实现,也还只能算是"次之"。唐朝李靖曾盛赞孙子深通攻守两齐之道,所谓"两齐"也就是二元论的观念。克劳塞维茨在这一点上几乎与孙子的思想完全一致。他在论"攻击对防御的关系"时,曾指出:"当两种观念形成一种真正逻辑上的正反对照时,每一种对另一种互补。"(523页)他又指出"战争的防御形式就本质而言比攻击形式较强",其原因是导源于"位置的利益"(the advantage of position)。此外,防御还可以发挥"后发制人"(beati sunt possidentes)之效。(357—358页)这些见解与孙子所谓"守则有余,攻则不足"和"先处战地而待敌者佚,后处战地而趋敌者劳"之说几乎完全符合。

（7）克劳塞维茨在探索战争性质时,有一重大发现,即为战争中的不确定性(uncertainty),而它又可分为两种不同而又互动的因素：(1) 摩擦(friction),(2) 机会(chance)。在战争中摩擦是无所不在,它构成现实战争与纸上战争之间的惟一区别。摩擦又可分为两种：(1) 自然的抗力,(2) 信息的噪音(noise)。前者使一切努力都不能产生应有的效果,后者形成所谓"战争之雾"(the fog of war)。机会也就是偶然,所以猜想和运气在战争中经常扮演重要角色。因此,"在整个人类活动领域中,战争最接近一场纸牌赌博"(85—86页)。由于战争有敌对双方,遂又导致一种互动关系。简言之,甲方的摩擦对乙方构成可供利用的机会,反之亦然。但是克劳塞维茨对于此种双方之间的互动关系并未作进一步的深入研究,实乃美中不足。孙子却明确指出:"昔之善战者先为不可胜,以待敌之可胜。"所谓"不可胜"即尽量减少我方本身的摩擦,不让敌方有可以利用的机会;所谓"待敌之可胜",即等待敌方的摩擦对我方呈现可供利用的机会。孙子之言简明扼要,把摩擦与机会之间的关系表达无遗,可谓要言不烦,实乃克劳塞维茨所不及。

(8) 克劳塞维茨在讨论军事天才时,指出战争为危险的领域,所以认为"勇敢"(courage)是军人的首项要求。他的结论为:"名将而无勇是不可以想像,没有天赋勇气的人绝不能扮演这种角色,故应认定此种气质为伟大军事领袖的第一先决条件。"(192页)他又对于智勇之间的关系作了下述的分析:"单独的智并不是勇,我们常见非常聪明的人反而缺乏决断。"反而言之,"勇敢可以替理智和见识添翼,此种翅膀愈强,则可以飞得愈远,视界愈广,而结果也愈好。"(192页)简言之,克劳塞维茨的重勇有过于重智,他似乎认为勇者必有智,而智者则不一定有勇。非常有趣,孙子的想法恰好与他相反。孙子论将时把"智"列为第一位,而"勇"则屈居第四位。在其书中只提到智将而从未提到勇将。克劳塞维茨强调战争具有不确定性,主张有时应不惜冒险,以战求胜。孙子则断言:"故其战胜不忒,不忒者其所措必胜,胜已败者也。"孙子又说:"胜兵先胜而后求战,败兵先战而后求胜。"所以,克劳塞维茨所主张的冒险一战,照孙子的观念来判决,则虽侥幸获胜,也还是"败兵",实不足取。

(9) 孙子与克劳塞维茨之间的最大差异即为他们对于情报的价值作了完全不同的评估。孙子非常重视情报,其整个思想体系以情报为基础。情报的功用即为"先知",无"先知"也就无"庙算",

第十六章 孙子与克劳塞维茨

于是一切战略理论或计划均将沦为空谈。反而言之,克劳塞维茨对情报的价值则几乎完全予以否定,他说:"战争中有许多情报都是矛盾的,甚至于更多的情报都是虚伪的,而绝大多数情报都是不确实的。"(117页)二人之间的看法相差得这样巨大,但又并不是不可解释。克劳塞维茨所分析的是作战层面的问题,而孙子所重视的则为情报对于战争计划和准备的贡献,现在也有人称此种情报为战略情报甚或国家情报。孙子的思想具有未来导向,所注意的是长期的预测和准备,而不是眼前的情况。所以,他的境界在这一方面的确是高于克劳塞维茨远甚。

(10) 在《孙子》一书中引起争论最多的观念为"诡"与"奇",许多人的注释和评论更替它们增加了不少的神秘色彩,尤其是西方研究或翻译《孙子》的学者更是时常把它们当作注意的焦点。他们把"诡"译为"欺诈"(deception),把"奇"译为"奇袭"(surprise),事实上,这样的翻译都未能把孙子的原意完全表达出来。尤其是他们还有一种偏见,以为中国人都是凭欺诈取胜,好像中国人都是不诚实的骗子,更是岂有此理。孙子的"诡"与"奇"所具有的意义并非那样简单(可参看原论)。汉德尔认为克劳塞维茨不重视欺诈也不重视奇袭,实乃其与孙子之间的重大差异[①]。实际上,孙子所强调者并非"欺敌"而是"动敌",所谓"动敌"者也就是"致人而不致于人",换言之,掌握主动而使敌人居于被动。孙子的作战艺术是贯穿攻守、奇正、虚实三层次,而整合为一体,其复杂微妙,无人能及,又岂止是"deception"和"surprise"两字所能代表?

(11) 克劳塞维茨曾自云,他的思想中有所谓"核"(Kernel)的

---

① Michael I. Handel,*Masters of War*,pp. 102-110.

存在(63页)。但令人失望的是,在《战争论》中几乎找不到"核"的踪影。他本人似乎也承认此项事实,因为他在其原序中这样写道:"也许一个较伟大的心灵不久将会出现,能用单一整体来代替个别的小金块,那个整体将由固体金属铸成,不含任何杂质。"(62页)事实上,那个较伟大的心灵早已出现,他就是孙子,孙子虽不曾说明其思想中有"核"的存在,但只要把十三篇多读几遍,就能发现"核"是什么。"知"字就是《孙子》全书的"核","知彼,知己,知天,知地"也就代表永恒的教训。

※　　※　　※

《孙子》与克劳塞维茨的《战争论》同为不朽名著,他们在思想上自各有其特点。但经过较精密的比较分析之后,又可以发现他们的思想并非互相矛盾,而是彼此补益。严格说来,似乎还是同多于异。孙子的最大优点为言简意赅,而克劳塞维茨的最大弱点则为繁复隐晦,所以其对后世所曾产生的影响遂远不如孙子。

最后,还有一个有趣的问题值得一提:克劳塞维茨曾否读过《孙子》,又或在思想上曾受其影响?《孙子》在1772年虽已有法文的节译本[①],但克劳塞维茨对于东方的思想毫无兴趣,而且更有一种反法心态,所以他似乎不可能读过《孙子》,而且从其著作中也看不出来他曾受孙子的任何影响。

---

① Jean Joseph Marie Amiot,*Art militaire des Chinois*,译者为法国神甫。

第十七章
孙子与若米尼

若米尼(Antoine Henri Jomini,1779—1869)与克劳塞维茨同为19世纪西方战略思想史中的两位大师。他们的时代相同,其思想有共同的背景,但又各立门户,自成一家之言。他们在历史中的地位可谓互相伯仲,所以比较过孙子与克劳塞维茨之后,也就自然应进一步比较孙子与若米尼。诚如汉德尔所云,在审慎比较之下,可以发现就战争的基本问题而言,孙子、克劳塞维茨、若米尼三位大师的见解大致相同。不过,比较研究又还是有其价值:一方面可以显示战略与战争的研究有其基本一致性(basic unity),另一方面也可以使我们对于个别著作获得更较深入的了解[1]。

若米尼与克劳塞维茨虽处同一时代,但他们之间又还是有很多差异。前者是瑞士人,后者为普鲁士人。若米尼中产阶级出身,从未受过正规军事教育,走后门混入军界,用现代名词来说,他是真正的文人战略家。克劳塞维茨贵族出身,是一位标准的职业军人。但他们又同样地不得意,同样地有不朽之作传世。若把他们

---

[1] Michael I. Handel, *Masters of War*, p.4.

和孙子比较,则若米尼似乎更像孙子:(1)据说孙子是以十三篇见吴王,若米尼也是因其所著《大军作战论》(*Treatise on Grand Military Operations*)而获得拿破仑的赏识。(2)他们都有著作传世,而其著作也都被后世视为伟大的教科书。(3)在思想方面,他们都认为用兵是艺术,而且也同样重视将道。(4)若对三人作综合研究,则可发现若米尼的某些观点似乎是介于孙子与克劳塞维茨之间。(5)若米尼的书文辞流畅,简单明白,要言不烦,也和孙子相似,而不像克劳塞维茨的书那样冗长晦涩①。

虽然在基本观念上,三人大致相同,但在许多个别问题上又是同中有异,而且各有其特点,所以为了比较的方便,我们还是采取逐条列举的方式。在尚未进行比较之前,对于若米尼的著作又应先作少许介绍。若米尼的著作以战史为大宗,理论性著作则只有两种传世,其一为早期的《大军作战论》,出版于1804至1809年。其二则为《战争艺术》(Summary of the Art of War),出版于1838年。这是其最后一本书,也是他的代表作,现在用来作为比较依据者就是这本书②。

(1)若米尼也像孙子一样,并未在其书中对战争性质作理论性的分析,但从三位大师的著作中又可以发现他们对战争各有其不同的认知:克劳塞维茨明确指出战争像一场赌博;孙子虽未明言,但可以感觉到他似乎是把战争看作一盘棋,先为不可胜以待敌之可胜;至于若米尼的看法则又不同,他说"战争是一幕惊心动魄

---

① 有关若米尼的生平和著作,可参看钮先钟,《西方战略思想史》第九章。
② 若米尼的《战争艺术》有各种不同的英译本,其内容也常有差异,最近之英译本为 Baron de Jomini, *The Art of War*, trans. capt. G. H. Mendell and Lient W. P. Craighill (Greenwood Press, 1977)。本书之引述以此为准,其页数记入文内,不列入注释。

的戏剧"(344页)。若米尼认为有一千种不同的精神和物质因素都与它有关,而那不可能简化成为数学计算。所以,他既不像克劳塞维茨那样强调战争的不确定性,也不像孙子那样重视计算。他似乎要比孙子还更强调"演员"(actor)所扮演的角色,认为"战争不是科学,而是艺术"(321页)。

(2)《战争艺术》一书中的绝大部分都是以军事为主题,只有最前面的两章为例外。这两章自成一单元,所论者为战争与政治的关系,可代表若米尼晚年对战争的新认知。第一章法文原名为"战争的政治"(poeitique de la guerre),其内容是讨论国家之所以进入战争的理由,并列举九种不同的战争典型,分析其利害得失。此种分析是孙子和克劳塞维茨书中所未有者,而多少有一点与吴子近似。第二章原名"军事政策"(politque militaire),其内容包括**"有关军事行动的一切政治考虑……人民的战斗精神、武器装备、财力资源、对政府和体制的效忠"**(20页)。这一章应算是全书中最精彩的一章,与《孙子》十三篇中的前两篇在观念上有很多相通或暗合之处。

(3)若米尼像克劳塞维茨一样地重视历史,相信一切战争艺术的理论都是以战史研究为惟一合理基础。但他并不那样迷信经验,他曾引述腓特烈的名言说:"一匹在尤金亲王(Prince Eugens)帐下服务的骡子,虽然经过二十次战役,但还是不能变成优秀的战术家。"(199页)此种态度与孙子也很相似,他们同样具有弹性的心灵。在地理方面,若米尼有一特点而为孙子和克劳塞维茨所不及。若米尼深知海洋的重要,他对于英国海权在拿破仑战争中的贡献曾作适当的解释。孙子和克劳塞维茨在其全书中都从未提到海洋。此一事实足以使若米尼独占鳌头。

（4）若米尼书中的战略，其意义大致与克劳塞维茨所界定者相同，简言之，即为作战（野战战略）。若米尼说："战略就是一种把兵力的最大部分集中在要点上的艺术。"（322页）简言之，这三位大师在作战（用兵）领域中的基本观念几乎大致相同，他们都同样寻求决战，要求在决定点上造成压倒性的数量优势。不过有一点却是若米尼与孙子之间的巨大差异。孙子不仅不重视，甚至于还厌恶攻城，若米尼则对于都城（capitals）的战略价值作了很高的评估。他认为："所有的都城都是战略要点，其原因有二：都城不仅是交通中心，而且也是政治中心。"（87页）若米尼不仅指出城常为攻击目标，而且在守势作战时城也是主要的防御目标。（89页）这当然又是由于两人的时代背景不同而导致的认知差异。

（5）若米尼重视战争的准备和后勤，这是他与孙子相似之处，也是他们与克劳塞维茨之间的显著差异。若米尼在其书中对于后勤问题有详细深入的讨论，尤其重视战略、战术、后勤三者之间的互动关系。他对于后勤的界定和分析是如此有系统，可以说是前所未有，不仅克劳塞维茨望尘莫及，甚至于孙子也难与比拟。后勤的研究一向都不受重视，直到20世纪中期，才有若干专著出现，而这些作者遂无不奉若米尼为他们的大宗师[①]。

（6）孙子说"将能而君不御者胜"，克劳塞维茨则认为除非政治家能和军人合为一体，否则惟一合理的安排即为使总司令成为内阁（政府）中之一员。他们都反对君主或政府对于作战作直接的干涉。若米尼的想法不仅与他们大致相似，而且对于不合理的干

[①] George C. Thorpe, *Pure Logistice* (U. S. National Defense University, 1987), p.9.

涉反应更较强烈。他指出："一位将领的天才和手脚若受到五百里以外的战争会议的束缚,则面对着享有充分行动自由的对手,是必然居于不利的地位。"(42页)若米尼要比孙子和克劳塞维茨似乎更了解军政领袖之间的摩擦和冲突,而主张应给予战场指挥官以较大的独立决定权。孙子又说："知可以战与不可以战者胜。"克劳塞维茨则指出："政治家和指挥官所必须作的第一个最高的,而影响也最大的判断就是要确定其所将从事的战争的种类。"若米尼的意见也和他们两人大致相同,他说："我们必须假定当军队进入战场时,指挥官的第一要务即为应与国家元首对于战争的性质获得一致的共识。"(66页)总结言之,他们三人都认为政治与军事之间的和谐合作非常重要,但军事指挥官(将)又必须享有必要的行动自由。

(7)"将能而君不御"又必须有一先决条件,那就是"将"的确有"能"。这三位大师都同样地重视将道(generalship),都认为将才的选用实为国家大事之一。孙子说："将者国之辅也,辅周则国必强,辅隙则国必弱。"克劳塞维茨在论军事天才时,认为必须选择第一流的天才来负责保护国家的安全和荣誉。若米尼之言也和他们两位是殊少差异。他在其书中曾一再强调选拔将才的重要,他指出：

> 假使将才即为胜利的最确实因素之一,则也就明确显示将领的公正选拔是政治科学中最微妙的问题,也是国家军事政策中的必要部分。(43页)
>
> 总司令的选择是一个明智政府所必须极端慎重考虑的问题,因为那是国家安危之所系。(335页)

所以，他们三人在这一方面的意见可以说是完全相同，不过，若米尼又有进一步的建议而为其他二人所不及。他指出：

> 因为选择一位优良的将领经常都是非常困难，所以惟一的补救方法即为组成一个良好的参谋机构（general staff）以作为主将的辅弼。受过良好教育的参谋机构是一种非常有用的组织，它能向指挥官提供忠告，并对作战产生有利的影响。（57页）

这很可能是由于他亲眼看到拿破仑因为缺乏良好的参谋作业而失败的事实，才刺激他有这样的认识。不过，孙子的时代又当别论，因为在他那个时代，战争形态相当简单，而兵力数量也很有限，所以由主将一人控制全局是可能的，于是自无建立参谋组织之必要。

（8）良将又应如何选择？孙子认为智重于勇，克劳塞维茨则认为勇重于智。若米尼的想法与克劳塞维茨非常接近，甚至于犹有过之。他说：

> 将军的必要性格有如下述：（1）高度的精神勇气（moral courage），能够作重大的决定；（2）不怕危险的物质勇气（physical courage）。至于科学的或军事的要求则尚在其次。（59页）

> 最后，我要以一条永恒的真理来作为结论：对于一个成功的领袖而言，在其所有一切必要的条件中，居于首要位置的还是完美的勇气（perfectly brave）。将领若具有真正军人精

神(martial spirit),则他可以将其传达给他的部下。他也许还是会犯错,但他终能获胜并确保其所应有的荣誉。(345页)

只有在这一点上,若米尼与克劳塞维茨意见几乎完全一致,而与孙子则至少有程度上的差异。这又与他们的环境和经验有关。若米尼和克劳塞维茨都曾亲自经历过拿破仑战争,他们的观念也自然会以此种经验为基础。

(9)孙子非常重视情报,认为一切战争计划都必须以情报为基础。克劳塞维茨则认为确实的情报很难获致,所以情报的价值不大,甚至于毫无用处。他们二人的思想可以说是各走极端,非常有趣,若米尼的思想则恰好是位置在二者之间的中点上。他承认情报的价值,但也承认在战时要想获致完善的情报非常困难。若米尼和克劳塞维茨处于同一时代,有同样的战争经验,所以他们同样认为在19世纪初叶的战略环境中,想要获致可以信赖的情报几乎是不可能。若米尼指出这正是形成战争理论与实践之间巨大差异的主因之一(268页)。若米尼虽然承认此种困难,但他还是认为情报是有用的,不能因为畏难而就不搜集情报。他在书中详细讨论何者是最可信赖的情报来源,其所列举的五项原则,甚至于到今天还是正确有用,这也许要算是若米尼对情报理论的最大贡献。这五项原则为:

① 具有高度组织与效率的间谍系统。
② 用特种单位执行侦搜任务。
③ 讯问战俘。
④ 拟定有关几率的假定(以信息、逻辑和经验为基础,来对于

敌方可能采取的行动路线进行系统分析)。

⑤ 通信的传送应即时(realtime)有效。(269页)

若米尼像孙子一样地重视间谍的使用,同时他又认为信息的传送极为困难。如果不能作即时而正确的传送,则情报的获致有时不但无用,反而有害。于是他最后作成四点建议,这四点对于今天的军事指挥官和情报专家仍然是一种极有价值的忠告:

① 将领不应忽视任何种类的信息获致手段。

② 任何不完全和矛盾的信息都不可忽视,若能加以精密分析,则往往仍能从其中获致真相。

③ 不应完全依赖任何某一种手段。

④ 因为任何方法都不可能获致绝对正确的信息,所以在采取行动之前,将领必须依据假想预先拟定几种不同的行动路线,以期能随机应变。

换言之,必须承认情报永远不可能完善,所以为将者应在可能范围之内自作决定。此外,若米尼又主张应尽量利用新的科技来提高情报工作的效率,例如用闪光"电报"(visual telegraph)来传送通信,用气球来在战场上空侦察敌情。这些观念都表示他确有远见,至少可以说,《战争艺术》对于情报问题曾作最佳的理论分析,不仅超越了《战争论》,甚至于比《孙子·用间篇》也更较完备。

(10) 由此遂又引到另一点,概括地说,若米尼对于科技和武器的问题,都有很多超越时代的远见。例如他说:

> 武器的优越可能增加战争胜利的机会……武器的发展日新月异,所以领先的国家也就可以获得不少的利益。
> 作战的物资必须优良,数量必须充足,平时应妥善储备。

第十七章 孙子与若米尼

应尽量采他国之长补本国之短,不可故步自封,不求长进。对于军事科技的研发应给予奖励,科学人才应受到尊重。(47—49页)

若米尼如此重视科技,不仅是克劳塞维茨所不及,甚至于孙子由于时代的久远,也无法与他比较。

※　　　※　　　※

若米尼在战略思想史中是一位奇人,他是真正无师自通、独来独往的文人战略家。其最大贡献又非其著作,而是在精神方面。诚如霍华德所云,他是军事科学领域中的"牛顿"(Newton)。他把科学研究的精神和方法引入这个一向被认为不能"科学化"的神秘领域,尤其是使其同时代的人认清了智慧在战争中的地位[1]。

假使霍华德的评论正确无误,则也就可以认定若米尼在思想上与孙子的确非常接近,因为霍华德对于若米尼的评论,大致说来,也正是加夫利科夫斯基对于孙子的评论[2]。非常奇妙,若米尼以战争艺术名其书,孙子的书也被西方人译为《战争艺术》,但他们在思想领域中的最大贡献却不是艺术,而是科学精神和方法。

---

[1] Michael Howard, "Jomini and the Classical Tradition in Military Thought" in *Studies in War and Peace* (Viking Press, 1971), p. 29.
[2] 有关加夫利科夫斯基的评论可参看本书"导言"。

第十八章
孙子与李德·哈特

李德·哈特（B. H. Liddell-Hart，1895—1970）常被人称为"20 世纪的克劳塞维茨"，著作等身，名满天下，是一位有资格和孙子相比较的现代战略大师。虽然世人把他和克劳塞维茨相提并论，但李德·哈特本人对于克劳塞维茨不但没有好感，而且更常有微辞，甚至于有时其批评也许还有一点过当。但在另一方面，他对孙子不仅推崇备至，而且其思想也的确与孙子有非常微妙的关系。李德·哈特本人的言论对于上述事实可以提供明确的证据。

李德·哈特对于克劳塞维茨的思想不仅不太重视，甚至于还有很多误解，他似乎不太明了《战争论》的写作过程，而且对于其原文的引用也往往断章取义、不求甚解。诚然，他的某些批评是正确的，他指出克劳塞维茨的书中常有"暧昧"（obscurity）之处，其文章曲折矛盾，不易了解，对于某些观念欠缺考虑，例如过分重视会战、完全忽视海军，等等。但除此之外，有若干批评不仅是误解而更是曲解，所以，很难说是公平。其批评以在 1932 年的一次演说中最为激烈，直呼克劳塞维茨为"数量教主"（the mahdi of mass），并责

第十八章 孙子与李德·哈特

其已使政策变成战略的奴隶[1]。像这样的发言实有损于学者风度。所幸李德·哈特到晚年时,对于克劳塞维茨的态度已有相当改变。

李德·哈特对孙子的态度则恰好与其对克劳塞维茨的态度形成强烈对比。他在1963年替格里菲斯(Samuel B. Gfiffith)所新译的《孙子》英文本作序(Foreword)。序文中指出:

> 孙子的《战争艺术》为世界上最古老的兵书,但其内容的渊博和了解的深入却无人能及,那可以称之为有关战争指导的智慧精华。过去所有一切的军事思想家之中,只有克劳塞维茨可以与其比较,但即令如此,他也还是比孙子"过时"(dated),有一部分更是陈旧(antiquated),尽管他的书是在两千多年以后才写的。孙子有较清晰的眼光,较深远的见识和永恒的新意。

李德·哈特接着谈了其对孙子与克劳塞维茨的比较:

> 在第一次世界大战之前的时代中,欧洲军事思想深受克劳塞维茨巨著《战争论》的影响。假使此种影响能够受到孙子思想的调和与平衡,则人类文明在本世纪两次世界大战中所遭受的重大灾难也就一定可以免除不少。孙子的现实主义和温和态度与克劳塞维茨强调理想和"绝对"的趋势形成对比。克劳塞维茨的门徒受到此种趋势的影响,遂越出一切合理意

---

[1] B. H. Liddell-Hart, *Less Knowles Lectures for 1932—1933*.

识的限度,而发展"总体战争"的理论和实践。克劳塞维茨的名言"把调和的原则引入战争的哲学是一种荒谬的想法——战争是一种推进至其极限的暴力行动"对于此种发展产生了培养作用。尽管他以后又承认:"作为战争的原始动力,政治目的应为决定军事目标,以及所作努力分量的标准。"最后,他也已认清"追求逻辑的极限将会使手段与目的之间丧失其一切关系"。

李德·哈特遂又不骂师父而痛责徒弟,他认为:

克劳塞维茨的遗训之所以产生这些恶果,大体均应归罪于其门徒们所作的解释太浅薄和太极端,而且也忽视了其后来所作的修正。不过他本人对于此种误解也不能辞其咎,因为在说明其理论时他所采取的辩论过程太微妙,往往显得似乎与其所想要走的方向相反,使那些具有具体心灵的军人感觉到太抽象而无法了解。所以,他们只能记住其惊人的警语,而不能欣赏其思想的内涵。实际上,其思想内涵和孙子的结论相差得并不太远。

然后李德·哈特又回过头来再谈孙子与克劳塞维茨两人思想在西方的流传:

孙子思想的澄清可以矫正克劳塞维茨思想的隐晦。不幸,《孙子》引入西方最初只是一位法国传教师所作的节译,时间是法国革命之前不久。虽然与18世纪思想的理性趋势颇

第十八章 孙子与李德·哈特

为符合,但是由于法国革命的爆发、拿破仑战争的冲击,遂使孙子不再受到注意。克劳塞维茨开始他的思考时是在那种冲击影响之下,而在他尚未能完成其著作的修正时即又已逝世,所以也就诚如他所料,那会引出"无穷的误解"。等到《孙子》新译本在西方出现时,军事世界已在克劳塞维茨极端主义者的控制之下,于是中国古圣之言也就不再有任何回响。任何西方政治家和军人都不曾注意他的警告:"兵久而国利者未之有也。"

然后,李德·哈特又自述其本人认识孙子的经过:

引起我个人对孙子的兴趣者是我在1927年春季所收到的一封信。发信的人为邓肯爵士(Sir John Duncan),他正在上海驻防。当时由于国民革命军北伐产生紧急状况,邓肯奉英国陆军部之命,前往上海充任派遣兵力的指挥官。

邓肯的信这样写道:

我刚刚读了一本非常有趣的书,公元前500年在中国写的"战争艺术"。其中有一个观念令我想起你的扩张水流理论(expanding torrent theory):"夫兵形象水,水之形避高而趋下,兵之形避实而击虚,水因地而制流,兵因敌而制胜。故兵无常胜,水无常形,能因敌变化而取胜者谓之神。"这本书中还有另外一条原则,那是今天的中国将军们正在采用的,即为"不战而屈人之兵,善之善者也。"

203

李德·哈特接着又说：

> 当我读了《孙子》之后，发现书中还有许多内容都和我自己的思想路线完全符合，尤其是他经常强调出其不意，追求间接路线。它使我认清基本军事观念不受时代影响，甚至于连战术性的亦复如此。

最后，李德·哈特又以下述的一段小故事来作为其序文的结束：

> 大约十五年之后，在第二次世界大战的中期，有一位中国驻英武官曾数度来访，他是蒋介石的学生。他告诉我，富勒将军(J. F. C. Fuller)和我的书是中国军事学校的主要教科书——于是我就反问："如何看待《孙子》？"他回答说，《孙子》虽仍被视为经典，但大多数年轻的军官都认为它已经过时，在机械化武器的时代不值得再研究。我就告诉他，现在正是他们应该回头学习《孙子》的时候，因为在那样一本短书中，所包括的基本战略和战术理论几乎像我所写的二十多本书中所含有的一样多。简言之，对于战争的研究，《孙子》是最佳的简短导论，在深入研究此一主题时，若能经常参考亦可受益无穷。①

---

① 所有的原文均引自李德·哈特对格里菲斯《孙子》英译本所作的序文(Forward)[*Sun Tzn: The Art of War*, trans by Samuel B. Griffith (Oxford University Press, 1963)]。

第十八章 孙子与李德·哈特

上面所引述的这最后一段话,可以显示出李德·哈特对于《孙子》真是推崇备至,不过,他所讲的那一段故事却并不可信,至少是颇有疑问。在第二次世界大战之前,我国的陆军军事思想所受外来影响是以日本为主要来源,而日本又是以德国为主要来源,那位武官居然会说军校以富勒和李德·哈特的书为主要教科书,真是令人感到不可思议。事实上,在战前的中国,几乎无人知道他们两位的大名,甚至于连蒋百里先生也不例外。对于这个故事只可能有两种解释:(1) 李德·哈特自己编造这样一个故事,以加强其结论的说服力。照理说,以李德·哈特的身份,似乎不应采取这种欺人的手法。(2) 那位武官故意说谎来讨好李德·哈特,而后者信以为真。这种可能性虽然存在,但却无从查证。

李德·哈特之所以如此推崇孙子,当然又有其内在的原因。假使说思想也像商品一样有其特定的商标,则"间接路线"(Indirect approach)也就可以算是李德·哈特的商标。他从 1925 年开始,就一直从事历史的研究,希望能从此种研究中找到战略的精义。到 1929 年,他出版了一本书,名为《历史中的决定性战争》(The Decisive Wars of History)[①]。所谓间接路线的观念就是在这本书中首次正式提出。他以后在其回忆录中曾综述其思想发展的经过:"必须对全部历史加以研究和反省,然后始能充分了解间接路线的真意。"[②]

在此之前,李德·哈特早就已有"扩张水流"的观念,他在回忆

[①] 从这本书书名上看来,可以显示当时的李德·哈特的思想尚未达到成熟的水准。因为只能用"决定性会战"(Decisive Battle)而不可用"决定性战争"。有关李德·哈特的生平和思想,可参看钮先钟,《西方战略思想史》。

[②] B. H. Liddell-Hart, *The Liddell-Hart Memoirs*, *1895—1938* (Cassell, 1955), pp. 162 – 165.

录中曾提到:"当我研读孙子在两千年前所写的有关战争艺术的古书时,我发现其所用的比喻(simile)和我用的非常接近。"①李德·哈特在1927年以前还未读过《孙子》,但其思想在若干点上即已与孙子不谋而合。到1929年首次提出间接路线的名词时,他不仅已经读过《孙子》,而且也确已受其若干影响。他以后在其传世之作的卷首列举孙子语录十三条即可为证明②。

由此可以断定李德·哈特之所以推崇孙子,其内在原因未尝不是他可能认为孙子之言足以作为其理论的背书。不过,若作较精密的分析,则又可以发现他们两人的思想并非完全一致。事实上,天下绝无两种完全一致的思想,因为每一位思想家都有其不同的天赋、背景和环境。间接路线为李德·哈特毕生提倡的观念,虽不曾明确宣称那是他的发明,但他的确相信:"间接路线是最有希望和最经济的战略形式。"③孙子与李德·哈特相距两千年之久,其书中所用名词当然完全不同,不过,却可以断言孙子并非非常重视李德·哈特所谓的间接路线。孙子的思想有其二元论的哲学基础,其书中的一切观念几乎都同时呈现正反二面,从不偏重某一面。

李德·哈特最初使用此一名词时,还只具有地理意义,但以后,他又发现所谓间接路线不仅具有实质意义,而更具有抽象意

---

① B. H. Liddell-Hart, *The Liddell-Hart Memoirs*, 1895—1938 (Cassell, 1955), pp.44.

② 李德·哈特曾一再改变其书名,到1941年才正式采用《间接路线的战略》(*The Strategy of lndirect Aproach*)为书名。到1954年修正再版,又换了一个新书名:《战略:间接路线》(*Strategy: The Indirect Approach*)。此一书名遂一直保留不变。中译本删改用《战略论》为名。

③ B. H. Liddell-Hart, Strategy: *The Indirect Approach* (Faber and Faber, 1967), p.162.

第十八章　孙子与李德·哈特

义。于是最后遂认为"战略史根本上就是有关间接路线应用和演进的记录"。[①] 这样的说法未免过当,把间接路线视为战略的同义词,所以无怪乎和他的关系在师友之间的富勒都会作下述的批评:

> 若认为间接路线是万应灵丹,实乃大错。战略的目的是要击败敌人,若能用直接路线达到此种目的,则又何乐而不为。间接路线只是一种不得已的下策而已。究竟应采何种路线要看双方的态势来决定。[②]

富勒的意见可以说是完全正确,而且也与孙子之言若合符节:"故兵无成势,无恒形,能因敌变化而取胜者谓之神。"但是,李德·哈特虽欣赏孙子"兵形象水"的比喻,但却忽视"因敌而制胜"的道理,而只一心以为间接路线即为制胜的不二法门。

李德·哈特推崇孙子的主要动机,似乎还是想要利用孙子的大名来作为其推销间接路线的工具,同时也未尝不是想与孙子缔结思想同盟以共同对抗克劳塞维茨。但从李德·哈特的著作中又可以发现他对于孙子和克劳塞维茨的了解都并不太深入。他似乎还是犯了西方学人的通病,对于《孙子》只作断章取义的选择性引用,而从未注意《孙子》全书有其完整一贯的思想体系。此外,由于他不懂中文,所以对于《孙子》的辞句也自然缺乏适当的认识。举例言之,孙子所用的"奇正"并非意味着奇就是间接,正就是直接。

[①] B. H. Liddell-Hart, *Strategy: The Indirect Approach* (Faber and Faber, 1967), p.17.
[②] Brian H. Reid, "J. F. C. Fuller's Theory of Mechanized Warfare," *Journal of Strategic Studies* (December, 1978), p.302.

孙子说"奇正相生"足以显示他从未认为奇正是两种对立观念,尤其不可能认为所谓间接路线永远较优于直接路线。孙子在"军争"篇中虽曾论迂直之计,但那并非其思想的重点,更不足以代表其思想的整体。

《孙子》全书以计划为起点,以情报为终点,首尾呼应,形成一体。但在李德·哈特的著作《战略论》中是几乎完全不曾谈到情报对战略计划的重要性。尤其令人感到奇怪的是他虽然如此地推崇孙子,但在其书中除卷首列举孙子语录十三条以外,在其正文中从未引述孙子之言,也从未提到孙子的大名,甚至于在其索引中也无"孙子"这一条。

李德·哈特到了晚年对孙子的推崇仍有增无减,他在《为何不向历史学习》(*Why Don't We Learn From History*)一书中曾经有下述这样一段话:

> 对于和平并无万应灵丹,但从古今人类经验的总和中可以提炼出几条基本原则:
> (1) 研究战争并从其历史中学习。
> (2) 只要可能应尽量保持强大实力。
> (3) 在任何情况中都应保持冷静。
> (4) 应有无限忍耐。
> (5) 绝勿迫使对方作负隅之斗,并应经常帮助他顾全面子。
> (6) 假想你自己是站在他的位置上,于是也就能够透过他的眼光来看一切的事物。
> (7) 应绝对避免自以为是的态度,再没有比这种态度更

第十八章　孙子与李德·哈特

能使人变得如此自盲(self-blinding)。

(8) 必须力戒两种最普遍的妄想：一心追求胜利和认为战争不能限制。

约在公元前 300 年的《孙子》，据我们所知，要算是最早研究战争与和平的一本书。上列八点都曾经明确或暗示地包括在该书之内。自从那个时代起，人类又已经打了许多次战争，大体都是劳而无功，足以证明人类从历史中所曾学得的教训是如何之少，但这些教训的本身却是永远存在。[①]

以上所云对于孙子之推崇可以说是至矣尽矣，但是若从《孙子》书中去寻找，只能说仅有(2)、(5)两条有较明确的证据，至于其他各条则也许诚如李德·哈特自己所云，最多只是暗示地包括在内。

我这样说绝无轻视李德·哈特之意，而且更非否定其对于孙子的推崇。不过，若把他的话和《孙子》原书作一认真的比较，似乎找不到真凭实据来证实孙子和他一样地重视其所谓的间接路线，同时也不能断定李德·哈特对孙子的思想有足够深入的了解，以及孙子对李德·哈特的思想有足够重大的影响。

(作者附识：与李德·哈特齐名、同为 20 世纪英国两大师的富勒对于克劳塞维茨虽表示高度的敬佩，但是似乎完全不知道有孙子的存在。在他的著作中从未提到孙子的大名和思想。)

[①] B. H. Liddell-Hart, *Why Don't We learn from History* (Hawthern, 1971), p.71. (这是在 1944 年出版的一本旧书，李德·哈特在逝世之前已加以修正增补，准备出一新的再版，但未能如愿。到 1971 年始由其公子亚德里安(Adrian J. Liddell-Hart)完成其遗命，中译本改名为《殷鉴不远》，由军事译粹社出版。)

第十九章
孙子与博弗尔

直到目前为止,最后一位有资格与孙子比较的西方战略思想家应该就是法国的博弗尔(André Beaufre,1902—1975)将军。李德·哈特生于19世纪末叶(1895),其著作的时间是在两次世界大战之间的时代,虽然其思想的成熟已在第二次世界大战之后,但其思想基础又都是在先核时代(prenuclear age)即已发展成形。所以,霍华德认为他要算是最后一位"古典"战略家("classical" strategist)。博弗尔生于20世纪初期(1902),他没有赶上第一次世界大战,但却参加了第二次世界大战,并在战后历任要职,官至陆军上将。1961年退为预备役之后,他才开始著作生涯。所以,他和李德·哈特不同,他的著作都是出版在核时代(冷战时代),而且也可以算是一位真正的当(现)代战略家(contemporary strategist)。他的著作陆续出版,在战略思想领域中好像一颗彗星一样地出现,真是光芒万丈,不可逼视。博弗尔的著作以1963年的《战略绪论》(*An Introduction to Strategy*)为起点,以1974年的《明日战略》(*Strategy for Tomorrow*)为终点,在十二年之间共达七种之多。不过,足以作为其代表作的书还

第十九章 孙子与博弗尔

是《战略绪论》①。因此,在比较孙子与博弗尔的思想时,将尽可能以此书为依据②。

李德·哈特替这本书作序时,曾认为"它是对战略最具有综合性和谨慎构想的著作,可能会变成这一门知识中的经典或教科书"(10页)。博弗尔与李德·哈特在思想上的确很接近,而博弗尔也不讳言他的思想至少有一部分是以李德·哈特的观念为来源。但他们之间还是有若干差异之存在,而他们与孙子的关系即为其中之一项。可以说是非常有趣的,此种关系又似乎成为一种对比。李德·哈特非常推崇孙子,但事实上,他对孙子思想的了解并不像一般人所想象的那样深入。反而言之,博弗尔在其书中从未提及孙子的大名和著作,但读其书又的确可以感觉到他的思想在许多方面都与孙子有所相通或暗合。此外,也无任何证据足以显示他曾经读过《孙子》。所以,博弗尔与孙子在思想上的关系的确有一点像谜一样神秘。我们也许不必花太多时间去寻求谜底,而还是采取就书论书的老办法,从博弗尔的《战略绪论》中去比较其在思想上与孙子的异同。

博弗尔是一位亲身经历法兰西悲剧的人,他眼看着法国由一等国家降级为二、三等国家,同时他也看到西方世界在冷战中迭遭挫败。根据这些失败的经验,他指出:"**对于我而言,无可避免的结论即为在大多数情况中,战略无知实为我们送命的错误。**"(Ignorance of strategy has been our fatal error)(13页)

---

① 有关博弗尔的背景资料可参看钮先钟:《战略研究与战略思想》(军事译粹社,1988)一书中的"博弗尔的战略思想"一文,165页。
② André Beaufre, *An Introduction to Strategy* (Fabre and Faber, 1963)中译本名《战略绪论》。对于原文的引述,页数记入正文之内,不再列入注释。

博弗尔认为：**一切的失败，归根究底，其最后的原因即为无知**。此种观念与孙子所云"知之者胜，不知者不胜"几乎完全符合。孙子在其全部思想体系中最重视的观念之一就是知，因为不知即不能行，当然也更无胜之可能。博弗尔则采取反面的态度，只是强调无知为送命的错误，但却并未从正面明确指出知是胜利或成功的主要条件，所以，孙子的说法不仅较积极，而且也更能兼顾正反两面。不过概括言之，他们两人都是同样重视"知"则又毫无疑问。

博弗尔对于战略的意义有一创见，即认为战略并非单纯的准则(doctrine)，而是一种思想方法(method of thought)。其目的为对各种要素加以分类，并排列其优先，然后再选择最有效的行动路线(13页)。事实上，孙子"计"篇所含有的内容即能充分显示其与博弗尔的观念非常接近，尽管孙子从未明言战略是一种思想方法。孙子所云"经之以五，校之以计，而索其情"正与博弗尔所简述的思想方法大致相同。

博弗尔认为不同的情况需要不同的战略，关于方法的选择，他认为绝非仅限于军事领域，而更包括政治、经济、外交等非军事手段在内(13页)。孙子在"谋攻"篇中指出："上兵伐谋，其次伐交，其次伐兵，其下攻城"，也正是同样认为在方法上可以有各种不同的选择。因此，又是不谋而合。

博弗尔说："我们的文明需要一种如何采取有效行动的科学或可使用阿龙(Raymond Aron)所创造的名词，'行动学'(praxeology)(14页)。"首先应指出博弗尔的学问似乎还是不够渊博，他以为"行动学"是阿龙所首创的名词，而不知道这一门学问是创始于19世纪的法国。非常巧合，当代学者加夫利科夫斯基也称誉孙子为行动学的先知，他的书可以算是行动学的基础。西方行

第十九章 孙子与博弗尔

动学家所获得的结论与孙子在两千余年前所获得者大致相同,尽管西方行动学家在发展其思想时并不曾读过他的书①。博弗尔也像孙子一样,他的思想与行动学大致符合,不过假使孙子是行动学的先知,则他也就只能算是后知②。

博弗尔在20世纪60年代才开始著书立说,所以他用的当然是现代治学方法。**他对战略的意义曾作一种特殊的界定:"两个对立意志使用力量以解决其间争执的辩证法艺术。"**(the art of the dialectic)(22页)他的定义的确很抽象而且也很难于了解。实际上,他的想法和克劳塞维茨差不多,而且他们都同样受到所谓辩证法的影响。孙子是两千余年前的人,他当然不会使用这些新名词。不过,他的思想基础也同样还是二元论,所以他们之间的差异只是表面化的,其哲学基础则都是同一种理论。

孙子以计为首,博弗尔也同样地重视战略计划。博弗尔认为计划应能克服敌方的抵抗,直至达到其理想目标为止。换言之,计划若良好,则不会有挫败的危险(no risk of set-backs),结果应为一种"无险战略"("risk-proof" strategy),其目的则为确保我方自己的行动自由(25页)。实际上,在《孙子》一书中对于上述的观念都能找到相应的辞句,只不过所用的表达方法为更简洁的中国古文而已。孙子说:"故其战胜不忒,不忒者,其所措必胜,胜已败者也。"所谓"不忒"就正是上述的"无险"。孙子又强调"故善战者致人而不致于人",其目的也正是确保我方的行动自由。

博弗尔认为任何战略决定都必须在一个由三个主要坐标所构

---

① 有关加夫利科夫斯基对孙子与行动学的评论可参看本书的"导言"。
② 博弗尔在1966年曾出版《行动战略》(*Strategy of Aation*)一书,阐明其对于行动战略的思想,但他对于行动学并无研究。

213

成的架构之内来作成,即时间、空间和兵力。此外还有一个远较复杂的因素,他称之为"manoeuvre"。这个字出于法文,其意义很难表达。英汉辞典将其译为"计诱",即使用计谋引诱敌人采取某种有利于我方的行动(自犯错误)[①]。在《孙子》书中,这种动作所包括的有战争准备阶段的"乃为之势以佐其外"以及作战阶段的"致人而不致于人"。孙子用了一个非常适当的名词来表达此种观念,即所谓"动敌",他说:"善动敌者,形之敌必从之,予之敌必取之。"所以,对于"manoeuvre"一字的最佳汉译应该就是"动敌",因为这两个名词之中都含有动作的意义。

博弗尔认为:"在某种限度之内,此一因素管治其他因素,它是冲突辩证法的直接产品,换言之,也就是两个对手之间的抽象对抗的产品。"于是博弗尔以击剑(feneing)为比喻,并指出可以有多种不同形式的作用与反作用(action and reaction)(36页)。**非常有趣,几乎每一位西方战略大师都有其特殊的比喻,克劳塞维茨说战争像一场纸牌赌博,若米尼说战争是一幕伟大的戏剧,现在博弗尔又以击剑来作为战争的比喻。比较言之,博弗尔的比喻似乎与孙子所云"兵形象水"有相同的意义,击剑者必须能破解对手的剑法并因而出奇制胜,用兵者也必须"因敌变化而取胜"**。博弗尔认为无论采取何种招式,击剑者都必须保持主动(intiative),这也正是李卫公所云:"千章万句不出乎致人而不致于人而已。"

博弗尔认为在作战时有两项基本原则:其一是兵力的合理应用(the rationable application offorce),其二是"狡猾"(guile)(42页)。孙子说,"战势不过奇正",上述的第一项就是"正",第二项就

[①] 梁实秋主编:《远东英汉大辞典》(1983),1237页。

是"奇"。博弗尔认为前者是出于克劳塞维茨的思想,后者则受到李德·哈特的提倡。很可惜,博弗尔在其书中从未提到孙子,因为事实上,克劳塞维茨和李德·哈特是各有所偏,前者知正而不知奇,后者知奇而不知正,只有孙子才真正能够通奇正之变。

博弗尔是一位现代战略家,他亲眼看见世界正在迅速地改变,而且几乎一切战略工具都在以惊人的速度改变,所以战略家不能依赖任何先例,也无永久的衡量标准。战略思想必须不断地考虑改变的事实,不仅只是可以想见的未来,而且还有许多年后可能发生的变局。必须能预知始能防备奇袭,并掌握演变的契机。最值得重视的是未来而不是现在。准备(preparation)比执行(execution)更较重要。在今天的世界上,立国之本即为先知与远见,所以国家必须建立高效率的情报和研究组织(46页)。

就这一点而言,在西方战略大师之中再没有比博弗尔这样与孙子思想一致的人。孙子强调先知,以上智为间,并确认情报为战略计划的基础,尤其是在他那个时代,世局的变化并不像今天这样迅速,而他仍能有如此的远见,更是令人感到佩服。

在会战的层面上,博弗尔认为一个会战可以大致分为两个阶段:(1)准备阶段,(2)决战阶段。胜负的关键为心理因素,如在第一阶段即能使敌方心理崩溃,则可能不需要真正的决战(57页)。很巧合,这也正是孙子所谓"不战而屈人之兵,善之善者也。"在此还是要再解释一次:孙子所谓"战"是会战而不是战争,百战百胜是赢得一百次会战,而并非一百次战争。孙子对于战争所用的名词是"兵",而"兵"字又有战略、国防、军事等复义。

博弗尔也指出在18世纪以前的战争中,作战的目的是想要强迫敌军在不利的条件之下接受会战,这样遂能使我方在决定点上获得巨大的数量优势(60页),此种观念又与孙子"虚实"篇中所阐明的"先处战地而待敌"、"致人而不致于人"、"形人而我无形"、"寡者备人者也"、"众者,使人备己者也"等原则是如出一辙。

以上的分析都是从两人的书中选择适当的辞句来作直接的比较。经由此种比较,即已可认定二人的思想非常接近。现在,就要作进一步的讨论,尝试比较二人的思想体系。博弗尔有其完整的思想体系,而且他是现代人,其思想体系也自然远较复杂。概括言之,其体系一共包括四种战略:(1)总体战略(total strategy),(2)间接战略(indirect strategy),(3)行动战略(strategy of action),(4)明日战略(strategy for tomorrow)。这些名词都是他所创造,但又并非全新的观念,只不过是换了一套较新的包装。

1. 博弗尔认为总体战略是战略金字塔(pyramid)的顶点,由政府直接控制,并决定各种分类战略应如何配合使用。他又认为他这个名词要比英国人所用的大战略、美国人所用的国家战略都较为明确(clearer)(30页)。

2. 间接战略即为间接路线在总体战略范畴中的应用。简言之,在总体战略中若以使用军事权力为主,则为直接(direct)战略,若以使用非军事权力为主,则为间接战略(108页)。

3. 战略本来就是行动,为何还要另创一个行动战略的新名词,是否画蛇添足?博弗尔创此名词自有其理由:在核时代中"吓阻"成为战略思想的主流,他希望西方国家不会因此而陷于瘫痪状态,所以特别强调应在核阴影之下,尽量利用剩余的行动自由,采取积极主动的行动[①]。

---

① André Beaufre, *Strategy of Action* (Praeger, 1966).

第十九章 孙子与博弗尔

4.《明日战略》是博弗尔最后一本著作的书名。值得重视的即为其书名所用"for"一字。换言之,也就是在今天为明天所作的战略构想[1]。

仅只观察博弗尔著作的名称即可了解其思想是像孙子一样,同时具有总体、行动、前瞻、务实四种导向。也许我们可以说在西方战略思想史中,真正有资格与孙子相提并论的人还是博弗尔,甚至于可以说他就是西方的孙子,不过却晚生了两千五百年。

---

[1] André Beaufre, *Strategy for Tomorrrow* (Crane, Russak, 1974).

第三篇
新　论

前言
第二十章　孙子的哲学基础
第二十一章　孙子四求
第二十二章　孙子论将
第二十三章　孙子与未来战争
第二十四章　孙子与现代企管
第二十五章　孙子的缺失
结论

前　言

当我准备开始写这本书时,内心里就已认定孙子的研究不应仅以过去为范围,而必须向未来延伸。此种观念也就构成本书第三部分——新论——的基础。为何称之为新论？简言之,即企图用新的观点来研究《孙子》。实际上,也早已有人在作这样的尝试,不过我觉得这种工作只是刚刚开始,还留下很大的空间可以容许更深入的探讨。《孙子》是两千余年前的古代兵经,在当前和未来的世界中还有何种意义,我们对于孙子的教训还能获得何种新认知？这都是值得深思的问题。

何谓新的观点？这似乎是一种含义相当模糊的说法,很难加以界定。不过,我在此使用此一名词,又还是自有其所认定的限度。我只准备从三个不同的方向来对孙子作新的讨论。这三个方向也就可以简称之为：新思维、新境界和新批评。

第一,何谓新思维(new thinking)？这个观点是由博弗尔的名言所引起的。博弗尔认为战略是一种思想方法(method of thought)。过去研究孙子的人似乎都不曾想到孙子有无其独特思想方法的问题,甚至于连现代的学者也是如此。从《孙子》一书中能否归纳出其在思想方法方面的特点？换言之,我们能否对于孙子的思想方法获得若干基本认知,或至少作成少许基本假定?

第二,何谓新境界(new frontier)?孙子所写的是"兵法",在其写作时,他本人对于其理论的适用范围自然是假定为"兵",所以,他一开口就说"兵者,国之大事"。此后,所有研究孙子的人也都无不承认这样的限度,这本来毫无疑问。不过,今天距离《孙子》成书的时代已是两千年之后,孙子的理论对于今天,尤其是明天的世界是否仍能适用?其教训是否仍有价值?这些问题都值得深入思考,并且也构成孙子研究的新境界。

第三,何谓新批评(new criticism)?概括地说,从古到今,对于孙子的评论几乎都是推崇备至、有褒无贬。简言之,好像没有人敢于向孙子挑战,即令有也真是少之又少。但诚如若米尼所云,太阳底下没有任何东西尽善尽美,即令伟大如孙子,其思想也不可能是零缺点。尤其是时代已经进步,环境也已改变,所以我们对于孙子的研究更应力求公正客观,而不可过分因袭前人的见解。对于孙子之所长,似乎可以不必多所赞誉,但对于孙子之所短,则应作较深入的分析和批评。

以上所云即为我所谓的新观点。在新思维方面,准备分为三个主题:(1)孙子的哲学基础,(2)孙子四求,(3)孙子论将。在新境界方面,准备分为两个主题,(4)孙子与未来战争,(5)孙子与现代企管。在新批评方面,则只拟讨论一个主题:(6)孙子的缺失。

当然,孙子的研究是一个规模极广大、内容极复杂的工作,在此只能就若干我个人认为尚可算是新观点的意见提出来供大家参考。

第二十章
孙子的哲学基础

一、二 元 论

战略研究的最高境界即为哲学的境界。事实上,任何思想家当其思想炉火纯青时,也就自然会有超凡入圣的趋势,战略思想家也自不例外。诚如博弗尔所云:"我深信战略也像所有一切的人事一样,其中的支配和导引力量必须是理想,但那也就会把我们带入哲学的境界。"①

现代研究孙子的学者几乎无一不承认孙子的思想有其哲学基础。冯友兰先生认为《孙子》是一部出色的哲学著作②,郭化若指出孙子伟大的军事思想是以他伟大的哲学思想为基础③。因此,孙子有其哲学基础似乎早已成为定论,但值得研究的则为其哲学基础究竟是什么?

我国学者虽然对于这个问题写了不少的文章,其异口同声所

---

① André Beaufre, *An Introductioin to Stratesy*, p.138.
② 冯友兰:《中国哲学史新篇》(北京:人民出版社,1982)第一册,192页。
③ 由《孙子兵法的电脑研究》引述,见该书,235页。

发表的总结论又可以说是完全一致,那可以用杨炳安的话为代表:"孙子的军事思想是建立在朴素唯物主义的辩证法思想基础之上。"①而把战略思想与辩证法联系在一起的理论在西方也早已存在。

首先被认为其思想曾受黑格尔影响的西方战略思想家就是克劳塞维茨。1911年德国学者克劳青格(Paul Creuzinger)曾著一书,名为《黑格尔对克劳塞维茨的影响》(*Hegel's Influence on Claueswitz*),确认其一切思想莫不深受黑格尔的影响。以后列宁受到这本书的影响,遂更公开宣布克劳塞维茨是黑格尔的信徒。比较晚出的学者,包括阿龙和巴芮特等人在内,则认为黑格尔对于克劳塞维茨固然不无影响,但他绝非黑格尔的信徒。巴芮特指出:"克劳塞维茨的思想,只是就某种特殊的意识而言,可以算是辩证法。他不曾采取黑格尔的正、反、合形式,并认为那也像任何其他系统同样不适当。不过,他却时常采取一种改良型的辩证法以发展其个人的思想。"②

事实上,任何思想家都一定是居于承前启后的地位。他必然会受到前辈的影响,而他也必然会影响其后世。克劳塞维茨是如此,孙子亦复如此。真正对克劳塞维茨影响最大的人是他的老师沙恩霍斯特(Gerhard David Scharnhorst,1755—1813),其次是孟德斯鸠和康德,而直到晚年他才受到黑格尔的少许影响。其原因是他在写《战争论》时发现其基本理论与历史经验之间发生了矛盾,于是才想利用黑格尔的辩证法来打开这个死结。但他所利用

---

① 由《孙子兵法的电脑研究》引述,见该书,235页。
② 钮先钟:《西方战略思想史》,283—285页。

第二十章　孙子的哲学基础

者只是逻辑而非形式,甚至于也可以说黑格尔只是在思想方法上给予他一种新启示而已。

所谓辩证法的最大特点即为容许两个对立观念同时存在,并认为它们是整体的组成部分。换言之,不必放弃两个对立观念中的任何一个,而可采取一种较高的观点将其同时保留。所以,辩证法的基本精神即为二元论,此种思想早已存在而并非黑格尔所发明,他只不过是创造了一套推理形式而已。无可否认,克劳塞维茨是受到了黑格尔的启示才想通了这个道理,于是他才开始着手修改其《战争论》初稿,而开始引导其理论走向二元路线[①]。

克劳塞维茨与黑格尔差不多处于同一时代,受黑格尔影响也自不稀奇。孙子是两千余年前的人,自然不可能受黑格尔的影响,尤其在其书中也找不到所谓辩证法的任何形式化的表现。事实上,在克劳塞维茨的书中也同样找不到。不过,我们在研读《孙子》时,几乎又可以立即发现书中充满了二元论的意识,甚至于比《战争论》所表现者还远较强烈明显。诚如刘振志所指出的:"在通贯全书之中,处处可发现二元论,但在全程的二元结构中又可发现圆融和谐(comprehensive harmony)的统一,包括经权、常变、攻守、奇正、虚实、强弱、众寡、迂直、利害、劳逸、治乱等等,无一不二,无二不一。"[②]

因此,似乎可以这样说,孙子、克劳塞维茨、黑格尔的思想有其共同的哲学基础,那就是二元论。事实上,二元论是人类所共有的古老思想遗产,不是某一位思想家的创造,而是本来就存在于天地之间。时有昼夜,人有男女,万事万物经常呈现出相对的现象,哲

[①] 钮先钟:《西方战略思想史》,283—285页。
[②] 刘振志:"孙子的关键字及其思想内涵",《孙子新论集粹》(北京:长征出版社,1992),125页。

225

学家只是创立一个名词而已。二元论虽然是西方的名词,但我国的民族文化和传统思想中也早已有此同样的观念,只是不曾有这样的学名。所以,孙子的理论是其思想方法的产品,但作为其思想方法基础的二元论则又是自然(天)的产品,那就是朴素的、原始的辩证法。

克劳塞维茨虽曾受黑格尔的影响,但其书中找不到辩证法的名词,博弗尔则不仅把辩证法这个名词纳入其战略定义中,而且还说战略是一种辩证法的问题。概括地说,博弗尔的书似乎并不像克劳塞维茨的那样难读,但他这些理论却还是令人有莫测高深之感。事实上,他不过只是借用这个哲学名词,其原意实在很简单。他把战争比喻为击剑,甲方有一行动(action),乙方也必有一反行动(reaction),这样彼此对抗直到终局,这也就是他所谓的辩证法。因此,他的基本观念与孙子或克劳塞维茨并无不同,都是承认在现实的战争中,一切思想与行动都具有相对性,而并无绝对的准则。用哲学家的语言来说,此即所谓二元论①。

若对克劳塞维茨和博弗尔两人思想作较精密的研究,即可获得一种印象:所谓辩证法者,实际上只是对于原始的二元论加以精致化的处理,并给它戴上一顶漂亮的高帽子而已。至少,就战略思想的哲学基础而言,实际情况的确是如此。

克劳塞维茨从未以哲学家自居,甚至于他还警告说:"任何理论家都不应钻进哲学家的牛角尖。"他的目的是想要建立一套现实主义者的军事理论。孙子也是一样,何况在他那个时代,连哲学这种名词都还不存在。从另一角度来看,若米尼曾说他的书对于国

---

① André Beaufre, *An Introduction to Strategy*, p.22, 25, 36.

第二十章 孙子的哲学基础

王和政治家都是极适当的教科书,而霍华德则认为那是19世纪最伟大的军事教科书。孙子虽不曾明言他所写的是教科书,但今天无人不承认那是有史以来最伟大的军事教科书。综合言之,孙子所写的是兵法,也就是知兵的途径和用兵的法则,因此,理论和教科书两种性质兼而有之。他不仅教人如何做,而且更教人如何想,那自然是一种思想方法,一种采取战略途径(strategic approach)的思想方法。所以,孙子虽非哲学家,他的书也非哲学著作,但他的思想却确有其哲学基础。

二、未来学

孙子的思想具有未来导向,已见前述。当然,所谓"未来学"(futuristics 或 futurolosy)是20世纪才出现的新名词。但人类知道未来的重要,学者的思想中具有未来导向,则又是古今中外所早已存在的事实。尤其是我国古代圣贤具有与现代未来学家大致相似的思想者颇不乏人,而孙子即其中最突出的一位。人为什么都希望能知未来?最简单的回答就是有如孔老夫子所云:"人无远虑,必有近忧。"人是理性动物,有思考能力,所以才会有远虑。因为害怕近忧(用现代名词来说就是危机)会突然发生,所以也就感觉到有远虑之必要。所谓远虑者即为用合理的方式来思考未来,用现代名词来表示,也就是所谓"未来学"或"未来研究"(future studies)的内涵。远虑的目的即为想要避免近忧,这也正是有如汉代司马相如所云:"明者远见于未萌,而智者避危于无形。"[①]

---

① 司马相如:《上书谏猎》。

但想用合理的方式来思考未来又谈何容易，即令到今天，我们也都还不能"预测"（predicate）未来，又何况是古人？由此可见孙子在思想上具有未来导向非常难能可贵。他似乎是现代未来学家的先驱，也可以说他是古代的未来学家。从他的书中可以体会到他是如何重视未来，如何采用合理的方法来研究未来。从较广泛的意识来说，战略即为计划，又或可以说战略是以计划为其实体代表。战略又是一种思想方法，所以计划的作为即为此种思想方法的实际运用。计划都不是为今天着想而是为明天着想，所以计划也必然具有未来导向，而愈是远期计划则也就愈需要深远的思考。孙子把"计"篇放在其全书之首，可以证明他是如何重视计划。他明确指出国之大事不可不察。所谓"察"者就是深远的考虑，其对象不仅为现有的情况，而必然包括未来的发展趋势在内。此一"计"字的精神又贯穿十三篇，从头到尾，足以代表孙子思想体系的主轴。

孙子在其第二篇"作战"中泛论战争对国家经济的影响，强调"兵贵胜不贵久"的原则，并以"胜敌而益强"为理想，可以显示他所最重视的不是眼前的胜利，而是战争对于国家前途的利害。换言之，正像李德·哈特所云，战争的目的是为了想要获致较好的和平。因此，他特别警告："故不尽知用兵之害者，则不能尽知用兵之利也。"此种利害的评估自然是远虑，也自然具有未来导向。

"用间"篇为十三篇的总结，孙子在此篇中所最强调的观念即为"先知"。为何要先知？先知的目的就是为远虑提供思考的基础。若不能远虑，则虽能先知又有何用？所以十三篇才会以"计"为起点，而以"用间"为总结。这也正和博弗尔的想法几乎完全一致。后者指出今天所最应重视的事情，即为创立高度有效的情报和研究组织①。

孙子不仅重视先知,并且明确指出:"先知者,不可取于鬼神,不可象于事,不可验于度,必取于人,知敌之情者也。"足以显示孙子不仅能破除迷信,而更信任专家,主张循合理思考的途径来研究未来。因此,其思想的确可以代表"未来主义"(futurism),与现代未来学家(futurist)的观念不谋而合。

三、行动学

祖籍波兰的意大利学者加夫利科夫斯基对于孙子的思想方法有其独特的见解,他认为孙子在思想方法领域中有三大特点:(1)《孙子》是第一本在中国提倡以理性客观分析作为知识基础的书;(2)他创建一种"斗争哲学",那是西方过去所没有的理论;(3)他的理论最后又升高到抽象的层次,而变成一种有效合理行动的理论,所以可以视为"行动学的先驱"(a pioneer of praxiology)。前两点比较简单,不过最后一点由于行动学是一门相当高深的冷门学问,在国内很少有人注意,所以有略作解释之必要。

"Praxiology"的语根是希腊文中的"praxis"一字,其原意为"活动"(activity)或"实践"(practice)。这个名词是法国哲学家路易·布多(Louis Bourdeau,1824—1900)所首创,而在此学域中的当代大师则为波兰哲学家科塔尔宾斯基(Tadeusz Kotarbinski,1886—1981)。即令在西方,行动学也是直到20世纪才开始流行

---

① André Beaufre, *An Introduction to Strategy*, p. 46.

的学问，其发展与模控学、程式学、社会技术，以及组织研究等学科的进步都有密切关系。

行动学又可称为"实用哲学"（practical philosophy），其所研究的对象为有目的的人类行动（purposeful human action），以及如何用最有效和最合理的方式来达到目的的方法。行动学与所谓行为科学（behavioral science）意义并不相同。后者所研究的对象为人类行为的本身，以及人类为何（why）有某种行为的理由。行动学所研究的是人应如何（how）行动始能使其行动符合效率和理性的要求，也就是研究如何始能使其行动用最有效的方式来达到其目的。行动学的理论在空间和时间上都应具有普遍性，能适应任何环境，而非由环境所产生。科塔尔宾斯基所最先发展的行动学只是一种分析个人有效行动的理论，现在也被称为微观行动学（micro-praxiology）。以后，又有其他的学者把他的观念应用到组织体系，以及其他复杂行动上，此种较广泛的理论遂被称为宏观行动学（macro-praxiology）。

孙子是两千余年前的古人，他当然不知道有所谓行动学之存在，但从其书中却可以发现有若干观念都与行动学的理论暗合。诚然，行动学在西方的起点与孙子是天各一方，而孙子对于其思想的表达所采取的方式，也与西方行动学者有所不同。但就基本原理而言，二者之间并无任何差异，至少，他们的研究对象彼此类似。现代西方行动学家采信宏观的观点，对所有一切行动进行综合研究，在此种范畴之内，斗争只是一种特殊形式的行动。孙子则以斗争（用兵）为其研究的起点而且也是以此为特定的范围，但他的观念又可以推广而用之于其他的行动领域。当然，《孙子》一书比较简单，而且也未说明其推理的过程，并不具有现代学术著作的范

第二十章 孙子的哲学基础

式,但就其核心观念而言,至少可以说《孙子》十三篇是一种朴素的、原始的行动学。

科塔尔宾斯基曾指出,武装斗争(armed struggle)处于"底层"(ground level),其有关的原则也最具体。在经贸、政治、法律等方面的斗争(竞争)则较复杂而构成"中层"(intermediary level),也需要较抽象的法则。概括的行动理论,即所谓"行动学",则代表"最高层"(supreme level),当然也把斗争理论包括在内。在科塔尔宾斯基之后,还有若干其他的行动学家继续发展他的理论。他们并不曾读过《孙子》,但他们的思想还是与孙子有很多暗合或类似。甚至于可以说那些现代行动学著作对于孙子的理论是一种遥远的延伸,或更进一步的解释[1]。

※　　※　　※

大约在1984年,我曾写过一本名为《现代战略思潮》的书。在写那本书时我曾灵机一动想到一个观念,那就是下述的公式:

未来学 + 行动学 + 战略
(futurology + praxeology + strategy)

当时我对于孙子并无深入认识,而那本书也是以西方战略思想为主题的[2]。

光阴过得真快,一转眼就是十年。当我今天拿起笔写《孙子》

---

[1] 有关行动学的讨论均以加夫利科夫斯基的论文为依据,其论文原名"Sun Wu as the Founder of Chinese Praxiology, Philosophy of Struggle, and Science"。《孙子新论集粹》(第二届孙子兵法国际研讨会论文选)将其译为"孙武——中国行为学,斗争哲学和科学的创始人"。把"praxiology"译为"行为学"实为误译。

[2] 钮先钟:《现代战略思潮》(台北:黎明文化公司,1985),235页。

新论时,不禁回忆往事,并认为我的那个公式对于孙子是完全适用。孙子的思想方法和导向都可以用此一公式来表示。未来学和行动学的基本观念构成其思想的哲学基础,而这也正是一种新的二元论。

第二十一章
孙子四求

我们不仅确认战略是一种思想方法,而且也更确认孙子有其特殊的思想方法。但孙子却不像现代学者,甚至于也不像克劳塞维茨,在其书中明确说明其所使用的方法。所谓"方法学"(methodology)本来就是一个现代名词,在克劳塞维茨的时代,这个名词尚未出现,孙子是两千余年前的古人,自不可能知道有所谓方法学之存在。但治学应有方法,即所谓为学之道,又是我国古人早已了解的观念,也是他们早已实践的经验。若与其他先秦诸子比较,我们可以发现孙子似乎是最懂得治学之道,所以他的书才会那样合乎逻辑而又有系统。

我们要想了解孙子的思想方法,惟一的途径就是从他的书中去寻找。孙子的书并非像汉德尔所想象的,只要求其读者接受(accept)其结论而已[①]。孙子著书的目的并非如此肤浅,他不仅教导其读者如何做,而更企图教导他们如何想。十三篇中蕴藏着有系统的思想方法,但却非浮现在表面上,自非浅薄之徒所能发现和

---

① Michael I. Handel, *Masters of War: Sun Tzu, Clausewitz and Jomini*, p.25.

了解。汉德尔认为许多战略家都感觉到孙子要比克劳塞维茨好读和易于了解,因为后者的方法和风格不易追随[①]。此乃皮相之谈,孙子在其思想方法中的精义更为高深,必须作深入的研究,否则实难摸到其门径。从表面上看来,《孙子》似乎很容易读,实际上,要想了解孙子是比了解克劳塞维茨远较困难。《战争论》篇幅浩繁,内容琐碎,实可谓多而不精。反而言之,《孙子》十三篇不仅言简意赅,而且其精义更是深藏不露。所以,真正需要深入地探索者不是其六千字左右的文章,而是隐藏在字句后面的奥秘。因此,可以说孙子之不可及是在于其无言之教。

假使有人熟读《孙子》,在正常情况之下指导战争自能应付自如。但若面临非正常的情况,他是否也能如此,那就不免尚有疑问。因为即令是最详尽的教科书,也不可能列举出所有一切的假想情况,好让其读者都可以照书行事。所以,纵然把书读得烂熟也还是不中用,而必须自己去体会无言之教,然后才能学会随机应变。

孙子的文章从表面上看来都只是教你去怎样做,而并未教你怎样想;但其文章也暗示他自己是怎样想,此即所谓思想方法,假使能了解他是怎样想,于是也就应该能够学会他的思想方法。此即所谓无言之教。

若能对《孙子》全书作反复的诵习,并同时作深入的思考,则又能获得何种无言之教呢?这当然又是见仁见智,因人而异。照我个人的体会认识,《孙子》全书的内容能够反映出他在写作的全程中都在追求四个理想的目标。我现在称之为"孙子四求",即为

---

① Michael I. Handel, *Masters of War: Sun Tzu, Clausewitz and Jomini*, p.22.

(1)求知,(2)求先,(3)求全,(4)求善。这四个目标都具有抽象的意义,但也都在行动上有其实质的表达。它们不是个别的或独立的,而是彼此之间有其互赖互动的关系。简言之,孙子在思考和写作的过程中,并非在某一点上追求某一目标,而是经常同时追求这四个目标。甚至于有时这四个目标也根本不可分,在追求某一目标时,也就必须同时追求其他三者,这也自然使孙子的思维途径呈现出殊途同归的微妙景象。尽管是不可分,但在研究孙子的思想方法时,又还是必须先作逐项分析,然后再合而论之。

一、求　　知

在研读十三篇时,几乎可以立即发现有若干字眼特别触目,这也就是方法学中所谓的"关键字"(key words)。有人曾用统计方法找出在《孙子》一书中某些常见字的出现次数并予以表列[1]。不过,出现次数的多少与该字是否即为关键字又无必然关系。某些字虽然经常出现但并不一定是关键字,反而言之,关键字有的固然是出现频率颇高,但也并非尽然。所以,某字是否为关键字,必须依照其在全部思想中所具有的重要性来决定。

"知"字在《孙子》全书中不仅出现次数相当频繁(共为七十九次,在十三篇中只有"势"篇和"行军"篇全无"知"字),而且在思想方法上也具有重要意义。此外,与"知"字密切相关的字也很多,例如"智"(七次),"计"(十一次),"谋"(十一次)等[2]。孙子的战略思

---

[1] 杨少俊主编,《孙子兵法的电脑研究》,305—320页。
[2] 同上书,332页。

想同时具有未来导向和行动导向,也可以说其思想基础是未来学加行动学。但若欲远虑则必须先知,若欲行动具有效率和理性,则又必须知彼知己,知天知地。总结言之,知是思与行的基础。知是名词也是动词。作为名词,知的意义即为知识(knowledge),无知也就是缺乏必要的知识。作为动词,知的意义即为如何获致知识的动作或步骤。其目的又非仅只是知道(know)而已,而更应深入到了解(understand)的层次。此种层次的最高表现即为"智"(wisdom),智也就是知的结果,有智慧的人遂被称为"智者"(wise man)。智是一种最高的理想境界,在现实世界中,人不可能全知,也不可能成为一个真正的智者。孔子对于这一点有非常合理的解释,他说"好学近乎智"。好学即为求知的必要途径,但仅只好学仍不一定就能产生智慧,因为知识的累积并不等于智慧,所以好学仅能近乎智,换言之,智乃知的极限(limit)。

孙子论将,把智列为五德之首,足以表示他对于智的重视和崇尚。但智是一种抽象的境界,其具体的表达又即为知。所以,若能经由好学的途径,获致必要的知识,于是也就可以近乎智了。孙子所研究的是兵学,所著作的是兵法。"兵"字有很多的复义,包括战争、军事、国防,而尤其是战略都在内。所谓战略者又有三种不同而又形成一体的向度(dimension),简言之,战略同时是一种思想,一种计划,一种行动。但无论是思想、计划,还是行动,又都必须以必要的知识为基础。无知固然不能行,无知甚至于也不能思,而尤其是无知则更不能计。思是行的起点,行是思的终点,计则介乎思与行之间并构成两者的桥梁,若无此一桥梁则三者也就自不能形成一体,而此思、计、行三位一体的总基础又还是知。所以,战略家无论其所专精是思想、计划,还是行动,或兼而有之,其入门的途径还是相同的,那就是求知。如何求知呢?其总诀即为孔子所说的好学。好学在这里是采取一种广义的解释,即指对于知识有一种追求不舍的热情。必须如此,始能从事彻底认真的研究。这样的治学则不仅能获致充分的知识,而且还可能将知识转变为智慧。

孙子是这样吗?孙子虽不曾说明其治学方法,但其书却能对此提供不少暗示。孙子以"计"为其首篇,计的基础即为知。孙子所说的第一句话是:"兵者,国之大事……不可不察也。""察"的意义就是彻底认真的研究。应如何察?孙子明确指出:"校之以计,而索其情。"这也正是其求知的方法。在战争计划作为的阶段中,所应追求的又是何种知识,换言之,需要建立何种资料库(data base)?孙子也已作明确的列举,即所谓"五事"。孙子更强调主持计划作为(国力评估)的"将",对此五事不仅要闻(预问),而更要知(了解),而这也是胜负的关键,所以"知之者胜,不知者不胜"。

孙子在第二篇("作战")中有一句名言:"故不尽知用兵之害者,则不能尽知用兵之利也。"这句话含有三点重要意义:(1)利和害是所应知的重要问题,求知的目的之一即为明辨利害。(2)人在思考问题时,往往见利忘害,所以,孙子特别提出警告,指出不知害也就不能知利。(3)尤其值得注意的一个字就是"尽",尽的意义即为彻底、完全。所以,对于利害的比较考虑必须非常彻底,毫无遗漏,而不可以有任何一厢情愿的想法。

诚如何守法所云:"谋亦计也。""谋攻"篇的主旨即为应如何计划攻击。又诚如张预所云:"计议已定,战具已集,然后可以智谋攻。"从这些前贤的注释中即可认清谋、计、智实不可分,而其共同

237

基础即为知。"谋攻"篇对于"知"一共提出三点重要观念：（1）不知军事者不得干预军事，否则就会产生严重后果（乱军引胜）。（2）知胜有五，孙子明确指出"此五者，知胜之道也"。（3）孙子首次提出"知彼知己"的要求。如何能知彼知己，其方法即为寻求正确的信息，再加以精密的评估。此即所谓"庙算"。

"形"篇中的基本观念即为"胜可知而不可为"。为何可知？其理由又即为"谋攻"篇中所指出的知胜有道。但不仅要有道而且还要有法，因此，必须"修道而保法"，始能"为胜败正"。所谓法者，即为如何评估（研究判断）情况的步骤。这也就是求知的方法。

"势"篇无"知"字，但并不表示这一篇与知无关。事实上，所谓分数、形名、奇正、虚实都无一不是知，无知又焉能任势？"虚实"篇中的要义即为"致人而不致于人"，而其先决条件则又为"知战之地，知战之日"。从"形"篇、"势"篇，到"虚实"篇，本是三合一而成完整体系，所以孙子的总结论为："因形而措胜于众，众不能知，人皆知我所胜之形，而莫知吾所以制胜之形。"因为人莫知吾所以制胜之形，所以才能自保而全胜。"

孙子说："用兵之法，莫难于军争。"然后又说："先知迂直之计者胜，此军争之法也。"在"九变"篇中，他又说："治兵不知九变之术，虽知五（地）利不能得人之用矣。""行军"篇无"知"字，但其内容则全是实用的知识，包括侦搜敌情的方法在内。"地形"篇的主要内容为孙子的特殊的地略理论，但其结论则为天下共知的名言："知彼知己，胜乃不殆，知天知地，胜乃可全。"

"九地"篇内容庞杂，"火攻"篇内容单纯，均可置而不论。"用间"篇为十三篇的最后一篇，从"知"的观点来看，也是全书中最重要的一篇，可以说是画龙点睛。这个睛又是什么？孙子说："故明君贤将,所以动而胜人,成功于众者,先知也。"如何能先知?孙子的答案是"以上智为间"。那也正是博弗尔所云:"国家必须建立高效率的情报和研究组织。"①

综观《孙子》十三篇,可以发现几乎没有一篇无知字,也几乎没有一篇不与知发生关系,由此可以显示孙子在思想方法中是如何重视求知。

二、求　先

在上文的讨论中,我们已经接触到"先"字。孙子不仅求知,而且也求先,尤其是此二求有时也不可分,所以,我们首先接触到的观念即为"先知"。但孙子所求的先又非仅限于先知,还有较复杂的意义和较广泛的范围。这个问题可以分成两个层面来分析。其一是所求的"先"不仅为先知,而且还有先行。其次是所谓"先"者,狭义言之,是比敌人领先,广义言之,是比时代领先。因此,在分析求先的问题时,必须重视这些差异。

孙子在"计"篇中所主张的"乃为之势,以佐其外"就含有两种不同的求先目的。其一是在战前先造成有利的态势,其二是比敌人抢先居于有利的态势。而要想达到这样的双重目的,则所需要的先决条件遂又不仅为先知,而且还有先行(先动)。"计"篇结论中所谓的庙算是一种先行,在战前行之,而庙算的结果则为先知,"胜负见矣"。

曹操对"谋攻"的注释说:"欲攻战,必先谋。"谋是在发动攻击

---

① André Beaufre, *An Introduction to Strategy*, p.46.

之前所先采取的思考程序和计划作为。其目的则为决定攻击所应采取的战略,而此种决定作为的基础即为"知彼知己",这当然是先知。因为有这样的先知,所以在"形"篇中才能"先为不可胜",又因为"胜可知"于是"胜兵才能先胜而后求战"。

"虚实"篇的主旨为"致人而不致于人",而其先决条件即为"先处战地而待敌"。孙子在"军争"篇中则认为"先知迂直之计者胜",因为那才能够"后人发,先人至"。"九变"篇中虽无"先"字,但有一名句:"无恃其不来,恃吾有以待也。"此一"待"字具有吴子所谓"先戒"的含义。最后,又回到了"用间"篇,孙子在此所强调的惟一观念即为先知。孙子在所有一切的求先工作中,最重视先知,必须能够先知,然后始能先行(包括一切行动在内)。不过,仅凭先知还是不够。先知对于先行只是必要条件而非充足条件。要想在行动上领先,还需要主动、速度、果敢等因素来配合。

最后,还必须指出,孙子的思想虽然表现出强烈的求先趋势,但无论是先知或先行,其所考虑的范围似都只是狭义的,换言之,只以与敌争先为目的,而并未达到较远程的境界。所以,孙子的思想虽不乏未来导向,但又并不算太深远。

三、求　　全

学者吴如嵩认为《孙子兵法》的核心是一个"全"字。《孙子兵法》中的"全",如同孔子哲学的核心"仁",老子哲学的核心"道",是我们研究孙子军事思想的一条基本线索[1]。他的意见相当正确,

---

[1] 杨少俊主编:《孙子兵法的电脑研究》,44页。

孙子的思想方法确有求全的趋势。"全"字在《孙子》一书中出现的次数并不多，一共仅十次，而其中七次都是在"谋攻"篇中。谋的意义即为战略，可以暗示孙子的战略思想是采取一种求全的途径（holistic approach）。

所谓"全"者在孙子的思想中也有广狭二义。从狭义的观点来解释，"全"就是"破"的相对词，简言之，所谓求全即力求保持现状而不予破坏，至少也应把破坏或损毁减至最低限度。从广义的观点来解释，"全"就变成了一种抽象的哲学观念，而在思想方法的领域中也代表一种特殊的思考途径。

先从狭义说起。孙子在"谋攻"篇一开始就提出"全国为上，破国次之……全伍为上，破伍次之"的总原则。这也是他对"全"字的最基本想法，而其总结论则以"不战而屈人之兵"为最佳的选择，最高的理想。孙子所说的"用兵之法"意即为战略，而所谓"不战"则为不用战斗的方式。简言之，孙子是希望在战争中尽可能不直接使用武力，以使双方损毁（破）都能减到最低限度。所以，全是最高的理想，而破则为不得已的选择。

然则如何才能达到，或至少能接近此种理想？孙子提出三点概括的建议：

（1）屈人之兵而非战也——不会战。
（2）拔人之城而非攻也——不攻城。
（3）毁人之国而非久也——不作长期消耗战。

但这三点都只是消极性的，若仅能如此则还是不能达到战争的积极目的（胜利）。于是孙子遂进一步指示："必以全争于天下。"若能如此，其结果即为"兵不顿而利可全"。孙子认为这一整套观念即为"谋攻之法"（战略原则）。过去研究孙子的人似乎都不曾注意到孙子的指示有其消极与积极的两方面。仅只非(不)战、非攻、非久,所能达到的目的也不过仅为"兵不顿"而已。必须以"全"争于天下,然后利才可"全"。"利"在此应作"胜利"解释,孙子在"地形"篇中说"知天知地,胜乃可全"可以作为证明。

最值得注意的是孙子一连用了两个"全"字,那又应该如何解释? 在此,就必须进入广义的范畴。作为哲学观念,"全"字应有三种不同而又不可分的意义:(1) 总体(total),(2) 综合(compmhensive),(3) 宏观(Macro)。在思想方法领域中的"求全途径"也就是说此种思路同时具有这三种趋势或方向。必须把所思考的对象视为总体,不仅需要分析而也需要综合,力戒见树而不见林,同时又要保持宏观,不可近视,而必须高瞻远瞩。战略思想家必须如此,始可算是战略思想家。孙子即为一个模范,读其书自能体会其宏伟的心胸,高远的视野。

现在再回到那两个"全"字。孙子所说"必以全争于天下",用现代语来翻译,即为"在战争中必须采取总体战略"。所谓"总体战略"是博弗尔所首创的名词,也就是我们比较常用的"大战略",其意义即为对于各种不同权力的综合运用,当然也包括军事行动(伐兵)在内,但却应尽量多用非军事行动(伐谋伐交)。若能如此则可以导致"而利可全"的后果。这第二个"全"作"完全"(complete)解,也就是应能获致"完全的胜利"(complete victory)。然则何谓完全的胜利? 即为没有不利后遗症的胜利,也就是李德·哈特所云能够导致"较佳和平"(better peace)的胜利。

总结言之,孙子所求的"全"不仅具有狭义而且也具有广义,不仅只是希望在战争中把损毁减到最低限度,而且更企图用总体战略来获致完全的胜利。

四、求　　善

"善"字在《孙子》书中共出现三十三次,可说是频率颇高。用兵求善是孙子独树一帜的战略思想。学者谢国良认为孙子的"善战"思想充满于十三篇之中[①]。的确如此,孙子在其思想方法中,具有强烈的求善意愿。他希望他的理论能够完美更完美,不仅是"善",而且更是"善之善"。简言之,他是以止于至善为其理想中的最高境界。

在《孙子》一书中有两种常见的语法:(1)"善战者"(或善用兵者),而且又时常在前面还加上一个"古之"或"昔之"。(2)批评某种成就尚非"善之善者也",并指出必须如何始为"善之善者也"。这两种语法所表示的意义有所不同。前者表示孙子对于"善"是有一定的标准,而这种标准的拟定又是以前人的经验为基础。因此,可以认定孙子的求善虽有理想主义的趋势,但他还是未与现实经验脱节。后者表示孙子四求的基本精神,因为学无止境,知也无涯,无论是哪一种学问,哪一种思想都是天外有天,所以都必须以不断进步、止于至善为最高理想。

孙子说:"见胜不过众人之所知,非善之善者也;战胜而天下曰善,非善之善者也。"其理由安在?因为"善战者之胜也,无奇胜,无智名,无勇功"。又正因如此,所以"百战百胜非善之善者也,不战而屈人之兵,善之善者也"。孙子在其全书中明确认定为"善之善者"就只有这一项。可以显示"不战而屈人之兵"才是他的最高理

[①] 杨少俊主编:《孙子兵法的电脑研究》,332页。

想。换言之,他和博弗尔的想法一样,武力的使用愈少愈好,最好完全不使用。

※　　　※　　　※

《孙子》十三篇是全世界第一部战略理论著作,那也是其思想的结晶和思考的成果。从其著作中可以发现他在治学过程中经常以求知为起点,以求先、求全为目的,而以求善为理想终点。事实上,此四求又是互相融合,彼此沟通,而凝结成一整体。读《孙子》而能吸收四求的灵感,则不仅可以算是善读者,甚至于还有成为"善之善者"的可能。

第二十二章
孙子论将

假定司马迁的记载真实可信,则《孙子》十三篇之作本是呈献给吴王以作进身之阶用的。换言之,用现代语来说,也就是一种自我推销的工具。把这样一本书送给吴王看同时具有两点用意。第一点是表示他自己的确具有大将之才,第二点是告诉吴王应如何选将,而其最后目的则为企图说服吴王使其确信这位自荐的齐国人即为最佳的选择。因此,《孙子》这本书的主题就是"将道"(generalship)。一方面阐述作为一位合格的"将",所应具备的是哪些条件,其所担负的是何种任务,其对于国家(主)具有何种重要性。另一方面则教导执政者(主)应如何选择其"将",对他应有何种期待,以及在主将之间应如何建立适当的合作关系。所以,一方面像若米尼一样,孙子的书对于国王和政治家是一本良好的教科书;另一方面,也像霍华德推崇若米尼一样(甚至于犹有过之),《孙子》十三篇是有史以来最伟大的军事教科书。孙子所教的是如何治军,如何用兵,以及为将所必备的一切知识,换言之,也就是将道的精华。从历史学家的观点来看,孙子个人的得失荣辱并不重要,真正具有不朽价值者是他的书对于后世名将(great captain)永恒的指导意义。

一、五德与五危

《孙子》一书中所谓的"将"是专指"主将"或"大将"而言,用现代语来表示,即为最高指挥官(highest commander)。对于战争他是最高的指导者,包括战争的计划、准备、执行都在内。将是国防事务(兵)的总负责人,因为兵者国之大事,所以负此总责的人对于国家安全而言非常重要。因此,将之选任必须十分慎重,这也是"主"所必须重视的问题,是以孙子在分析国力评估(庙算)时,在"主孰有道"之后,所提出的第二个问题即为"将孰有能"。然则所谓"能"者又是根据何种条件来评定?孙子列举了五项基本条件,即智、信、仁、勇、严,这五项又常总称为五德。曹注说:"将宜五德备也。"这表示五项均为必要条件,缺一不可。

这五个字的意义是众所周知,不必作太多的解释,但这五个字的排列顺序却有略加说明之必要。首先值得注意的是智、仁、勇三字的排列,孙子所定的顺序与孔子一致,只是再加上信与严二字而已。为什么文武二圣都同样重智,将其列为第一优先,这是一个很有意义而值得分析的问题。孔子说:"智者不惑,仁者不忧,勇者不惧。"即为最佳的答案。所谓"不惑"者就是对于所面对的问题有彻底的了解,对于所遭遇的情况有完全的掌控,这样遂自然感到一切都有把握,而没有任何疑惑。如果毫无疑惑则也就自无忧惧之必要。所以,照逻辑来说,智者不仅能仁而且也必有勇,智实为仁勇的先决条件。尤其是在战争的领域中,战略本来就是斗智,如果缺乏智计,很可能流于妇人之仁,匹夫之勇,则鲜有不败亡者。韩信对于项羽的评论即为最恰当的例证①。

孙子重智,这也是他与克劳塞维茨之间的一大差异。这当然又与二人著作所重视的层面有相当关系,孙子比较重视大战略,包括战争的准备和计划在内;克劳塞维茨则比较重视作战的层面,仅到晚年才进入大战略的境界,所以他重勇有过于重智遂成为必然趋势。不过他们两人的观念又最多只有程度上的差异,因为诚如克劳塞维茨所云,军事天才存在于许多要素的"和谐组合"(hamonious combination)之中。换言之,虽然其中有某种要素可能比较具有支配性,但任何一种要素的作用又都不会等于零,也不能与其他的要素冲突②。

孙子说:"军争为利,军争为危。"这表示机会与危险经常同时存在而不可分。事实上,克劳塞维茨也所见略同,他说:"战争是一种不确定的境界,……所以需要敏感和明辨的判断力,即为一种能嗅出真相的巧妙智力。"③有勇气始能敢于利用机会,但克服不确定性又必需智力,智与勇交相为用,始能相得益彰。克劳塞维茨指出:"军人地位愈高,其活动受理智管制的程度也愈大。"不过,他又说:"单独的智不能有勇,我们常见非常聪明的人反而缺乏决断。"④

于是克劳塞维茨遂强调勇之重要:"勇敢能替理智和知识添翼,此种翅膀愈强,也就可以飞得愈高,视界也愈广,而结果也愈佳。"⑤由此可见,他似乎是认为勇者必有智,而智者不一定有勇。

---

① 钮先钟:《中国战略思想史》,276 页。
② Carl von Clausewitz, *On War* (Princeton, 1976), p. 100.
③ 同上书, p. 101.
④ 同上书, p. 102.
⑤ 同上书, p. 192.

孙子的结论则恰好与其相反：智者必有勇，但勇者则不一定有智。孙子在其书中几乎从未强调勇之重要，他只说过"智将"而从未说过"勇将"。他曾明确指出"智者之虑必杂于利害"，他更认为"知兵之将，民之司命，国家安危之主也"。凡此种种都足以显示孙子是如何重智。

孙子又不仅只在大战略领域中特别强调知与智的重要，甚至于在用兵的层面上亦复如此，他指出"胜兵先胜而后求战"，他更以"不战而屈人之兵"为理想。所谓奇正相生，兵形象水，都无不代表高度的智慧，所以，我们可以大胆地说，《孙子》十三篇，从"计"篇到"用间"，无一篇不是以智为基础。

除智勇二者以外，孙子对于将才的认定又还有信、仁、严三字也同被列为必要条件，其中尤以信被列为第二位，于是才把勇挤到第四位。概括言之，此三者都与治军有关。战争不是个人的行动，而是一种有组织的集体行动。必须先能治军然后始能用兵。古代国家的组织比较简单，所谓"将"者不仅在平时（战前）要负责战争的计划和准备，而在战时更要负责军队的指挥和管制（command and control）。"治"字的含义包括组织（organization）和管理（management）都在内。若不能治，则诚如吴子所云："虽有百万何益？"[①]

有了管理良好的部队，然后始有战胜的可能，否则徒有智勇，也还是无以用之。将欲善于治军，则他必须具备信、仁、严三种素质（性格），而信尤其重要。古人注孙子者，对于此三字所作的诠释都是偏重其与刑赏的关系，实不免过分狭义。事实上，应有较广义

[①] 《吴子·治兵篇》。

的认知①。孔子说"民无信不立",任何组织、国家、军队,或任何团体,假使其成员之间无共信,则这个组织也就很难维持其存在。所以,信对将而言是一种非常重要的条件。若将本身言而无信,则又如何能建立共信,维持其部队的凝聚力?孙子把信列为第二位,仅次于智,良有以也。

治军不能仅凭严刑峻法,这是孙子与战国时代的法家和兵家之间在认知上的重大差异。孙子所列举的第三点即为仁,仁就是爱也就是同情。将对他的部队必须像对他的子弟一样,孙子说:"视卒如婴儿,故可与之赴深溪,视卒如爱子,故可与之俱死。"("地形"篇)这要算是孙子的真知灼见,也可以暗示其思想与孔子非常接近。反而言之,军队究竟又是一种负有战斗任务的组织,与任何其他组织都不一样。军队必须有严格的纪律,维持纪律则又必须信赏必罚。所以,严也就成为最后(last)的一个条件。在此又应特别指出,严字也必须作广义的解释。严就是认真彻底,换言之,在军事组织中,所有一切事物都必须要求零缺点、无漏洞,只要出一点小毛病即足以导致严重的后果。这才是严的真意,并非仅限于律己以严或严刑峻法。事实上,孙子在所谓"七计"之中所提出的最后四个问题,"法令孰行,兵众孰强,士卒孰练,赏罚孰明",都无一不与严有密切关系。

总结言之,智、信、仁、勇、严,在排列上虽有先后,但其重要性并无太多的差异,而且彼此互赖,合为一体。善用兵者必须智、勇兼备,善治军则必须信、仁、严三者俱全。孙子所谓的将是必须既善用兵又善治军,所以诚如曹孟德所云:"将宜武德备也。"孙子就

---

① 《十一家注孙子》,《孙子集成》第一册,370—371页。

是这样教吴王应如何选将,于是他说:"将听吾计,用之必胜,留之;将不听吾计,用之必败,去之。"这也同样是他对后世执政者的永恒教训。

以上所云都是正面的条件,但孙子为慎重起见,又指出哪一类的人绝对不可用。他在"九变"篇指出"将有五危",即认为凡有此五种倾向的人,其性格中都潜伏着某种内在危险。所以,孙子说:"凡此五者,胜之过也,用兵之灾也。"值得注意的这个"过"字,因为此五者从表面上看来似乎并非不好,而且也不违反五德,但其毛病却是出在超过了正常的限度。现在分析如下:

1. 勇固然是美德,但若每战均以必死自誓,不惜甘冒不必要的危险,则很可能自投罗网,而为敌所杀。此所谓"必死可杀"。

2. 智固然是美德,但过分聪明的人往往对于利害作过分慎重的计算,而不敢涉险犯难,于是临难苟免,而不惜被俘。此所谓"必生可虏"。

3. 信固然是美德,但由于过分守信,于是行动遂不免急躁求速,因而缺乏冷静思考,易受敌方刺激而自乱步骤。此所谓"忿速可侮"。

4. 严固然是美德,但若过分持己以严,洁身自好,则有重细节而误大事的危险。此所谓"廉洁可辱"。

5. 仁固然是美德,但治军用兵却不可仁爱过度,否则就会受到太多的牵制而贻误战机。此所谓"爱民可烦"。

将之所以有此五危,其动机完全是善良的,而且若不过度也并不为害。但若过度即可导致非常严重的后果。因此孙子提出警告说:"覆军杀将,必以五危,不可不察也。"

有关将才的选择,孙子所提供的建议可以说是非常明确:将必须能够兼备五德,而又能避免五危。

二、将者国之宝也

兵者国之大事,将的选择固不可不慎重,而对于被选为将的能人又必须予以极高度的尊重。孙子在书中曾一再强调将的责任是如何重大,将的任务是如何重要,其理由即在此。我们可以依照顺序把孙子在各篇中的警语列举如下:

1. 孙子在"计"篇中说明"经之以五事"之后,就立即指出:"凡此五者,将莫不闻,知之者胜,不知者不胜。"

2. 孙子在"作战"篇中强调将必须尽知用兵之利害,始能胜敌而益强。因此,他认为:"知兵之将,民之司命,国家安危之主也。"

3. 孙子在"谋攻"篇中除说明"将者国之辅也,辅周则国必强,辅隙则国必弱"的原则以外,又更强调"将能而君不御者胜"为五种"知胜之道"中之一种。

4. 孙子在"九变"篇中指出"治兵不知九变之术,虽知地利,不能得人之用",并强调"君命有所不受"。

5. 孙子在"地形"篇中对于将的任务有详细的分析,值得特别注意。孙子首先说明六种地形之特点,然后指出:"凡此六者,地之道也。将之至任,不可不察也。"接着孙子又对"败兵"作了六种分类,并指出:"凡此六者,败之道也,将之至任,不可不察也。"然后再说:"料敌制胜,计险厄远近,上将之道也。"因此,将必须敢于负责,依照其对国家利益的认识来自作决定,而不考虑个人的荣辱得失。若能如此,就可以获得孙子最高的评价:"进不求名,退不避罪,唯民是保,而利于主(国家),国之宝也。"

若把孙子的名言加以综合,即可以明了将之至任(最重要的任务)还是以知为基础。他应能知计,知胜,知变,知地,知败。若能如此,则可以算是"知兵之将",于是他才有资格主宰国家的安危,并被公认为"国之宝也"。

这样的"国宝",政府(主)不仅应对他表示极高度的尊重,而且更应给予绝对的信任。所以,孙子在其书中一再强调"将能而君不御者胜"的观念。他虽然认为政府与军事组织之间必须维持密切合作,但强烈地反对政府对于用兵(作战)作无理的干涉。从古今中外的历史中可以发现,政府对于战略的计划、作战的指挥,作各种不同的无理干涉真乃司空见惯,而其导致不利后果的例证更是不胜枚举。美国在越战中的失败即为一次最近的惨痛经验[1]。所以,孙子主张应给予最高军事指挥官以较大的行动自由,他在必要时,基于国家利益的考虑,可以"君命有所不受"。

在孙子的时代,社会结构、政府组织、战争形态都比较简单,所以人才要比制度更为重要。国家大事常由一个人掌控,尤其是在军事领域中也尚无现代所谓参谋业务之存在。因此,孙子所论之将,其所负责任之重大,其所管事务之繁杂,比之现代高级指挥官似乎有过之而无不及。孙子在其全书中对于将道如此重视,的确

---

[1] 当威斯特摩兰将军计划动用二十万六千的增兵以完全消灭敌军的要求被泄漏出去时,大众更是普遍认为这是美国驻越南部队的濒死挣扎,最后迫使原本同意增援的美国总统林登·约翰逊放弃增援。1968年3月31日,美国总统林登·约翰逊发表演讲,终止滚雷行动,表示美国国防军将逐步撤出越南,并宣布放弃竞选下任总统。1968年6月,克赖顿·艾布拉姆斯(Creighton Abrams)将军接替威斯特摩兰指挥美国驻越南部队。

美国前国务卿亨利·基辛格博士总结说,美国失败的主要原因是美国国内激烈的反战运动使美国全国意志无法集中、思想无法统一,以致社会陷于混乱,政府陷于瘫痪,无法有效运作。——编者注

有其充分的理由。

综观孙子的思想,可以发现其最重要的核心观念就是"知兵之将"。他的书最初可能只是献给吴王作为进身之阶,其目的是要说服吴王使其确认他就是最合理想的将才。不过等到他功成身退之后,再来修正补充其著作时(姑且如此假定),其所怀的目的就应该恰如司马迁所云,是希望能够"藏之名山,传之其人"[①]。于是他所想要教导的是后世的精英分子,让他们能从其十三篇中学会将道的精华。那不仅是流传千古的永恒教训,而更代表照亮世界、永不熄灭的智慧光辉。

---

① 司马迁,《报任少卿书》。

第二十三章
孙子与未来战争

所有的高等动物都不同类相残,只有人类为惟一例外。自从盘古开天地以来,人类就无师自通地学会了自相残杀。战争比历史还要古老,至少可以说历史所记载的几乎都是人类互相残杀的故事。人类为什么会这样愚笨,对于战争居然乐此不疲,实在很难理解。不过,这又并非属于本书所拟研究的范围。我们所想探求的主题是向未来看,战争将会有何种演变趋势,而孙子的教训在这个问题的探索和了解上又能给予我们何种启示和助益?

英国战史大师富勒将军有云:"除非历史可以教导我们如何观察未来,否则历史就不过只是一种充满血腥的传奇故事。"[1] 简言之,研究历史的主要目的即为鉴往知来。基于对过去经验的分析,我们对于战争的演变可以获得何种认知,而此种认知又能帮助我们对于未来的趋势作何种推测? 这是首先应该考虑的问题。

战争对于人类是一种悠久而复杂的经验。不仅不同的时代和

---

[1] Hew Strachan, *European Armies and the Conduct of War* (George Allen and Unuin, 1983), p.1.

第二十三章 孙子与未来战争

不同的地区有不同的战争,甚至于同一时代,同一地区,也可有不同的战争。所以,要想对于战史作时期的划分,又或对于战争作性质的分类,都非常困难,而且由于所持观点之不同,不同的学者也就会有不同的结论。以《未来震撼》与《第三波》(*Future Shock and The Third Wave*)声名大噪的托夫勒夫妇(Alvin and Heidi Toffler)在其新书《战争与反战争》(*War and Antiwar*)中还是根据其原有的观念把战争分为三波。此种分类又与社会结构和文明水准有不可分的关系。概括言之,第一波战争(first wave war)所代表的为农业文明,第二波战争(second wave war)所代表的为工业文明,第三波战争(third wave war)所代表的为高科技文明[1]。

因为在地球上,人类文明的进展并非同步,所以不同的战争形式也就可以同时存在于不同的地区之中,甚至于在同一地区中也可能出现不同形式的战争。此种错综复杂的现象不是本书所要讨论的范围,在此只能概括地指出作为人类文明的主流,所谓先进或已开发世界中,一切人事都已由第二波走向第三波,连战争也不例外。换言之,战争形态正在改变,未来战争即为第三波战争,也就是高科技战争。

要了解战争的形态和性质,则又必须首先了解其时代背景,所谓未来(future)究竟又是一个什么样的时代?简言之,未来时代就是信息时代(information age),未来战争也可以称之为信息战争(information war)。人类在 20 世纪后期才刚刚踏入这个时代

---

[1] Alvin and Heidi Toffler,*War and Antiwar* (Little Brown, 1993)。这本书所代表的是未来学家对战争的看法,可供参考,已有中译本。

的大门,想登堂入室还有一大段距离要走。因此,对于未来战争的研究不过只是刚刚开始,当然也很难有定论。本书自然不可能对未来战争作深入研究,事实上,作者也自知无此能耐。本书是以研究孙子为目的,所以,在此只拟探讨孙子的著作对于未来战争的研究能提供何种助益。所采取的方法即为从国际学术界以未来战争研究为主题的若干文献中去寻找其与孙子在思想上的共同或类似之处,以及他们对于孙子的引述和评价。

一、长程思考

美国海军分析中心(Center of Naval Analyses)的研究员弗拉豪斯(Michael Vlahos)曾以"下次竞争"(The Next Competition)为其论文的命题。他指出战争正在发生革命性的变化,其趋势非常难以预料。既不可忽视任何改变的预兆,更不可假定一切改变都是有利的。否则即可能输掉下次竞争。因此,最重要的事情莫过于"长程思考"(long range thinking)。所应思考的问题非常众多而复杂,思考不仅要广泛而更要深入。举例言之,所应考虑的问题有:未来的世界体系、未来的权力、未来的敌人、未来的战争形式,等等。改变还只是刚刚开始,战争也许不会发生革命,但我们对于战争革命的来临却不能没有准备[1]。

弗拉豪斯又指出,即令在过去的时代中,长程思考对于国家安全和军事计划也常有重大的贡献。今后所面临的挑战可能更艰

---

[1] Michael Vlahos, "The Next Competition," *Strategy Review* (Winter 1993), pp.81-85.

巨,长程的战略思考也更有其必要。从他的论文中可以发现其与孙子的思想颇为类似。孙子所最重视者为"庙算",庙算即为对未来战争的预估。孙子的"校之以计,而索其情"即为一种长程思考的步骤。孙子不仅知道世局多变,而且也非常重视应变。孙子认为"兵久而国利者未之有也",这又不仅是由于经济上的考虑,而也是因为战争拖得愈久,则发生意外变化的机会也就愈大。孙子又说,"无恃其不来,恃吾有以待也",实足以显示他非常重视对未来变局的应付准备。因此,孙子遂极端强调"先知"的重要。如何能先知,除必须依赖高效率的情报体系(用间)以外,还需要深谋远虑,也就是长程的深入思考。

依照托夫勒的划分,孙子时代的战争还是属于第一波的范畴,其形式和变化比起现代战争远较简单,但孙子的思想则远较先进,而且大致已接近第三波战争所要求的水准。

二、信 息 优 势

阿尔奎拉(John Arquilla)教授是美国研究信息战争的权威,曾为文讨论"信息优势的战略含义"(The Strategic Implications of Information Dominance)。他首先以海湾战争为例,指出美国的最大优点在信息技术的领域中,它可能不久即能在军事效力方面提供极大的利益。那正像过去的英国海权一样,能用小量兵力建立和巩固一个全球大帝国[1]。

---

[1] John Arquilla, "The Strategic Implications of Information Dominancd", *Strategic Review* (Summer, 1994), pp. 24 – 30.

何谓"信息优势"？分开来看"信息"和"优势"两个名词是很容易了解，但连在一起就变成一种复杂的观念。信息优势的最精确定义是"我方能知对方的一切事情，而又能让对方不知我方太多的事情"。这好像在打牌时，你可以看见对方手中的牌，而对方却不知你手中所拿的是什么牌，则胜负之数自不待言。

此种信息优势要比孙子所要求的"知彼知己"还要更进一步。孙子虽要求知彼，但他除用欺敌的手段以外，即无法阻止对方也能知彼。今天，尤其是明天，高科技已经开始能够阻止对方获得其必要的信息。在孙子的时代，所能获致的信息优势只是有限的或相对的，对于胜利只能构成必要条件，而不能构成充分条件。克劳塞维茨则更较悲观，他认为摩擦和战争之雾会使信息优势不能发挥其效力。

不过到了近代，又有若干征候开始暗示信息的重要性正在增大，对于战争的指导和胜负的决定足以产生重大影响。简言之，由于战争形式的演变，科技水准的升高，使信息优势已经不再是一种难以实现的理想，并且也逐渐显示其在冲突领域中有支配全局的潜力。套用孙子的说法：在未来战争中，若能获致信息优势即能"为胜败正"。孙子在两千年余年之前，即已深知"知"之重要，他不仅要求先知，而且更要求全知（知彼、知己、知天、知地），而"先"与"全"即具有优势的含义。

三、战 争 吊 诡

许多世纪以来，战争一向都呈现出明确的形象，但现在却形成复杂的吊诡，这是美国陆军上校哈蒙德（Grant T. Hammond）所写"战争吊诡"(Paradoxes of War)一文的开场白[1]。所谓吊诡者是一种与常智(conventional wisdom)相违反的自我矛盾现象(self-contradictory phenomenon)。因此,未来战争可能需要与现在不同的观念、不同的工具,并在不同的层面上进行。这样的战争可能在外表上与和平不可分,甚至于无形(invisible)。未来战争可能呈现两种对立的形象,此之所谓吊诡。这可以列表如下:

常 态	变 态
暴力冲突	和平竞争
斗力	斗智
以空间为战场	以时间为战场
毁灭行动	创造过程
以实质攻击为始终	以精神目的为始终
以对方工具为焦点	以对方认知为焦点
有形措施	无形措施
硬件导向	软件导向
用赢得战斗决胜负	用平时准备决胜负
战争以胜为目的	战争以不败为目的
善战者胜	不战而胜者则更好

前列为人尽皆知的战争常态,后列则为孙子早已知道的变态,甚至于孙子更认为二者经常同时存在而不可分,这也反映了其二元论的哲学思想。中国兵家在孙子教导之下,对于此种正反共存

---

[1] Grant T. Hammond, "Paradoxes of War", *Joint Force Quarterly* (Spring 1994), pp.6-16.

的观念早已司空见惯,不以为怪,并相信此乃事理之常,而不像西方学者到今天还视之为异常,甚至于以吊诡称之。

哈蒙德认为,若不把此种观念纳入战略思想之中,则美国在后冷战世界中将不能作成功的竞争。他指出战争常在尚未开火之前即已决定胜负。所谓战争者并非真正的战争,平时对战争准备的竞赛才是真正的战争(real war)。战略的意义本为斗智不斗力,而智的基础即为知,但又如克劳塞维茨所云,知识必须变成能力[1]。战争不仅要争空间,而更要争时间,孙子不仅要求先知,而更强调先行——先处战地,后人发先人至。

战争为毁灭行动,人所共知,战争也可能是一种创造过程(creative process)则似为新论。孙子却早已有这种认知,他认为"全国为上,破国次之",他反对久战,企图不战,更希望胜敌益强。孙子谋攻,最重视者为伐谋、伐交,伐兵已属不得已,而攻城则斯为下矣。

西方学者直到最近才开始了解精神重于物质,无形重于有形,软件重于硬件。他们对这些观念都有新奇之感,并认为那超出常智之外。孙子,甚至于一般的中国读书人则早已有这样的认知。精神重于物质,仁义胜过暴力,对于中国人而言,不仅是传统,而且更是常识。孙子虽也说兵贵胜,但他更强调不战而屈人之兵才是最高的理想。从西方战略家的眼中看来,战争的未来趋势充满了矛盾,但从孙子的眼中看来,则是吾道一以贯之,而无任何矛盾之可言。

---

[1] Carl von Clausewitz, *On War*(第二篇第二章,14页)。

四、知 识 战 略

托夫勒不仅首创"第三波战争"这样一个新名词,而且对于此种新的战争形态也作了相当生动的描述和解释。他指出第一次海湾战争实际上是新旧两波战争的混合。一部分是第二波,而另一部分则为第三波。结果是美国所领导的联军获得惊人的胜利,其实际损失仅约为三百四十人,约相当于战前预估数字的百分之一。战后评论文章多得不可胜数,但最值得引述的是下述的意见:"海湾战争显示电脑中的一两硅可能要比一吨铀还更有价值。知识的重要性不亚于武器和战术,毁灭敌方指挥管制工具即能使其屈服。"[1]

很可能会有一天用电脑的军人比用枪的还要多。美国国防部从 1993 年就已经开始朝这个方向走,美国空军已经签约采购个人电脑(PC)三十万台。不过,虽有电脑,仍需人脑,若无优秀的人员,则最好的武器也不能发挥其应有的功效。据调查,美国企业界的经理阶层中获有硕士以上学位的人只占总数的 19%,而在准将阶层的军官总数中则占 88%。所以,军事也像经济一样,大量的原始人力已经远不如少数优秀技术专家重要。虽然孙子不可能梦想到今天这样的高科技世界,但其重视求知,而尤其是先知的教训,在今天不仅完全适用,而更给予我们中国人以极大的鼓励。

科技的进步又会带来组织的改进,组织必须适应新的环境,否

---

[1] Alan D. Campen, ed. *The First Information War* (AFCEA Intenational Press, 1992). 由托夫勒引述。

则就会产生意想不到的摩擦。由于通信工具的进步，有人遂以为在后方的中央政府对于战争的控制一定会变得更较严密。但第一次海湾战争却提供相反的例证。美国国防部给予其野战指挥官以极大的自主权，对于其行动自由从不加以不合理的干涉。这固然与越南的失败经验有关，但又足以显示孙子所云，"将能而君不御者胜"，是一条经得起时间考验的基本原则，甚至于可以说在未来战争中，此种原则会比过去变得更较重要。

由于通信和运输速度的增加，所以现代人所过的生活是一种高速的生活，一切的思想和行动都在以高速（甚至于还是加速）进行。战争自不例外。未来战争将是一种高速战争，胜负之机，可能决定于分秒之差。孙子的时代还是过着一种安详缓步的生活，但很奇怪，他却早已有一种似乎是反常的急迫感。他说："兵之情主速，乘人之不及，由不虞之道，攻其所不戒也。"（"九地"）简言之，必须求速，始能发挥主动，致人而不致于人。

美国已有许多专家学者天天都在把孙子的名言念个不停："是故百战百胜，非善之善者也；不战而屈人之兵，善之善者也。"（"谋攻"）他们已经把此种观念推进到一种新的战略理论水平。他们认为已经有很多新技术存在，可以用来击败敌人，而可以把毁灭流血的行动减到最低限度。今天的困难已经不是没有适当的工具，对创新构成最大障碍的瓶颈还是守旧的思考方式。如能改变旧有的思考方法，则许多难题自可迎刃而解。因此，当第三波战争开始形成时，新的"知识战士"（knowledge warriors）也开始出现。他们相信知识不仅能够赢得战争，而且甚至于还能预防战争。他们已经超越狭隘的技术境界，而升到广阔的战略境界。换言之，他们正在企图发展一套完整的"知识战略"（knowledge strategy）。

第二十三章 孙子与未来战争

美国国防大学已经开设"信息战"(information warfare)的课程,美国国防部更已成立一个专责单位进行所谓"纯净评估"(net assessment)的工作,那也正是孙子所早已提倡的"庙算"。曾在美国国防部中充任主管C3I的助理部长安德鲁斯(Duane Andrews)指出:"信息已经是一种'战略资产'(stratesic asset),而在信息战中,双方都将尝试运用信息和智慧来影响对方的计划和行动。"不用解释,我们也能立即感觉到他所想像的信息战即为孙子所说的"上兵伐谋"。此外,美国学者们也认为重视情报并尽量利用心理作战(psychological operations)可能会减少财力和人力的消耗,以及战争中的损毁,于是也就恰如孙子所云,"兵不顿而利可全"。

所谓"知识战略"还只是最近才发展成形的新观念,其架构和内容不仅尚无定论,而且也不是本书所能详述。不过,某些要点则又是非常明确。任何公私组织在知识方面所必须从事的主要工作可以概分为下述四项:获致(active),处理(process),传送(distribute),保护(protect)。根据此种分类,即可以建构一种知识战略的综合架构。

所谓"获致"者是把知识的生产和购买都包括在内。国家必须重视情报和研究,这也正是孙子重视"用间"的老教训。今后,对于"脑力"(brain power)的输入和输出更应特别注意。人才外流将是国家最严重的损失。

有了知识之后还必须"处理",这也正如克劳塞维茨所云,知识必须转变为能力。这种步骤必须迅速,然后始能收"先知"之效。

处理之后的信息又必须能够迅速完整地传送到使用者的手中,因此必须有非常便捷的传输网路,始能掌握全局。

最后,知识是一种最宝贵的财产,对于其安全必须加以严密的保护。机密知识的泄漏对于国家利益实为重大的损失。更进一步说,信息或知识的优势固然可能赢得战争,但这种优势又非常脆弱(fragile),要想维持已有的优势则必须继续不断地力求精进,否则可能很快就会丧失优势而退居劣势。所以,信息战将是一场永无休止的拔河游戏。

综观上述四点,即可以发现我们在前章中所提出的"孙子四求"对于知识战略可以作为理论基础。"求知"即为知识之获致。在知识处理和传送过程中必须既"求先"而又"求全"。知识不仅需要严密保护,而且更需要不断地研发,始能确保信息优势。必须如此努力"求善",然后才会达到孙子所谓"善之善者也"。

※　　　※　　　※

未来的时代将是信息时代,未来的战争将是信息战争。如何发展知识战略,争取信息优势,已成当务之急,而孙子的理念对于此种努力的确能够提供非常有价值的指导。

第二十四章
孙子与现代企管

企图把孙子的思想应用到经贸和管理的领域中,早已成为一种风气。只要到书市中去巡礼一番,就能立即发现以孙子与管理为主题的书是到处都有。虽不能说是汗牛充栋,但的确是不胜枚举。已经有了这样多的讨论,还有什么意见可以算是"新论"呢?

事实上,想把孙子以及其他兵家思想应用到经贸领域中的企图又并非自今日始。我国古代即早已有人作这样的尝试,并获致显著的成功。根据《史记·货殖列传》的记载,春秋战国时代的范蠡、白圭等人都曾把兵法用在商业方面而获得卓越的成就。尤其是白圭还曾亲述其成功经验:"**吾治生产,犹伊尹、吕尚之谋,孙吴用兵,商鞅行法是也。**"足以证明我国古代的大企业家都曾读过《孙子》,并且把《孙子》的理论加以活用而获得实质的利益[①]。

孙子的著作在唐代传入日本,从此之后即深受该国统治阶层的推崇。在日本以研究孙子为主题的著作很多,但可叹息的是日本军人并不曾真正了解孙子的思想,结果遂导致第二次世界大战

---

① 司马迁,《史记·货殖列传》。

的惨败。战后的日本,推崇和研究孙子的风气并未少衰,不过现在领导此种风气的人不再是军人而是企业家。若干工商业巨子都相信孙子的教训对他们能提供最佳的指导。自从日本在世界上跃居经济大国地位之后,全世界也就有许多人认为日本在经贸领域中的惊人成就实应归功于他们能够对孙子作深入的新研究,并将其心得应用到新的范畴中。孙子虽未能帮助日本人赢得"兵战",但却能帮助他们赢得"商战",真可以说是历史的讽刺[①]。

战后的日本一跃而成为经济大国,甚至于还有抗衡美国而变成世界经济超强的趋势,美国企业界自然不甘落后,而开始掀起研究《孙子》和其他中国古兵法的热潮。通用汽车公司(GMC)的董事长曾说明他从《孙子兵法》中学得一些教训,而哈佛大学商学院也要求其学生必须熟记孙子的某些名言[②]。日美两国领先,其他各国也自然追随。于是企业界重视孙子的研究和学习在全世界遂已成为共同的风气,中国自也不例外。

今天在日本、美国、中国都已有不少以孙子与企管为主题的书,在中国台湾书市中也时常可以看到这样的书。但就其内容而言,除对于《孙子》原文和原意常有误引或误解以外,最大的缺失则为仅只对《孙子》作断章取义的引用,并企图利用《孙子》来作为现代理论的佐证。这些作者似乎并不了解《孙子》有其完整的思想体系,于是《孙子》也就受到"五马分尸"的悲惨待遇。这样的书对于孙子和企管两方面的研究都不算适当。

因此,企业家若想学会孙子的教训,若想有效地把孙子的理论

[①] Wee Chow Hou, Lee Khai sheang, and Bambang Walujo Hidajct, *Sun Tzu: War and Management* (Addison-Weslep Publishing Co., 1991), pp.3-5.
[②] 杨先举,"论《孙子兵法》的管理价值",《孙子新论集粹》,526页。

应用到他们的事业上,则首先必须对孙子思想获致足够深入的了解,然后始不至于舍本求末、贪小失大。这个"大"字尤其重要,应先略加解释。**在今天的世界上,所有一切经贸活动都必须具有大格局、大气候,小本经营的小买卖已经日益没落,在未来将更难有生存的余地。**此种趋势也就使孙子的思想显示出空前巨大的重要价值。因为孙子所重视的是大战略而不是小战术。孙子的书表现出宏观的视野,伟大的气度,假使企业家能精通《孙子》,则他应能学会如何适应新的环境,如何迎接新的挑战。

不过,在此又必须向企业家发出诚恳的忠告,要想学习《孙子》则必须对十三篇从头到尾作完整的研究,而不可学习某些以专家学者自命的人,只是断章取义,削足适履,见树而不见林。对于经典名著,要研究则必须深入,否则宁可不研究。因为一知半解之为害有时甚至于有过于完全无知。

《孙子》全书代表一个完整的思想体系,此一体系是如何建构,如何分段,本书第一篇(原论)中已作详尽分析,自可不必赘述。在此所要分析的仅为《孙子》十三篇中某些对现代企业具有特殊密切关系和重要价值的部分。十三篇可概分为四大部分,各有其主题:(1) 大战略,(2) 作战,(3) 战术与地理,(4) 情报。虽然每一主题各有其重要性,但对于企业家而言,最值得重视的又还是大战略。

一、大战略

《孙子》前三篇属于大战略层面,也是全书中最重要的部分,对于企管方面的应用亦复如此。孙子论兵是把它分为两个阶段:首先是战争的计划和准备,其次才是战争的执行(用兵)。对于企管而言，也同样适用这样的分段。计划以计算为基础，计算的产品即为"庙算"（评估），孙子所列五事对于企管也完全适用。

道——企业经营的理念，由董事会（主）决定。
天 地 }——情况（环境），包括现状和未来趋势。
将——领导者或管理者。
法——组织、制度、法规、训练等。

经贸活动和战争一样，即俗语所云"商场如战场"，必须先有精密的计划始能付诸行动。

孙子在第二篇（"作战"）中所提出的三原则对于做生意几乎完全适用：(1) 做生意不可投机取巧。(2) 国与国之间不可进行长期的贸易战，否则将可能两败俱伤。(3) 不可见利忘害，贪小失大，做生意和打仗一样，在利害的评估上必须十分慎重。

商业必然有竞争，必然有假想敌，所以也同样需要"谋攻"。孙子在"谋攻"篇中所提出的两大原则：(1) 全国为上，(2) 上兵伐谋，在商战中也是最高的理想。虽然竞争不可避免，但应以对双方都不造成严重损害为限度；而最理想的竞争方式即为使我方的计划较优于对方。

以上所云都是大原则，也是大战略，在计划和准备阶段均应重视，然后始能选择适当的战略目标，决定适当的行动路线。

二、作　　战

《孙子》的第二大部分也一共包括三篇（"形"、"势"、"虚实"），以指导如何作战（用兵）为主旨。"作战"乃现代军事术语，英语为"operation"，在非军事领域，常译为运作、行动或作业。孙子的作

第二十四章　孙子与现代企管

战理论就整体而言,为一个三层架构,而每层又都有正反两面:攻守、奇正、虚实。此种理论架构对于非军事性行动也同样适用。

"形"篇所论为攻守的部署,孙子的基本指导为"先为不可胜以待敌之可胜"。此项原则在经贸领域中的重要程度绝对不比在战争领域中低。做生意的目的固然是赚钱,但更重要的先决条件却是不亏本。所以,任何企业的经营都必须稳扎稳打,而不可好大喜功、投机取巧,否则就会有偷鸡不成蚀把米的可能。这本是常识,但经孙子点出之后,遂成为千古名言。但孙子的态度又非消极无为,只守不攻,他指出一有可乘之机则绝不可轻易放过。所以,他才说:"善战者立于不败之地,而不失敌之败也。"若把这种观念用在企管的领域中,似乎可以解释为:会做生意的人是绝对不会赔钱,但也绝对不会放弃任何赚钱的机会。孙子认为善战者之胜无智名、无勇功,换言之,赢得很自然、很轻松,好像一点都不吃力,他称之为"不忒"。所谓"不忒",也就是有绝对把握。为什么能如此,其原因又是由于事前已有周密的计划和准备。此即所谓"胜兵先胜而后求战"。很明显,善于经营的企业家也应以"不忒"为其理想目标。

在战争领域中,指挥官(将)的主要任务有二:其一是"治兵"(管理),其二是"用兵"(作战)。前者为体,后者为用。前者为后者奠立基础,后者为前者发挥功效,所以两者必须并重。孙子在"势"篇之始即综合指出:

> 凡治众与治寡,分数是也,斗众如斗寡,形名是也。三军之众,可使毕受敌而无败者,奇正是也,兵之所,如以碬投卵者,虚实是也。

前两句是军事管理的原则,后两句则为用兵致胜的总诀。治军之难是由于人众(多),人少管理当然很容易,人愈多则愈难。在平时当然比较容易,而在战斗中当然远较困难。孙子指出要管理一支庞大兵力则必须依赖"分数",分数的意义即为部队的组织编制。曹注曰:"部曲为分,什伍为数。"[①]在战斗中仍能维持部队的管制,则又必须依赖"形名"。曹注曰:"旌旗曰形,金鼓曰名。"[②]用现代军事术语来表示即所谓"指管通"(C3)系统。尤其必须有良好的通信网路,然后才能对散布在广大地区中的大量兵力作灵活有效的运用。现代大企业比军队还更复杂,其所要管的对象也非仅限于人员,其分支机构更可能遍及全球。但孙子所指示的原则仍然有效,尤其是他对于通信系统的重视更是超时代的见识。

在用兵方面,孙子综合地提出两种基本观念:(1)为奇正,(2)为虚实,并在两篇之中("势"与"虚实")作连续的讨论。孙子说"战势不过奇正",也就是说一切运作(行动)都不外乎这两种方式。但古今中外对这个"奇"字都曾有很多的争论,尤其是西方学者更似乎"故意"地把它与欺诈、诡道混在一起。这实在是大错而特错。奇就是知机,一发现机会就立即利用,对于敌方自然就会构成奇袭,并不一定含有欺诈的含义。在商业领域中更是如此,平时必须正派经营,但又必须随时掌握商机。"机不可失"对于打仗和做生意都是同样重要。

奇正又必须与虚实配合始能获胜。孙子对于虚实只作狭义的解释:实是兵力部署上无懈可击,虚是兵力部署上有隙可乘。孙

---

① 《十一家注孙子》,《孙子集成》第一册,451页。
② 同上书。

第二十四章　孙子与现代企管

子的基本原则即为以正合实,以奇袭虚。在经贸的领域中,对于虚实则必须作较广义的解释:实即为正常的经济环境,或正常的市场走向,虚则为不正常的环境或有危机出现的趋势。在正常情况中当然应该采取正常的经营方式,但若面临不景气的征候,则必须保持警觉,准备采取应变措施。反而言之,若突然出现可以利用的良好机会,则又应毫不迟疑地加以掌握,并乘机大赚一票。我想成功的企业家都一定会这样做,而这也正是孙子的用兵原理。

三、战术与地理

《孙子》的第三大部分,即从"军争"到"火攻"共为六篇,所讨论的是层次较低的问题。概括言之,可分为战术和地理两方面。在战术方面虽也有值得重视的内容,但由于比较琐碎,姑置不论。至于地理方面的分析则要算是《孙子》的一大特色,并且对于企管领域可以提供很多启示。孙子认为战场的选择和地理条件的利用,对于用兵之成败有非常重要的关系,所以对于地理必须作精密的分类和深入的认识。若把此种观念移用到现代企管的领域中,则只要把战场改为市场,则几乎大多数原则都可以适用。不过,有一点必须特别指明。我们还是不能把孙子的名词或分类直接用在经贸方面,因为市场与战场究竟还是两种不同的环境。的确有人尝试进行这样的器官移植手术,但似乎相当地勉强,并不能算是成功[①]。事实上,我们读古书应保持一颗弹性的心灵,有时师其意即可,大可

[①] Wee Chow Hou, bee Khai sheang, and Bambang Walujo Hidajct, *Sun Tzu: War and Management* (Addison-Weslep Publishing Co., 1991), pp.3-5.

271

不必作这种刻舟求剑、缘木求鱼的尝试。

四、情　　报

孙子非常重视情报（用间），不仅把情报提升到战略层面，而且更视情报为其整个思想体系的终点和全部战略计划的基础。孙子指出："明君贤将，所以动而胜人，成功出于众者，先知也。"如何才能先知，则又"必取于人，知敌之情者也"。其结论则为"能以上智为间者，必成大功"。孙子极端重视情报的事实在本书中曾经一再说明，似可不必再解释。值得注意的是世界各国的大企业也都早已认清情报工作之重要，尤以日本人最为显著。据说，日本商社的情报网早已遍布全球，其情报的精确迅速，甚至于有时会超过美国的中央情报局（CIA）。

在今后的世界上，企业经营必然会向国际化、多元化的路线发展，闭关自守的观念早已落伍，信息的传输交换、情报的综合处理，将变得日益重要。第三波的经济正像第三波的战争一样，将以知识为基础。凡是不知重视情报和研究的企业必然会走向没落的途径，最终将被淘汰出局。反而言之，又诚如孙子所云，能以上智为间者，必成大功。这也许是《孙子》全书中最后一条教训，同时也是最重要的一条。政治家、将军和大老板，都应同样地牢记在心里。

孙子的书要言不烦，最易掌握重点，企业界人士，尤其是后起之秀，若能熟读深思，则也许要比读一百本现代人所写的书更为有益。（还应附带说明，本篇中"孙子四求"和"孙子论将"两章，对于企业家也可以提供重要的启示，希望能引起注意。）

第二十五章
孙子的缺失

孙子的地位已经受到全世界的肯定,其著作也已成为公认的经典。所有的读者对他都无不推崇备至。古今中外注释或评论《孙子》的人几乎都是异口同声,有褒无贬。孙子的伟大固然已成定论,但诚如若米尼所云:"在太阳的底下没有哪一样东西尽善尽美。"即令伟大如孙子,他的思想中也还是不免有若干缺失之存在。所以,当这本书的写作就要结束时,我认为我们必须表现高度的勇气,敢于站起来向伟大的兵圣挑战,指出其著作中所呈现出来的若干缺失。以下就是我个人的意见。

一、战 争 与 政 治

克劳塞维茨在其《战争论》中非常重视战争与政治的关系,对于战争所应接受的政治指导,曾作相当详尽的讨论。孙子也同样重视战争与政治的关系,但在其书中对于政治家应如何指导战争则并未作较详尽和较深入的分析,只是寥寥数语而已。除在"计"篇中提出"主孰有道"的评估,"谋攻"篇中提出"君子所以患于军者"的警告,以及在其他两篇("九变"、"地形")中强调"君命有所不受"以外,孙子对于"主"与"将"的适当关系即未再发表任何比较积极的意见。孙子思想体系未能对军政关系给予较多的注意,似乎是其第二项缺失。

孙子的意见可以说都只具有消极的意义,而缺乏积极的价值。他在庙算时所考虑的第一个问题只限于"主孰有道",换言之,他似乎认为政府对于战争计划和准备所应负的责任不过仅此而已。能否"令民与上同意"对于是否应进入战争的决定固然是一个重要因素,但"主"所应负的责任应该还有其他更较积极的部分。孙子是春秋后期的人,他对于春秋中期霸政时代的战争经验应该不陌生。试以城濮之战为例,根据《左传》的记载,可以明确显示晋文公对于战争是作了全程和积极的参与。但是孙子并不要求主在战争中扮演较积极的角色,他只希望主不要对军务作不合理的干涉。虽然《孙子》一书中曾一再提到明君贤(良)将,但实际上,他对于将道曾作相当深入的分析,但对于君(主)道则几乎很少论及。这也很像近代西方职业军人一样,把他们的思想局限在所谓纯军事的领域之内。反而言之,孙子对于将的重视不免有一点过度,对于将所应有的能力也不免高估,并且也给予将太大的行动自由。这也许是与其个人背景和专业精神有关,孙子可能是严守本分,不敢逾越,尤其是在初见吴王时,更不愿对超出其本行之外的问题发表意见。不过就书论书,无论如何解释,这还是无可讳言的缺点。他不如孔子,因为他只谈兵而未论政,尤其在军政关系方面更有重将轻君之嫌。

二、大战略与经济

诚如本书原论中所早已指出,孙子可能是全世界上第一位注意到战争与经济具有密切关系的学者。他在"作战"篇对此一问题曾作非常卓越的分析,其所获结论也的确具有不朽的价值,对于后世更是永恒的忠告。

孙子虽然如此重视战争与经济的关系,而且也深知经济为国力的基础,但令人惊异的是他和先秦时代其他诸子不一样,在他的书中并无"富国强兵"之论。这的确是一个难以理解的事实。孙子对于战争中的经济动员和后勤问题,以及战争的消耗破坏作用,都曾作非常合理的分析,足以显示其治学的精密程度和科学精神。不过,他的思考似乎又只是到此为止,对于平时应如何厚植国力的问题在其书中是完全不曾加以讨论。比起其他先秦诸子实颇有逊色。孔子有足食足兵之教,商君说"国待农战而安,主待农战而尊",甚至于墨子也提倡"节用",只有孙子对于立国之本的经济政策则丝毫不予注意。但他又并非不知经济对国家安全的重要,尤其是在"作战"篇中还有很多超时代的高见。

惟一的解释即为孙子对于其思想方法自我设限,他虽然对"兵"的层次作了深入的研究,但并不企图把他的思考提升到"政"的层次。他虽然已经进入大战略的领域,但还是只以战争为其思考的焦点,始终还是站在"将"的立场上发言,这也正是他不如孔子的地方。无论如何,不管我们怎样解释,就书论书,不曾对大战略的经济基础给予适当注意,要算是孙子的另一项缺点。

三、治疾与养体

孙子非常重视战前的计划和准备,这也正是他把"计"篇列为十三篇之首的理由。他认为必须握有胜算始可言战,此种慎战观念实为安国全军之道。不过,他似乎假定战争是一种无可避免的命运,所以除了事先作周密的准备以外,更无其他良策。但他从未考虑到战争也许可以避免或预防,他从未研究战争的起因,以及如何预防战祸发生。这很像医师只知如何诊病,但并不重视疾病的预防一样。

明末清初的唐甄(1630—1704)是第一位注意到孙子思想中有这样一个重大弱点的学者。唐甄字铸万,著有《潜书》九十七篇,是一位独来独往、自成一格的战略思想家。他在其"全学篇"中有云:"《孙子》十三篇,智通微妙,然知除疾,而未知养体也。"真是一针见血,正确地指出孙子的重大缺失,的确是一种创见,言前人所未言,其智慧和勇气都令人佩服。①

唐甄的观念又与博弗尔的想法不约而同,但他在时代上却早了三百年。博弗尔认为战略的主旨是"防避"(avert),而不是"治疗"(cure)②。这也正是唐甄所说的"养体"和"除疾"。若能养体使人体健康,则自然无须除疾。因此,若只知除疾而不知养体实乃舍本逐末,非善之善者也。孙子虽然强调"不战而屈人之兵"和"全国为上",但综观其全书,分析的重点又还是放在"用兵"(作战)方面,对于大战略(伐谋、伐交)的运作则并未作深入的讨论,所以唐甄的批评并非没有理由。也许说孙子"不知养体"未免过分,但其书未讲养体而只讲"除疾"则确为事实。过去论孙子者几乎无人及此,唐甄能如此明确指出,实属难能可贵。

---

① 关于唐甄的生平与思想可参看钮先钟:《中国战略思想史》,489—495页。
② André Beaufre, *The Suez Expedition*, 1956 (Praeger, 1967), p. 156.

第二十五章　孙子的缺失

四、失败的研究

　　孙子虽说:"善战者立于不败之地,而不失敌之败也。"但综观全书,其内容还是以如何求胜为分析的主题。他虽然强调善战者应立于不败之地,但对于如何始能立于不败之地,则并未作详细和深入的讨论。从逻辑的观点来看,不败可能比求胜还较重要,至少是处于平等的地位。孙子自己曾说过"不尽知用兵之害者,则不能尽知用兵之利",足以证明他本人也认为知害是要比知利更较重要。因此,战略家对于利害、得失、成败两方面至少应作平衡的思考,不可偏重前者而忽视后者。

　　以孙子之睿智,自必能通此理,所以他强调"先为不可胜"。尽管如此,他在全书中对于此一先决条件又只是一笔带过,并未认真地加以检讨。若把书中内容全部加以检视,即可发现讨论如何求胜的部分与讨论如何不败的部分,几乎可以说是不成比例。孙子仅在"地形"篇中有一段文章对于兵的败象作了六种分类并略加解释,然后指出"凡此六者,败之道也"。

　　孙子曾指出"不可胜在己,可胜在敌",足以显示要想立于不败之地是己方本身可以做到的事情。但要想胜敌则必须有待于敌方的合作。尽管如此,孙子在书中又一再说"知彼知己"其排列的顺序为彼先己后,似乎不无重彼轻己之嫌,而这也正是世俗往往误言"知己知彼"的原因。

　　简言之,孙子对于失败的原因,以及应如何避免失败的方法,都不曾给予足够的重视。不过,这也是古今兵家之通病,甚至于在西方,所谓"失败的研究"也只是最近才受到相当的注意,所以,对

277

于孙子也就似乎不必苛责①。

五、战争与道义

在西方有人批评克劳塞维茨在其《战争论》中完全忽视了"道德"(ethics)的考虑,譬如说,他不曾深入讨论战争的起因,也不曾追问导致战争的政策是善是恶。这些意见的确曾引起不少的争论②。假使说,克劳塞维茨的著作是忽视了有关战争的道德(morality)问题,则孙子的著作对于此同一问题的忽视程度甚至于还犹有过之而无不及。克劳塞维茨还研究了战争的性质,孙子则假定那是一个已知因素,根本不必列入考虑范围之内。

先秦诸子对于战争都各有其好恶。概括言之,道家反对一切战争,儒家和墨家则都反对侵略战争。他们都反对用武力来从事侵略或扩张,而只同意用武力自卫或反侵略,此即所谓"义战"。法家最为晚出,其对战争的态度与他家恰好相反。法家不但不反对战争,而且提倡战争,崇尚暴力,鼓励侵略。

孙子对战争的态度则可谓独树一帜,与儒、墨、道、法四家都迥然不同。他既不反战,也不好战。他并不认为战争在本质上有所谓善恶之分,他的思想中也无"义战"观念之存在。简言之,孙子对于战争保持完全中立的地位,他只是把战争视为一种政策工具而已。孙子并非像一般人(尤其是西方学者)所想象的那样重视诡诈,而他也并非认为在战争的领域可以完全不考虑道义。所以批

---

① Eliot A. Cohen and John Gooch, *Military Misfortunes: The Anatomy of Failure in War* (FreePress, 1990). 这本书是以科学方法剖析战争失败问题的第一本书。
② 钮先钟:《西方战略思想史》,279 页。

评他"权谋有余,仁义不足"并不公平。不过,他虽然把"仁"列入五德之中,但他又把"爱民可烦"视为五危之一,足以表现其中立的态度。孙子不反道德,但又认为道德的考虑不能有损于国家利益。他的基本原则始终是"合于利而动,不合于利而止"。荀子认为用兵乃济仁义之穷,所以只是不得已而用之;孙子则认为仁义乃补用兵之不足,因此仅在必要时始用之。这也正是儒家与兵家在基本认知上的差异。

从战略学(兵学)的观点来看,孙子的思想完全合理而无可非议,但从代表中国文化正统的儒家眼中看来,则孙子之学似不无重利轻义,甚至于是见利忘义的趋势。

六、深远的未来

孙子重视"求先",其思想具有未来导向实属毫无疑问,不过若对其书作较深入的研读,又可发现其未来导向似乎并不太深远。孙子只希望在知识和行动上都能领先敌人,换言之,能发挥致人而不致于人的功效。但对于较远程的未来则并未予以重视,甚至于也未将其列入思考范围之内。

就这一点而言,博弗尔似乎是超越了孙子。**博弗尔认为战略家的眼光必须高瞻远瞩,看得愈远就愈好,战略家不仅要能先知,能对历史的未来趋势作成合理的推测;而且更要及早采取必要的行动,以期能够影响历史的发展,引导其未来的走向。**博弗尔又指出人必须凭借其智慧和努力来争取其自由,他必须对自己的命运负责[①]。

[①] André Beaufre, *Strategy of Action*, pp. 48–49.

就基本观念而言,孙子与博弗尔并无区别,他们都同样重视未来,同样认为先知的目的即为控制未来。但就观察和思考的限度而言,则孙子远较狭隘,而不像博弗尔那样深远。当然,孙子是2500年以前的人,要希望他的思想能够完全与当代西方大战略家看齐,实乃不切实际的幻想。何况即令在今天,博弗尔的思想也仍然是曲高和寡,并未能获得普遍的认同。不过,虽不免有吹毛求疵之感,但仍然应该指出比较缺乏深远的未来意识,要算是孙子思想体系中的最后一项缺点。

古语云:"人非圣贤,孰能无过。"但事实上,诚如西谚所云,"To err is human"(人人有错),即令是圣贤,有时也难免不错。尤其是在思想领域中,见仁见智,更是可以有不同的观察和判断。总结言之,任何人的理论和著作都不可能尽善尽美,毫无缺点。所以,即令孙子思想是确有其缺失之存在,但并不因此而有损于其不朽的地位,而且足以增强我们深入研究的兴趣。

结　论

经过将近一年的时间,《孙子三论》终于写完了。在"三论"均已结束之后,对于全书又应作如何的总结?

首先要指出的是我写这本书的动机虽已在"导言"中作了详细的说明,但在写完全书之后,还应向读者作一次再提醒。我是感觉到全世界上对于孙子的推崇虽有加无已,但对于孙子的研究却反而有日益浮夸的趋势,所以才决定想写这样一本书。主要目的有二:一方面试图矫正时弊,把孙子还原到其历史上所应有的地位;另一方面对于孙子的研究提出若干新的途径,尤其是未来导向。

由于有这两种目的,所以这本书的内容实际上也是分为两个方面:一方面是对于《孙子》原书所作的新研究,另一方面是对于孙子的历史(包括未来)地位所作的新评估。概括言之,第一篇"原论"是以前者为主旨,第三篇"新论"则企图以后者为重心。至于为什么又还要有第二篇"校论",其理由是,我发现对于孙子和其他学派或著作的比较研究还是很少有人尝试。事实上,这种比较研究不仅有其特殊的价值,而且还能对孙子的研究带来新的境界。因此,我才把比较研究作为另一个独立单元。

我写此书时,内心里一直都坚持四种基本观点(理念):(1)我所研究的对象是孙子的思想,而思想的惟一表达即为其著作。所以,我要研究的是《孙子》其书,而非孙子其人。(2)我认为孙子确有其完整的思想体系,所以研究孙子必须采取总体的和宏观的途径。(3)我所要研究的是孙子思想中的战略部分,而尤其是大战略部分,至于其他的部分则都视为次要的因素。(4)我的目的既非考古,也非考据。我也不以注释孙子原文为目的,我所重视的是他的思想特点。

在写作时我还是坚持我一向主张的"四R"原则。所谓"四R"者是由四个英文字所组成,即为:(1) Rationality(合理),(2) Reliability(信赖),(3) Readability(可读),(4) Responsibility(负责)。其含义可简略解释如下:

(1)一切内容都必须合理,而不可强词夺理。

(2)凡所论述必有根据,不可作无稽之谈。若有疑问,必须指明。

(3)应有高度可读性,在内容的了解上不会产生困难,尤其不至于引起误解。

(4)作者应有责任感,对其著作应负完全责任。

我在此应坦白地告诉读者,对于前述的四项基本观点,有时是不免稍有逾越,但对于后述的"四R"原则,则自信尚能坚持。

为什么对于自定的基本观念有时不能坚持,那自然是不得已也。此种情况以在"原论"中最为显著。最初我的想象是以为孙子已有这样多的注释和分析,其原文本身的意义应该已经没有太多疑问,所以不再需要咬文嚼字。但当我开始写"原论"时,很快地就发现事实与我的想象颇有距离。《孙子》原文中还是有不少疑义之存在,而过去的注释更是时常彼此冲突,莫衷一是。我最初所准备

结 论

采取的方法是只论大体,不重细节,但却发现有若干细节是必须先加以分析,否则新的研究也就无法进行。换言之,本来是以为只需宏观而无须微观,结果却发现微观有时已成宏观的必要条件。

此外,又有三个因素对于研究方法产生重大影响作用。第一是汉简本的出土使我们能够获得一种比过去流传的宋版更较古老的版本。这样也使我们对于宋版以及前人注释中的若干疑问或错误有了澄清的机会。根据汉简本,某些过去难以解释的字句都已不再构成障碍。第二,《孙子》是一本完整的书,其十三篇有其逻辑上的顺序,虽然各篇的重要性有所差异,但在研究过程中又还是必须逐篇分析,有时对某些部分虽可省略,但却不可跳过,因此所论的范围遂不能仅以较高层次为限。第三是时代的进步。当前的时代距孙子的时代已有两千余年,有许多观念和事实都不是孙子所能梦想得到的。今天研究孙子,若希望把他的思想应用到新的环境之中,则必须使用新的观念,尤其是新的名词。如何能够把古今新旧融为一体,实乃一种新的考验。

因此,虽然这本书的研究是以较高层面的战略思想为主体,但有时又还是不得不降低其层次,而把若干细节包括在内,尤其是对于前人的误解更是不能不加以辨正。

当读者阅读本书时,一定很容易发现其中有若干重复之处。关于此一事实必须在此作出解释。重复并非疏忽之所致而是有其用意。大致说来是基于两种理由:其一是某些观念或词句的确有其特殊重要性,所以才会一再出现。其二是本书除"原论"部分以外,其他各章均具有其独立的主题,在论述时对于同一信息来源遂自然难免重复引用。此外,重复有时也有其需要,至少可以提醒读者对于某些观念的注意。

另一方面，又必须坦白承认遗漏或错误之处更是在所难免。任何著作都一定是这样，其理由也无须解释。不过，我还是要作诚恳的声明：任何遗漏和错误均应由作者负其全责，同时更希望读者不吝指正。

在"导言"中，我曾明确指出，除非能有创见，或至少能有新见，否则就不必写。写完了"三论"之后，再来检查一次，虽自认并非十分满意，但敢于自信的则为书中确有若干新观念和新见解。因此，我也就敢于将其付梓，并希望能对海内外研究孙子与战略的学人有所贡献。

附录一
孙子十三篇原文(校释本)

计　篇

　　孙子曰：兵者，国之大事也。死生之地，存亡之道，不可不察也。

　　故经之以五，校之以计，而索其情：一曰道，二曰天，三曰地，四曰将，五曰法。道者，令民与上同意也。故可与之死，可与之生而不诡也。天者，阴阳、寒暑、时制也。地者，高下、远近、险易、广狭、死生也。将者，智、信、仁、勇、严也。法者，曲制、官道、主用也。凡此五者，将莫不闻，知之者胜，不知者不胜。故校之以计，而索其情。曰：主孰有道？将孰有能？天地孰得？法令孰行？兵众孰强？士卒孰练？赏罚孰明？吾以此知胜负矣。

　　将听吾计，用之必胜，留之；将不听吾计，用之必败，去之。

　　计利以听，乃为之势，以佐其外。势者，因利而制权也。兵者，诡道也。故能而示之不能，用而示之不用，近而示之远，远而示之近。利而诱之，乱而取之，实而备之，强而避之，怒而挠之，卑而骄之，佚而劳之，亲而离之。攻其无备，出其不意。此兵家之胜，不可先传也。

　　夫未战而庙算胜者，得算多也；未战而庙算不胜者，得算少也。

多算胜,少算不胜,而况于无算乎!吾以此观之,胜负见矣。

作 战 篇

孙子曰:凡用兵之法,驰车千驷,革车千乘,带甲十万,千里馈粮,则内外之费,宾客之用,胶漆之材,车甲之奉,日费千金,然后十万之师举矣。

其用战也,胜久则钝兵挫锐,攻城则力屈,久暴师则国用不足。夫钝兵挫锐,屈力殚货,则诸侯乘其弊而起,虽有智者,不能善其后矣。故兵闻拙速,未睹巧之久也。夫兵久而国利者,未之有也。故不尽知用兵之害者,则不能尽知用兵之利也。

善用兵者,役不再籍,粮不三载,取用于国,因粮于敌,故军食可足也。国之贫于师者远输,远输则百姓贫。近于师者贵卖,贵卖则财竭,财竭则急于丘役。屈力中原,内虚于家,百姓之费,十去其七。公家之费,破车罢马,甲胄矢弩,戟楯矛橹,丘牛大车,十去其六。故智将务食于敌,食敌一钟,当吾二十钟;萁秆一石,当吾二十石。故杀敌者,怒也;取敌之利者,货也。故车战,得车十乘已上,赏其先得者,而更其旌旗,车杂而乘之,卒善而养之,是谓胜敌而益强。

故兵贵胜,不贵久。

故知兵之将,民之司命,国家安危之主也。

谋 攻 篇

孙子曰:凡用兵之法,全国为上,破国次之;全军为上,破军次之;全旅为上,破旅次之;全卒为上,破卒次之;全伍为上,破伍次之。是故百战百胜,非善之善者也;不战而屈人之兵,善之善者也。

故上兵伐谋,其次伐交,其次伐兵,其下攻城。攻城之法,为不得已,修橹轒辒,具器械,三月而后成,距闉,又三月而后已。将不胜其忿而蚁附之,杀士三分之一,而城不拔者,此攻之灾也。

故善用兵者,屈人之兵而非战也,拔人之城而非攻也,毁人之国而非久也,必以全争于天下,故兵不顿而利可全,此谋攻之法也。

故用兵之法:十则围之,五则攻之,倍则战之,敌则能分之,少则能守之,不若则能避之。故小敌之坚,大敌之擒也。

夫将者,国之辅也,辅周则国必强,辅隙则国必弱。

故君之所以患于军者三:不知军之不可以进而谓之进,不知军之不可以退而谓之退,是谓縻军。不知三军之事,而同三军之政,则军士惑矣;不知三军之权,而同三军之任,则军士疑矣。三军既惑且疑,则诸侯之难至矣。是谓乱军引胜。

故知胜有五:知可以战与不可以战者胜,识众寡之用者胜,上下同欲者胜,以虞待不虞者胜,将能而君不御者胜。此五者,知胜之道也。

故曰:知彼知己,百战不殆;不知彼而知己,一胜一负;不知彼不知己,每战必殆。

形　篇

孙子曰:昔之善战者,先为不可胜,以待敌之可胜。不可胜在己,可胜在敌。故善战者,能为不可胜,不能使敌必可胜。故曰:胜可知,而不可为。

不可胜者,守也;可胜者,攻也。守则有余,攻则不足。善守者,藏于九地之下;善攻者,动于九天之上,故能自保而全胜也。

见胜不过众人之所知,非善之善者也;战胜而天下曰善,非善之善者也。故举秋毫不为多力,见日月不为明目,闻雷霆不为聪耳。古之所谓善战者,胜于易胜者也。故善战者之胜也,无奇胜,无智名,无勇功。故其战胜不忒;不忒者,其所措必胜,胜已败者也。故善战者,立于不败之地,而不失敌之败也。是故,胜兵先胜而后求战,败兵先战而后求胜。善用兵者,修道而保法,故能为胜败正。

兵法:一曰度,二曰量,三曰数,四曰称,五曰胜。地生度,度生量,量生数,数生称,称生胜。故胜兵若以镒称铢,败兵若以铢称镒。称胜者之战民也,若决积水于千仞之溪者,形也。

势　篇

孙子曰:凡治众如治寡,分数是也;斗众如斗寡,形名是也;三军之众,可使毕受敌而无败者,奇正是也。兵之所加,如以碫投卵者,虚实是也。

凡战者,以正合,以奇胜。故善出奇者,无穷如天地,不竭如江河。终而复始,日月是也;死而复生,四时是也。声不过五,五声之变,不可胜听也;色不过五,五色之变,不可胜观也;味不过五,五味之变,不可胜尝也。战势不过奇正,奇正之变,不可胜穷也。奇正相生,如环之无端,孰能穷之?

激水之疾,至于漂石者,势也;鸷鸟之击,至于毁折者,节也。是故善战者,其势险,其节短。势如彍弩,节如发机。纷纷纭纭,斗乱而不可乱也;浑浑沌沌,形圆而不可败也。乱生于治,怯生于勇,弱生于强。治乱,数也;勇怯,势也;强弱,形也。

故善动敌者:形之,敌必从之;予之,敌必取之。以此动之,以卒待之。故善战者,求之于势,不责于人,故能择人而任势,任势者,其战人也,如转木石;木石之性:安则静,危则动,方则止,圆则行。

故善战人之势,如转圆石于千仞之山者,势也。

虚 实 篇

孙子曰:凡先处战地而待敌者佚,后处战地而趋战者劳。故善战者,致人而不致于人。能使敌人自至者,利之也;能使敌人不得至者,害之也。故敌佚能劳之、饱能饥之、安能动之者,出其所必趋也。

行千里而不劳者,行于无人之地也;攻而必取者,攻其所不守也;守而必固者,守其所必攻也。故善攻者,敌不知其所守;善守者,敌不知其所攻。微乎微乎,至于无形;神乎神乎,至于无声,故能为敌之司命。进而不可御者,冲其虚也;退而不可追者,速而不可及也。故我欲战,敌虽高垒深沟,不得不与我战者,攻其所必救也;我不欲战,画地而守之,敌不得与我战者,乖其所之也。

故形人而我无形,则我专而敌分;我专为一,敌分为十,是以十攻其一也。则我众而敌寡,能以众击寡者,则吾之所与战者约矣。吾所与战之地不可知,不可知,则敌所备者多;敌所备者多,则吾所与战者寡矣。

故备前则后寡,备后则前寡;备左则右寡,备右则左寡;无所不

289

备,则无所不寡。寡者,备人者也;众者,使人备己者也。

故知战之地,知战之日,则可千里而战;不知战地,不知战日,则左不能救右,右不能救左,前不能救后,后不能救前,而况远者数十里,近者数里乎!

以吾度之,越人之兵虽多,亦奚益于胜哉?故曰:胜可为也。敌虽众,可使无斗。故策之而知得失之计,作之而知动静之理,形之而知死生之地,角之而知有余不足之处。故形兵之极,至于无形;无形,则深间不能窥,智者不能谋。因形而措胜于众,众不能知;人皆知我所胜之形,而莫知吾所以制胜之形。故其战胜不复,而应形于无穷。

夫兵形象水,水之行,避高而趋下;兵之胜,避实而击虚。水因地而制行,兵因敌而制胜。故兵无成势,无恒形。能因敌变化而取胜者,谓之神。

故五行无常胜,四时无常位;日有短长,月有死生。

军　争　篇

孙子曰:凡用兵之法,将受命于君,合军聚众,交和而舍,莫难于军争。军争之难者,以迂为直,以患为利。

故迂其途而诱之以利,后人发,先人至,此知迂直之计者也。故军争为利,军争为危。举军而争利则不及,委军而争利则辎重捐。是故卷甲而趋,日夜不处,倍道兼行,百里而争利,则擒三军将;劲者先,罢者后,其法十一而至。五十里而争利,则蹶上军将,其法半至。三十里而争利,则三分之二至。是故军无辎重则亡,无粮食则亡,无委积则亡。故不知诸侯之谋者,不能豫交;不知山林、险阻、沮泽之形者,不能行军;不用乡导者,不能得地利。故兵以诈立,以利动,以分合为变者也。故其疾如风,其徐如林;侵掠如火,不动如山,难知如阴,动如雷震。掠乡分众,廓地分利,悬权而动。先知迂直之计者胜,此军争之法也。

《军政》曰:言不相闻,故为金鼓;视不相见,故为旌旗。故夜战多金鼓,昼战多旌旗。夫金鼓旌旗者,所以一民之耳目也,民既专一,则勇者不得独进,怯者不得独退。此用众之法也。

故三军可夺气,将军可夺心。是故朝气锐,昼气惰,暮气归。故善用兵者,避其锐气,击其惰归,此治气者也。以治待乱,以静待哗,此治心者也。以近待远,以逸待劳,以饱待饥,此治力者也。无邀正正之旗,勿击堂堂之陈,此治变者也。

故用兵之法:高陵勿向,背丘勿逆,佯北勿从,锐卒勿攻,饵兵勿食,归师勿遏,围师必阙,穷寇勿迫,此用兵之法也。

九 变 篇

孙子曰:凡用兵之法:将受命于君,合军聚众,圮地无舍,衢地合交,绝地无留,围地则谋,死地则战。途有所不由,军有所不击,城有所不攻,地有所不争,君命有所不受。故将通于九变之利者,知用兵矣。将不通于九变之利者,虽知地形,不能得地之利矣。治兵不知九变之术,虽知五利,不能得人之用矣。

是故,智者之虑,必杂于利害。杂于利,而务可信也;杂于害,而患可解也。是故,屈诸侯者以害,役诸侯者以业,趋诸侯者以利。故用兵之法:无恃其不来,恃吾有以待也;无恃其不攻,恃吾有所不可攻也。

故将有五危：必死，可杀也；必生，可虏也；忿速，可侮也；廉洁，可辱也；爱民，可烦也。凡此五者，将之过也，用兵之灾也。覆军杀将，必以五危，不可不察也。

行　军　篇

孙子曰：凡处军、相敌：绝山依谷，视生处高，战隆无登，此处山之军也。绝水必远水，客绝水而来，勿迎之于水内，令半济而击之，利；欲战者，无附于水而迎客；视生处高，无迎水流，此处水上之军也。绝斥泽，惟亟去无留。若交军于斥泽之中，必依水草而背众树，此处斥泽之军也。平陆处易，而右背高，前死后生，此处平陆之军也。凡此四军之利，黄帝之所以胜四帝也。

凡军好高而恶下，贵阳而贱阴，养生而处实，军无百疾，是谓必胜。丘陵堤防，必处其阳而右背之。此兵之利，地之助也。

上雨，水沫至，止涉，待其定也。

绝天涧、天井、天牢、天罗、天陷、天隙，必亟去之，勿近也。吾远之，敌近之；吾迎之，敌背之。

军旁有险阻、潢井、葭苇、山林、蘙荟者，必谨覆索之，此伏奸之所处也。

敌近而静者，恃其险也；远而挑战者，欲人之进也。其所居易者，利也。

众树动者，来也；众草多障者，疑也。鸟起者，伏也；兽骇者，覆也。尘高而锐者，车来也；卑而广者，徒来也；散而条达者，樵来也；少而往来者，营军也。

辞卑而益备者，进也；辞强而进驱者，退也。轻车先出，居其侧者,陈也;无约而请和者,谋也;奔走而陈兵者,期也;半进半退者,诱也。

杖而立者,饥也;汲役先饮者,渴也;见利而不进者,劳也。鸟集者,虚也;夜呼者,恐也;军扰者,将不重也;旌旗动者,乱也;吏怒者,倦也。粟马肉食,军无悬甄,不返其舍者,穷寇也。谆谆翕翕,徐言入入者,失众也;数赏者,窘也;数罚者,困也;先暴而后畏其众者,不精之至也。来委谢者,欲休息也。兵怒而相近,久而不合,又不相去,必谨察之。

兵非多益,惟无武进,足以并力、料敌、取人而已。夫惟无虑而易敌者,必擒于人。

卒未亲附而罚之,则不服,不服则难用也;卒已亲附而罚不行,则不可用也。故合之以文,齐之以武,是谓必取。令素行以教其民,则民服;令素不行以教其民,则民不服。令素行者,与众相得也。

地 形 篇

孙子曰:地形有通者,有挂者,有支者,有隘者,有险者,有远者。我可以往,彼可以来,曰通。通形者,先居高阳,利粮道,以战则利。可以往,难以返,曰挂。挂形者,敌无备,出而胜之;敌有备,出而不胜,难以返,不利。我出而不利,彼出而不利,曰支。支形者,敌虽利我,我无出也,引而去之,令敌半出而击之,利。隘形者,我先居之,必盈之以待敌;若敌先居之,盈而勿从,不盈而从之。险形者,我先居之,必居高阳以待敌;若敌先居之,引而去之,勿从也。远形者,势均,难以挑战,战而不利。凡此六者,地之道也,将之至

293

任,不可不察也。

故兵有走者,有弛者,有陷者,有崩者,有乱者,有北者。凡此六者,非天地之灾,将之过也。夫势均,以一击十,曰走。卒强吏弱,曰弛。吏强卒弱,曰陷。大吏怒而不服,遇敌怼而自战,将不知其能,曰崩。将弱不严,教道不明,吏卒无常,陈兵纵横,曰乱。将不能料敌,以少合众,以弱击强,兵无选锋,曰北。凡此六者,败之道也,将之至任,不可不察也。

夫地形者,兵之助也。料敌制胜,计险易、远近,上将之道也。知此而用战者必胜,不知此而用战者必败。

故战道必胜,主曰无战,必战可也;战道不胜,主曰必战,无战可也。故进不求名,退不避罪,唯民是保,而利合于主,国之宝也。

视卒如婴儿,故可与之赴深溪;视卒如爱子,故可与之俱死。厚而不能使,爱而不能令,乱而不能治,譬若骄子,不可用也。

知吾卒之可以击,而不知敌之不可击,胜之半也;知敌之可击,而不知吾卒之不可以击,胜之半也;知敌之可击,知吾卒之可以击,而不知地形之不可以战,胜之半也。故知兵者,动而不迷,举而不穷。故曰:知彼知己,胜乃不殆;知天知地,胜乃可全。

九 地 篇

孙子曰:用兵之法,有散地,有轻地,有争地,有交地,有衢地,有重地,有圮地,有围地,有死地。诸侯自战其地者,为散地。入人之地而不深者,为轻地。我得则利,彼得亦利者,为争地。我可以往,彼可以来者,为交地。诸侯之地三属,先至而得天下之众者,为衢地。入人之地深,背城邑多者,为重地。山林、险阻、沮泽,凡难行之道者,为圮地。所由入者隘,所从归者迂,彼寡可以击吾之众者,为围地。疾战则存,不疾战则亡者,为死地。是故散地则无战,轻地则无止,争地则无攻,交地则无绝,衢地则合交,重地则掠,圮地则行,围地则谋,死地则战。

所谓古之善用兵者,能使敌人前后不相及,众寡不相恃,贵贱不相救,上下不相收,卒离而不集,兵合而不齐。合于利而动,不合于利而止。敢问:敌众以整,将来,待之若何?曰:先夺其所爱,则听矣。

兵之情主速,乘人之不及,由不虞之道,攻其所不戒也。

凡为客之道:深入则专,主人不克。掠于饶野,三军足食;谨养而勿劳,并气积力;运兵计谋,为不可测。投之无所往,死且不北。死,焉不得士人尽力。兵士甚陷则不惧,无所往则固,入深则拘,不得已则斗。是故不修而戒,不求而得,不约而亲,不令而信,禁祥去疑,至死无所之。吾士无余财,非恶货也;无余命,非恶寿也。令发之日,士坐者涕沾襟,卧者涕交颐。投之无所往者,诸刿之勇也。

故善用兵者,譬如率然;率然者恒山之蛇也。击其首则尾至,击其尾则首至,击其中则首尾俱至。敢问:兵可使如率然乎?曰:可。夫吴人与越人相恶也,当其同舟而济,其相救也,如左右手。是故方马埋轮,未足恃也,齐勇若一,政之道也;刚柔皆得,地之理也。故善用兵者,携手若使一人,不得已也。

将军之事,静以幽,正以治。能愚士卒之耳目,使之无知。易其事,命其谋,使民无识;易其居,迂其途,使民不得虑。帅与之期,如登高而去其梯;帅与之深入诸侯之地,而发其机;若驱群羊,驱而往,驱而来,莫知所之。聚三军之众,投之于险,此谓将军之事也。

九地之变,屈伸之利,人情之理,不可不察也。

凡为客之道,深则专,浅则散。去国越境而师者,绝地也;四彻者,衢地也;入深者,重地也;入浅者,轻地也;背固前隘者,围地也;无所往者,死地也。

是故散地,吾将一其志;轻地,吾将使其属;争地,吾将趋其后;交地,吾将谨其守;衢地,吾将固其结;重地,吾将继其食;圮地,吾将进其途;围地,吾将塞其阙;死地,吾将示之以不活。

故兵之情:围则御,不得已则斗,过则从。是故,不知诸侯之谋者,不能预交;不知山林、险阻、沮泽之形者,不能行军;不用乡导者,不能得地利。四五者,一不知,非王霸之兵也。夫王霸之兵,伐大国,则其众不得聚;威加于敌,则其交不得合。是故,不争天下之交,不养天下之权,信己之私,威加于敌,故其城可拔,其国可隳。施无法之赏,悬无政之令,犯三军之众,若使一人。犯之以事,勿告以言;犯之以害,勿告以利。

投之亡地然后存,陷之死地然后生。夫众陷于害,然后能为胜败。

故为兵之事,在于顺详敌之意,并敌一向,千里杀将,此谓巧能成事者也。

是故,政举之日,夷关折符,无通其使;厉于廊庙之上,以诛其事。敌人开阖,必亟入之。先其所爱,微与之期。践墨随敌,以决战事。是故,始如处女,敌人开户;后如脱兔,敌不及拒。

火 攻 篇

孙子曰:凡火攻有五,一曰火人,二曰火积,三曰火辎,四曰火库,五曰火队。行火必有因,因必素具。发火有时,起火有日。时者,天之燥也;日者,月在箕、壁、翼、轸也。凡此四宿者,风起之日也。

凡火攻,必因五火之变而应之。火发于内,则早应之于外。火发其兵静而勿攻,极其火央,可从而从之,不可从而止之。火可发于外,无待于内,以时发之。火发上风,无攻下风。昼风久,夜风止。凡军必知有五火之变,以数守之。

故以火佐攻者明,以水佐攻者强。水可以绝,不可以夺。夫战胜攻取,而不修其功者,凶,命曰费留。故曰:明主虑之,良将修之。非利不动,非得不用,非危不战。主不可以怒而兴军,将不可以愠而致战。合于利而动,不合于利而止。怒可复喜,愠可复悦,亡国不可以复存,死者不可以复生。故明君慎之,良将警之,此安国全军之道也。

用 间 篇

孙子曰:凡兴师十万,出征千里,百姓之费,公家之奉,日费千金,内外骚动,怠于道路,不得操事者,七十万家。相守数年,以争一日之胜,而爱爵禄百金,不知敌之情者,不仁之至也,非民之将也,非主之佐也,非胜之主也。故明君贤将,所以动而胜人,成功出于众者,先知也。先知者,不可取于鬼神,不可象于事,不可验于度,必取于人,知敌之情者也。

故用间有五:有乡间、有内间、有反间、有死间、有生间。五间俱起,莫知其道,是谓神纪,人君之宝也。乡间者,因其乡人而用之。内间者,因其官人而用之。反间者,因其敌间而用之。死间者,为诳事于外,令吾间知之,而传于敌间也。生间者,反报也。

故三军之亲,莫亲于间,赏莫厚于间,事莫密于间。非圣不能用间,非仁不能使间,非微妙不能得间之实。微哉微哉,无所不用间也。间事未发,而先闻者,间与所告者皆死。

凡军之所欲击,城之所欲攻,人之所欲杀,必先知其守将、左右、谒者、门者、舍人之姓名,令吾间必索知之。

必索敌人之间来间我者,因而利之,导而舍之,故反间可得而用也。因是而知之,故乡间、内间可得而使也;因是而知之,故死间为诳事,可使告敌;因是而知之,故生间可使如期。五间之事,主必知之,知之必在于反间,故反间不可不厚也。

昔殷之兴也,伊挚在夏;周之兴也,吕牙在殷。故惟明君贤将,能以上智为间者,必成大功。此兵之要,三军之所恃而动也。

附录二
参考书目

中 文 部 分

于汝波编:《孙子新论集粹》(北京:长征出版社,1992)
方东美:《华严宗哲学》(台北:黎明文化事业公司,1986,三版)
《老子》
李泽厚:《中国古代思想史论》(华京文化事业公司)
吴九龙主编:《孙子校释》(北京:军事科学出版社,1990)
《吴子》
《孟子》
《荀子》
《商君书》
冯友兰:《中国哲学史》(商务印书馆大学丛书版)《中国哲学史新篇》(北京:人民出版社,1982)
许保林:《中国兵书通览》(北京:解放军出版社,1990)
钮先钟:《中国战略思想史》(台北:黎明文化事业公司,1992)《西方战略思想史》(台北:麦田出版有限公司,1995)《现代战略思

潮》(台北:黎明文化事业公司,1985)《战史研究与战略分析》(台北:军事译粹社,1988)

钮国平、王福成:《孙子释义》(甘肃:人民出版社,1991)

杨少俊主编:《孙子兵法的电脑研究》(北京:解放军出版社,1992)

《论语》

《墨子》

谢祥皓、刘申宁主编:《孙子集成》二十四册(山东:齐鲁书社,1993)

萧公权:《中国政治思想史》(台北:联经,1982)

萨孟武:《中国政治思想史》(台北:三民,1984,四版)

魏汝霖:《孙子兵法大全》(台北:"国防研究院"出版部,1970)

《韩非子》

严洁:《秦汉盛衰兴亡史》(台北:财经与贸易杂志社,1977)

英 文 部 分

Aron, Raymond, *Clausewitz: Philosopher of War* (Routledge, 1976).

Arquilla, John, "The Strategic Implications of Information Dominance", *Strategic Review* (Summer, 1994), pp, 24-30.

Beaufre, André, *An Introduction to Strategy* (Faber and Faber, 1965).

——*Strategy of Action* (Praeger, 1966).

——*1940: The Fate of France* (Cassell, 1967).

——*The Suez Expedition, 1956* (Praeger, 1967).

——*Strategy for Tomorrow* (Crane, Russak and Co., 1974).

Campen, Alan D. ed., *The First Information War* (AFCEA International Press, 1992).

Clausewitz, Carl von, *On War*, trans. by Michael Howard and Peter Paret (Princeton, 1976).

Cohen, Eliot A. and John Gooch, *Military Misfortunes: The Anatomt of Failure in War* (Free Press, 1990).

Creveld, Martin van, *The Transformation of War* (Free Press, 1991).

Fuller, J. F. C., *The Conduct of War* (Rutgers, 1961).

Gawlikowski, Krzysztot, "Sun Wu as the Founder of Chinese Praxiology, Philosophy of Struggle, and Science", presented in *the Second International Symposium of Sum Tzu's Art of War* (Beijing, China, Oct. 1990).

Hammond, Grant T., "Paradoxes of War", *Joint Force Quarterly* (Spring 1994), pp.6-16.

Handel, Michael I., *Masters of War: Sun Tzu, Clausewitz and Jomini* (Frank Cass, 1992).

Howard, Miehael, "Jomini and the Classical Tradition in Military Thought", *Studies in War and Peace* (The Viking Press, 1971), p.31.

——"The Forgotten Dimensions of Strategy", *Foreign Affairs* (Summer 1979), pp.975-986.

Kennedy, Paul, *The Rise and Fall of the Great Powers* (Randon House, 1987).

Liddell-Hart, B. H., *The Liddell-Hart Memoirs, 1895—1938* (Cassell, 1965).

——*Strategy: The Indirect Approach* (Faber and Faber, 1967).

——*Why Don't We Learn from History* (Hawthern, 1971).

Reid, Brian H., "J. F. C. Fuller's Theory of Mechanized Warfare", *Journal of Strategic Studies* (December 1978), p.302.

Sttrchan, Hew, *European Armies and the Conduct of War* (George Allen and Unuin, 1983).

Sun Tzu, *The Art of War*, trans. by Samuel B. Griffith (Oxford, 1964).

Thorpe, George C., *Pure Logistics* (U. S. National Defense University, 1987).

Toffler, Alvin and Heidi, *War and Antiwar* (Little Brown, 1993).

Vertzberger, Yaacov Y. I., *The World in Their Minds* (Stanford University Press, 1990).

Vlahos, Michael, "The Next Competition", *Strategic Review* (Winter 1993), pp.81-85.

Wee Chow Hou, Lee Khai sheang, and Bambang Walujo Hidajct, *Sun Tzu: War and Management* (Addison Wesley Publishing Co., 1991), pp.3-5.

战略思想丛书

战略,就是为未来的不确定性寻求更多的确定性。仿佛下棋,不能只看一步两步,要看到三步及三步之外。战略思考或战略研究,小到个人人生规划,中到企业运营发展,大到国家未来,无不重要而迫切。由于种种原因,很多人、很多企业、至很多国家,只顾着眼前、只看到一步、两步,而不能看到第三步及三步以外,落得败笔、乃至败局,甚是惋惜。

中国正处于5 000年未有之变局,正处于改革开放以来的前40年转向未来30年的关键节点……转型,转折,转变,你——准备好了吗?!

大时代需要大战略,大时代应用大战略!

人人需要战略修养!

人人需要提升战略修养!

"战略思想丛书"应运而生,助您战略成功一臂之力。

《教育的目的》

〔英〕怀特海 著 庄莲平 王立中 译注
文汇出版社,2012年12月,定价:20元

学生是有血有肉的人,教育的目的是为了激发和引导他们的自我发展之路——本书的主要侧重点在于智力的教育,并从多个视角进行说明。从这个意义上也得出结论:老师也必须有活跃的思想。

本书断然反对灌输生硬的知识,反对没有火花的使人呆滞的思想。本书内容都是有实践证明的经验之谈,或是教育实践后的反思。

这是一本奇书,值得所有对教育有兴趣人的阅读。

《战略研究入门》

钮先钟 著
文汇出版社,2019年6月,定价:55元

本书内容包括三个问题及其答案:(1) 什么是战略和战略研究;(2) 怎样从事战略研究;(3) 为什么要研究战略。读了这本书,至少应能了解上述三个问题的正确答案,也就可以无忧无惧地进入战略天地,学习做一位战略家。这本书可以充任向导;带着你顺利地达到理想的目标。所以,本书能够帮助你学会如何研究战略,至少能够引导你入门。

《历史与战略》

钮先钟　著

文汇出版社,2019年6月,定价:55元

　　战略研究必须以历史经验为基础,尤其是历史中有关战争的部分。这是古今战略家的共同意见。本书梳理了十六则历史上的战略案例,让人体会到历史的教训是如此地深远,人类从历史教训中学习是何等地重要,值得深思。

《战略家：思想与著作》

钮先钟　著

文汇出版社,2019年6月,定价:50元

　　战略是一种思想、一种计划、一种行动,也可以说战略是始于思想,而终于行动,在思想与行动之间构成联系者则为计划。所以,凡是在战略思想、战略计划、战略行动三方面的任一方面能有相当成就或贡献的人,就都可以算是"战略家"。

　　有哪些称得上"战略家"的人？他们在思想和著作如何？了解这些,我们方可在战略方面有所师法、借鉴。

《孙子三论：从古兵法到新战略》

钮先钟　著

文汇出版社,2019 年 6 月,定价: 50 元

  本书所研究的固然是古兵法,但又非仅以研究古兵法为惟一目的,所真正希望的是此种研究能够有助于新战略的思考,真正目的是试图透过此种研究来寻求能够适应新战略环境的新战略思想,试图从古兵法走到新战略。

《历史的性质》

〔法〕安德烈·博弗尔　著　李心茹　译

文汇出版社,2019 年 6 月,定价: 32 元

  我们在历史中活着,我们或多或少自由地或是有意识地创造着历史,历史既可以告诉我们来自哪里,又可以指导我们该向何处走去。因此,历史对于人类来说,是一门重要的知识。

  历史是以将事件的重大路线联结起来的全局视野为准则选取它的方向的,而这些事件被解释为完整的人的冲动和无理性的需求。从这一观点出发,我在接下来的几卷中展示了由此引发的一定数量的观察和思考。

《领导者的规则与工具》

佩里·M. 史密斯　杰弗里·W. 弗利　著
庄莲平　王立中　译注
文汇出版社,2019年6月,定价:58元

  如何把自己塑造成一名领导者,如何提高领导他人的技巧,以及如何领导一个组织。

  这是一本翔实的书,深入探讨了领导者在现实生活中所面临的真正问题、困境以及许多其他可能的情况。两位作者以其丰富的组织管理经验、在领导力和管理方面的教学和研究心得,完成了这个很多人想做(却始终没人做成)的事情:他们写出了一本对领导者和下属者的职业生涯都极有帮助的指南。

  在你一生的职业生涯中,这是一本值得反复温习并详加体会的书。

图书在版编目(CIP)数据

孙子三论：从古兵法到新战略：新版／钮先钟著.
—上海：文汇出版社，2018.9
（战略思想丛书）
ISBN 978-7-5496-2715-8

Ⅰ.①孙… Ⅱ.①钮… Ⅲ.①兵法-中国-春秋时代
②《孙子兵法》-研究 Ⅳ.①E892.25

中国版本图书馆CIP数据核字(2018)第208023号

· 战略思想丛书·
孙子三论：从古兵法到新战略（新版）

丛书主编／王立中

著　　者／钮先钟
责任编辑／黄　勇
特约编辑／建　华
封面装帧／王　翔

出版发行／文汇出版社
　　　　　上海市威海路755号
　　　　　（邮政编码200041）
经　　销／全国新华书店
排　　版／南京展望文化发展有限公司
印刷装订／启东市人民印刷有限公司
版　　次／2018年9月第1版
印　　次／2024年2月第6次印刷
开　　本／710×1000　1/16
字　　数／330千字
印　　张／20

ISBN 978-7-5496-2715-8
定　　价／50.00元

《孙子三论：从古兵法到新战略》经城邦文化事业股份有限公司麦田出版事业部授权出版中文简体字版本，非经书面同意，不得以任何形式任意重制、转载。